Merve Verlag

Eduardo Viveiros de Castro

Kannibalische Metaphysiken

Elemente einer post-strukturalen Anthropologie

Aus dem Portugiesischen von Theresa Mentrup

Merve Verlag

Obra publicada com o apoio da Fundação Biblioteca Nacional | Ministério da Cidadania. Diese Publikation wurde mit Unterstützung der Brasilianischen Nationalbibliothek | Ministerium der Bürgerschaft ermöglicht.

FUNDAÇÃO BIBLIOTECA NACIONAL MINISTÉRIO DA CIDADANIA PÁTRIA AMADA BRASIL GOVERNO FEDERAL

EDITORISCHE NOTIZ

Dieses Buch ist 2009 ursprünglich in einer Übersetzung aus dem Portugiesischen von Oiara Bonilla unter dem Titel *Métaphysiques cannibales* (Paris, P.U.F.) auf Französisch erschienen. Seit 2015 liegt auch eine brasilianische Ausgabe *Metafísicas canibais* (São Paulo, n-1 edições) vor, für die Isabela Sanches originale Passagen aus dem Portugiesischen verglichen und überarbeitet, Célia Euvaldo die sonstigen Zusätze übersetzt, und der Autor den finalen Text noch einmal komplett durchgesehen hat. Der vorliegenden deutschen Ausgabe liegt der neuere brasilianische Text zugrunde, vereinzelt wurde jedoch auch die französische Fassung einbezogen.

Zitate aus fremdsprachigen Werken beziehen sich auf die Originalausgaben. Wo deutsche Übersetzungen vorliegen, wurden diese verwendet, dabei wurden vereinzelt Modifikationen vorgenommen.

T.M.

Redaktorat: Moritz Gansen, Tom Lamberty

Printed in Germany

Druck- und Bindearbeiten: druckhaus köthen, Köthen

Umschlagentwurf: Jochen Stankowski, Dresden

ISBN 978-3-88396-384-6

www.merve.de

Inhalt

Von der Intensität aus muß alles interpretiert werden.

Gilles Deleuze und Félix Guattari, *Anti-Ödipus*

Erklärungen und Danksagungen

Vorwort zur brasilianischen Ausgabe (2015)

Dieses Buch, ursprünglich 2009 auf Französisch erschienen, basiert auf Forschungen, die zuvor in unterschiedlichen schon existierenden Publikationen präsentiert und hier mit Blick auf das vorliegende Format umgearbeitet wurden. Es richtet sich in erster Linie weniger an ein Expertenpublikum, sondern an Leser mit einer allgemeinen philosophischen Bildung, von denen aber keine große Vertrautheit mit der anthropologischen Theorie und der Ethnologie der amerindianischen Völker erwartet wird. Indem das Buch die Kohärenzlinie betont, welche die früheren Publikationen verbindet, lässt es zugleich das umfassendere intellektuelle Projekt hervortreten, das als Motivation all dieser Arbeiten gelten kann. Dabei sind die wichtigsten Referenztexte:

1. »Perspectivismo e multinaturalismo na América indígena«, in: Eduardo Viveiros de Castro, *A inconstância da alma selvagem*, São Paulo 2002, S. 347-399. Deutsch in: ders., *Die Unbeständigkeit der wilden Seele*, Wien 2016, S. 258-305.
2. »And«, in: *Manchester Papers in Social Anthropology* 7 (2003), S. 1-20.
3. »Perspectival Anthropology and the Method of Controlled Equivocation«, in: *Tipití: Journal of the Society for the Anthropology of Lowland South America* 2.1 (2004), S. 3-22.
4. »Filiação intensiva e aliança demoníaca«, in: *Novos Estudos: Cebrap* 77 (2007), S. 91-126.

5. »Xamanismo transversal: Lévi-Strauss e a cosmopolítica amazônica«, in: Ruben Caixeta de Queiroz und Renarde Freire Nobre (Hg.), *Lévi-Strauss: Leituras brasileiras*, Belo Horizonte 2008, S. 79-124.

Dennoch habe ich lange gezögert, bin immer wieder ausgewichen, habe es vor mir hergeschoben, prokrastiniert und all solche Dinge getan, ehe ich schließlich doch zustimmte, die *Kannibalischen Metaphysiken* auch in Brasilien zu veröffentlichen. Der Grund für mein Zögern war, dass ich eigentlich die Absicht hatte, eine deutlich erweiterte Version zu schreiben, in der der bibliographische Horizont erweitert, die ethnographischen Fundamente einiger Kapitel gefestigt und die Formulierungen einiger Passagen überarbeitet worden wären, um so die epistemologischen und politischen Implikationen der hier entwickelten Vorstellung von Anthropologie zu verdeutlichen und zugleich auch noch direkter die theoretischen Strömungen und Persönlichkeiten zu identifizieren, die dieser Vorstellung meines Erachtens diametral entgegenstehen. (Natürlich hatte ich außerdem nicht weniger darauf gehofft, mit all den Kritiken und Polemiken abrechnen zu können, die meine Arbeit – einschließlich der französischen Ausgabe der *Metaphysiken* – provoziert hatte.) Mit anderen Worten lebte ich also einige Jahre mit der Phantasie, dass ich schlussendlich also den *Anti-Narziss* schreiben würde, jenes Werk, zu dem die *Kannibalischen Metaphysiken* ja nur einen »Entwurf« liefern, wie ich gleich auf den ersten Seiten erkläre. Vor allem störte mich aber die Tatsache, dass das Buch, das der Leser hier vor sich hat, obwohl es auch viele wichtige, zuvor unveröffentlichte Passagen umfasst, im Wesentlichen eine Collage aus bereits veröffentlichten und in meinem professionellen Umfeld (und zuweilen auch darüber hinaus) wohlbekannten Texten ist, und dass das nochmalige Erscheinen von Abschnitten und sogar ganzen Kapiteln, die schon auf Portugiesisch veröffentlicht sind, die also bloß »in neuer Verpackung« präsentiert werden, ganz schlicht einem Selbstplagiat gleichkäme, dem Fluch eines jeden im Abstieg begriffenen Intellektuellen, Wissenschaftlers oder Künstlers.

Die Entscheidung diese Übersetzung nun dennoch zu veröffentlichen, fiel, als ich keine andere Wahl mehr hatte, als zu akzeptieren, dass der *Anti-Narziss* niemals geschrieben werden würde, und zwar aus den verschiedensten Gründen – sei es nun die angesichts des exponentiellen Wachstums relevanter Literatur (wovon sich ein guter Teil direkt auf die *Kannibalischen Metaphysiken* bezieht) aufscheinende Unmöglichkeit, alle hier vorgebrachten Thesen und Argumente tatsächlich weiter zu entwickeln,[1] seien es Faulheit, Müdigkeit oder Alter, oder sei es auch schließlich etwas, das all das Genannte zusammenfasst, nämlich das Gefühl, in meiner Karriere als Anthropologe – gemessen an der Kompetenz und dem Talent (oder dem Mangel an Kompetenz und Talent), die mir zufielen – alles Nützliche, was ich zu sagen hatte, schon gesagt zu haben... Jedenfalls ließ sich die fortdauernde Inexistenz dieses Buches auf Portugiesisch so nicht mehr weiter rechtfertigen, sie erzeugte stattdessen zunehmend einen unangenehm snobistischen Eindruck (während ich diese Zeilen schreibe, erfahre ich übrigens, dass man eine kore-

---

[1] Man denke nur an den Aufschrei, den der – keineswegs von mir stammende – Ausdruck einer »ontologischen Wende« provozierte – jene Bewegung (oder so ähnlich), mit der man meine Arbeit und meinen Namen in Verbindung gebracht hat, und für die das vorliegende Buch als eines der empörendsten Beispiele galt.

anische Übersetzung vorbereitet). Hier ist es also endlich – sozusagen der Ordnung halber. Aber vielleicht habe ich ja das Glück, Leser zu finden, wie ich sie schon zuvor in Frankreich und den englisch- und spanischsprachigen Ländern gefunden habe, die die originalen Artikel, die für das Buch mit wechselndem Geschick zu einem einzigen Stück zusammenflickt wurden, nicht kennen, und die entsprechend aus ihm größtmöglichen Nutzen ziehen können.

Zur Verwirklichung der oben genannten Studien haben viele Personen beigetragen; die meisten von ihnen tauchen auch in der Bibliographie am Ende dieses Bandes auf. Schon hier allerdings möchte ich die Namen von Tânia Stolze Lima, Marcio Goldman, Martin Holbraad, Peter Gow, Déborah Danowski, Marilyn Strathern, Bruno Latour, Marshall Sahlins, Casper Bruun Jensen, Oiara Bonilla, Philippe Descola und Anne-Christine Taylor erwähnen, denen ich dafür danke, dass sie mir – aus unterschiedlichen Gründen und auf unterschiedliche Weisen – Gelegenheiten gegeben haben, dass sie mit mir zusammengearbeitet haben, mich inspiriert, unterstützt und kritisiert haben, und somit auf die eine oder andere Art zur Verbesserung der Ideen beigetragen haben, die in diesem Buch vorgebracht werden. Nicht weniger danke ich zudem Isabela Sanches und Célia Euvaldo, die das vielsprachige Patchwork rekonstruiert haben, von dem aus damals die Übersetzung ins Französische erarbeitet wurde, und die mir eine portugiesische Grundfassung boten, mit der endlich ein Fließtext vorlag, den ich lesen und überarbeiten konnte.

Eine erste Version der *Kannibalischen Metaphysiken* wurde im Januar 2009 im Rahmen einer Reihe von vier Vorträgen am

Institut d'études avancées im *Maison Suger* in Paris präsentiert. Ich danke Yves Duroux und Claude Imbert für ihre großzügige Einladung und für die anregende Arbeitsatmosphäre, die sie während jener winterlichen Wochen für mich schufen. *Last*, aber ganz sicher nicht *least*, muss ich schließlich meinem Freund Patrice Maniglier danken, der das Buch überhaupt erst ermöglichte, indem er dem IEA die Einladung empfahl, die Veröffentlichung vorschlug, den idealen Kontext dafür bot (die neue Reihe *MétaphysiqueS* bei PUF, die mit diesem Buch eingeweiht wurde), und der mich buchstäblich dazu zwang, es zu schreiben. Ich schätze vor allem sehr, was er selbst zu ähnlichen Themen geschrieben hat, und was in mir den Wunsch weckte, dieses Werk in Angriff zu nehmen, einfach weil ich aus seinen Arbeiten nicht nur etwas Neues gelernt hatte, sondern auch, weil mir bei ihrer Lektüre klar geworden war, dass ich mit meinen vorangegangenen Untersuchungen wohl nicht allzu falsch gelegen hatte.

Die portugiesische Ausgabe beinhaltet abgesehen von ein paar stilistischen Ausbesserungen oder deiktischen Korrekturen keine wesentlichen Änderungen gegenüber der französischen Fassung von 2009. Ich habe, kurz gesagt, strenge Maßnahmen ergriffen, kein anderes Buch zu schreiben. Allerdings wäre es auch gelogen, zu behaupten, dass ich mir dabei vollkommenen Gehorsam geleistet hätte...

Zum Abschluss möchte ich den Leser an dieser Stelle noch vor dem allzu skizzenhaften und hastigen Charakter des letzten Kapitels warnen. In der Tat ist die Skizzenhaftigkeit dort noch weitaus ausgeprägter als in den vorangehenden Kapiteln; zumindest aber hoffe ich, dass es sich hier nur um eine Frage der Zeit handelt, denn ich habe die Absicht (es ist allerdings nicht das erste

Mal, dass ich das sage), in Kürze eine Monographie über Lévi-Strauss' strukturale Mythologie zu veröffentlichen, in der die im Kapitel »Werden des Strukturalismus« vorgebrachten Darlegungen teils in überarbeiteter, teils in bedeutend weiterentwickelter Form wieder aufgegriffen werden. Der *Anti-Narziss* wird nicht geschrieben werden, ja, aber das bedeutet ja noch lange nicht, dass Alles vorbei ist…

Erster Teil

Anti-Narziss

1. Eine bemerkenswerte Wende

Eines Tages fasste ich also einen Entschluss und skizzierte den Entwurf für ein Buch, das eine Hommage an Gilles Deleuze und Félix Guattari vom Standpunkt meiner eigenen Disziplin aus werden sollte. Es sollte *Anti-Narziss* heißen, *Von der Anthropologie als mindere Wissenschaft*,[2] und es sollte darum gehen, die begrifflichen Spannungen zu beschreiben, die die zeitgenössische Anthropologie durchziehen und ihr ihre Dynamik verleihen. Doch mit der Wahl des Titels begannen auch schon die Probleme: Bald wurde mir klar, dass das Projekt stets mit dem Widerspruch selbst liebäugelte, dass also schon die geringste rhetorische Nachlässigkeit meinerseits dazu führen könnte, dass es sich bloß in einen weiteren Beitrag zu einer klassischen Ansammlung nicht einmal ansatzweise anti-narzisstischer Prahlereien über die über alle Zweifel erhabene Exzellenz der vertretenen Positionen verwandeln könnte.

Deshalb entschied ich schließlich, dass dieses Buch in die Kategorie der imaginären oder, besser noch, der unsichtbaren Werke erhoben werden sollte, deren größter Kommentator Borges war, und die im Allgemeinen doch sehr viel interessanter sind als die gewöhnlichen sichtbaren Bücher, wie wir feststellen

---

2 A.d.Ü.: ›Minder‹ übersetzt hier ›*menor*‹ beziehungsweise ›*mineur/e*‹, und damit einen Begriff, der zusammen mit ›*minoritaire*‹ eine wichtige Rolle im Denken von Deleuze und Guattari spielt. In deutschen Übersetzungen wird das Wort häufig als ›klein‹ wiedergegeben, nicht zuletzt, weil es sich auf Franz Kafkas Rede von einer »kleinen Literatur« bezieht; da jedoch für die affirmative Verwendung des Wortes als philosophischem Begriff auch der Charakter von Wertung und Umwertung entscheidend sind, ziehen wir in dieser Übersetzung ›minder‹ vor.

können, wenn wir nur die Besprechungen lesen, die jener große blinde Leser von ihnen verfasst hat. Anstatt also das Buch zu schreiben, schien es mir viel angemessener, *über* ein solches Buch zu schreiben, ganz so als hätten andere es geschrieben. Und doch sind die *Kannibalischen Metaphysiken* nun nicht so sehr eine Besprechung, sondern viel eher eine Synopse, so etwas wie ein Pressetext für jenes andere Buch, den *Anti-Narziss*, das, so intensiv es eben imaginiert wurde, nun einmal niemals existieren wird – außer vielleicht auf den nun folgenden Seiten.

Das Hauptanliegen des *Anti-Narziss* ist es – ich sollte wohl eher schreiben: »wäre es«, aber entlehnen wir meiner Disziplin doch hier einmal das ethnographische Präsens –, auf folgende Frage zu antworten: Was ist die Anthropologie den Völkern, die sie erforscht, in begrifflicher Hinsicht schuldig? Die Implikationen dieser Frage werden zweifelsohne viel deutlicher hervortreten, wenn wir uns dem Problem von der anderen Seite aus nähern. Die Frage lautet dann: Lassen sich die Differenzen und die Veränderungen innerhalb der anthropologischen Theorie vor allem – und aus historisch-kritischer Sicht sogar ausschließlich – anhand der Strukturen und Konjunkturen der Machtgefüge, der ideologischen Debatten, der intellektuellen Felder und der akademischen Kontexte erklären, denen die Anthropologen jeweils entstammen? Sollte das etwa die einzige theoretisch relevante Hypothese sein? Oder könnten wir nicht vielmehr eine Umkehrung der Perspektive vornehmen, die zeigen würde, dass die interessantesten Begriffe, Probleme, Entitäten und Akteure, die von anthropologischen Theorien hervorgebracht werden, in der Vorstellungskraft gerade jener Gesellschaften selbst wurzeln, die durch sie erklärt werden sollen? Läge nicht gerade hier die Originalität der Anthropologie: in dieser stets doppeldeutigen, oft aber eben auch fruchtbaren Allianz zwischen Vorstellungen und Praktiken aus den Welten von ›Subjekt‹ und ›Objekt‹?

Die axiale Frage des *Anti-Narziss* ist also eine epistemologische, das heißt: eine politische. Wenn wir uns alle mehr oder weniger einig sind, dass sich die Anthropologie – obwohl der Kolonialismus eines ihrer historischen Apriori darstellt – heute auf die Schließung ihres karmischen Zyklus zubewegt, müssen wir auch akzeptieren, dass es an der Zeit ist, den Rekonstitutionsprozess der Disziplin zu radikalisieren und ihn bis zu seinem Ende zu führen. Die Anthropologie ist dazu bereit, sich nun vollständig ihrer wahrhaften Mission zu widmen: Theorie-Praxis der permanenten Dekolonisierung des Denkens zu sein.

Vielleicht aber sind wir, wenn wir es noch einmal recht bedenken, gar nicht *alle* so einverstanden damit. Schließlich gibt es noch immer diejenigen, die glauben, die Anthropologie sei der Spiegel der Gesellschaft… Allerdings sind damit natürlich nicht die Gesellschaften gemeint, die sie zu erforschen vorgibt – so naiv sind wir nicht mehr! (zumindest denken wir das) –, sondern die, in deren Innereien ihr intellektuelles Projekt ausgebrütet wurde, unsere eigenen Gesellschaften also, ›unsere‹ Zivilisation. Wir wissen, welche Popularität in gewissen Kreisen die These genießt, der zufolge die Anthropologie – von Geburt an exotistisch und primitivistisch – nur ein perverses Theater ist, in dem das ›Andere‹ immer nur gemäß der schmutzigen Interessen des Westens ›repräsentiert‹ oder ›erfunden‹ wird. Doch keine Geschichte und keine Soziologie ist dazu in der Lage, den selbstgefälligen Paternalismus dieser These zu verdecken, in der die sogenannten ›Anderen‹ auf bloße Fiktionen der westlichen Imagination reduziert werden, jeglicher Möglichkeit zur Mitsprache beraubt. Einer solchen subjektiven Phantasmagorie noch einen

Appell an die Dialektik der objektiven Produktion des Anderen durch das koloniale System aufzusetzen, bedeutet also, alles nur noch schlimmer zu machen; die Annahme, dass aller ›europäische‹ Diskurs über die Völker nichteuropäischer Tradition allein dazu diene, unsere eigenen ›Repräsentationen des Anderen‹ zu klären, lässt einen gewissen theoretischen Postkolonialismus zur perversesten Manifestation des Ethnozentrismus verkommen. Indem wir also im Anderen immer nur das Selbe sehen – indem wir behaupten, dass hinter der Maske des Anderen immer nur ›wir‹ selbst stecken, uns selbst betrachtend –, begnügen wir uns mit einem Weg, der uns zurück zu dem führt, was uns im Grunde und am Ende eigentlich interessiert: zu uns selbst.

Eine wahrhafte Anthropologie dagegen »wirft uns von uns selbst ein Bild zurück, auf dem wir uns nicht erkennen« (Maniglier 2005b: 773-74), da jede Erfahrung einer anderen Kultur uns die Gelegenheit zum Experiment mit unserer eigenen Kultur bietet. Dabei geht es weniger um eine imaginäre Variation – Einführung neuer Variablen oder Inhalte in unsere Einbildungskraft –, sondern vielmehr um die Form selbst, oder, besser gesagt, um die Struktur unserer begrifflichen Einbildungskraft, die sich dem Regime der Variation unterstellen und sich so als Variante, als Version, als Transformation zu erkennen geben muss. Es gilt, alle Konsequenzen aus der Idee zu ziehen, dass die Gesellschaften und Kulturen, die Gegenstand anthropologischer Forschung sind, auch die Gesellschafts- und Kulturtheorien beeinflussen oder, um es noch klarer zu sagen, mithervorbringen, die auf Grundlage dieser Forschungen formuliert werden. Dies zu leugnen bedeutet, einen einseitigen Konstruktivismus zu akzeptieren, der sich angesichts seiner drohenden Implosion gezwungen sieht, in die übliche mindere Geschichte zu münden: Die Anthropologie hatte ihren Gegenstand immer genau bis zu jenem Moment schlecht konstruiert, in dem der Autor einer kritischen Denunziation sich an den Schreibtisch setzte; in eben diesem Moment aber trat sie ins Licht und fing an, ihn korrekt zu konstruieren. Und tatsächlich: Nehmen wir uns etwa all die Lektüren vor, die von Johannes Fabians *Time and the Other* und seinen unzähligen Surrogaten gemacht worden sind, dann wissen wir nie so genau, ob wir nun einmal mehr Zeugen eines Anfalls von kognitiver Hoffnungslosigkeit angesichts der Unzugänglichkeit der Dinge an sich werden, oder ob es sich nicht doch eher um eine weitere Manifestation der alten illuministischen Thaumaturgie handelt, in der der Autor-Kritiker die universelle Vernunft verkörpert, die gekommen ist, um die Finsternis des Aberglaubens zu vertreiben – wobei es allerdings offensichtlich (schließlich schreiten wir voran!) nicht mehr um den Aberglauben der Indigenen geht, sondern um den all der Anthropologen, die dem ›Auto(r)kritiker‹ vorangegangen sind. Und so geht zur weiteren Erbauung des neuen Anthropologen die von ihm inständig beteuerte Desexotisierung des Indigenen – eines Indigenen, den es vor jeglichem *othering* zu behüten gilt, also vor jedweder anthropologischen Beschreibung, die ihn zu etwas anderem macht als einem Spiegel, in dem wir uns selbst erkennen – in aller Regel mit einer aggressiv-verurteilenden Exotisierung des alten Anthropologen der vergangenen Jahrzehnte einher, jenem wahrhaften Monstrum (oder bestenfalls noch Opfer) von Unwissenheit, Arroganz, Vorurteil und Heuchelei. Proust, der ja das ein oder andere über die ›Zeit‹ und den ›Anderen‹ wusste, bemerkte, dass nichts altbackener oder bizarrer anmute als die jüngste Vergangenheit.

Diese Art von epistemopolitischem Reflex zu unterdrücken ist eines der wichtigsten Ziele des *Anti-Narziss*. Um aber dieser

Aufgabe gerecht zu werden, wäre das schlechteste, was man tun könnte, die Anthropologie in ein Dienstverhältnis zur Ökonomie oder zur Soziologie zu stellen, und sie so zu verpflichten, mit gefälligem Eifer die von diesen beiden Verwaltungswissenschaften verbreiteten Metaerzählungen der Moderne (Englund & Leach 2000) zu wiederholen, jenes Staatswissen, dessen wichtigste Funktion in der repressiven Rekontextualisierung der existenziellen Praxis aller Kollektive des Planeten anhand der Begriffe der »Denkkollektive« (um hier auf Ludwik Flecks nützlichen Begriff zurückzugreifen) des Analytikers zu bestehen scheint.[3] Die hier vertretene Position hingegen nimmt an, dass die Anthropologie sich an der freien Luft aufhalten muss, im ›*grand dehors*‹ als ihrem natürlichen – oder, besser gesagt, kulturellen – Element; dass sie die Kunst der Distanzen perfektionieren muss, die sie seit jeher praktiziert, und dass sie sich zugleich von den selbstironischen Winkeln der westlichen Seele fernhalten muss (denn auch wenn der Westen eine Abstraktion ist, seine Seele ist es ganz sicher nicht); dass sie dem Projekt der Veräußerlichung und Verfremdung der Vernunft treu bleiben muss, das sie – oftmals auch gegen ihren eigenen Willen – immerfort aus dem stickigen Alkoven des Selben zu treiben vermochte. Die Realisierbarkeit einer echten Endoanthropologie (einer ›Anthropologie unserer selbst‹), ein Vorhaben, das heute aus vielen teils sogar vernünftigen Gründen auf der Tagesordnung der disziplinären

3 Siehe hierzu auch die von Lévi-Strauss (1975b: 345-346) vorgeschlagene Unterscheidung zwischen der Anthropologie als einer »zentrifugalen« Wissenschaft, die den »Standpunkt der Immanenz« einnimmt, und der Ökonomie und der Soziologie als »zentripetalen« Wissenschaften, die der Gesellschaft des Beobachters einen »transzendentalen Wert« beimessen.

Agenda steht, hängt dementsprechend ganz entscheidend von der theoretischen Frischluftzufuhr ab, der die Exoanthropologie als ›Feldwissenschaft‹ im eigentlich interessanten Sinne schon immer den Vorzug gegeben hat.

Ziel des *Anti-Narziss* ist also die Veranschaulichung der These, dass alle nichttrivialen anthropologischen Theorien Versionen indigener Wissenspraktiken sind. Diese Theorien stehen in strikter ontologischer Kontinuität (somit also in einer Beziehung strukturaler Transformation) zu den intellektuellen Pragmatiken der Kollektive, die sich im Verhältnis zur Disziplin historisch in der ›Position des Objekts‹ situiert fanden.[4] Es geht hier – das heißt: *dort*, in dem Buch, das wir kommentieren – darum, eine performative Beschreibung der Transformationen des Diskurses der Anthropologie zu skizzieren, die am Ursprung der Verinnerlichung der transformationellen Bedingung der Disziplin als solcher liegen, das heißt der (wohlgemerkt theoretischen) Tatsache, dass diese eine diskursive Anamorphose der Ethnoanthropologien der erforschten Kollektive ist. Indem er die – gewissermaßen naheliegenden, ist der Autor doch schließlich Ethnologe des Amazonasgebiets – amerindianischen Begriffe des ›Perspektivismus‹ und des ›Multinaturalismus‹ als Beispiele heranzieht, möchte der *Anti-Narziss* zeigen, dass die Denkstile, die die Völker, die wir erforschen, praktizieren, die Triebkraft der Disziplin sind. Eine tiefergehende Betrachtung dieser Stile und ihrer Implikationen sollte, insbesondere vom Standpunkt der Ausarbeitung eines anthropologischen Begriffs des Begriffs aus, in der

---

4 Was keineswegs bedeuten soll, dass die Wissenspraktiken des ›Anthropologen‹ und des ›Indigenen‹ vom Standpunkt der involvierten Techniken und der implizierten Probleme *epistemologisch* homogen seien (Strathern 1987).

Lage sein, ihre Bedeutung für die momentan stattfindende Genese einer ganz anderen Vorstellung von anthropologischer Praxis aufzuzeigen. Eine neue Anthropologie des Begriffs also, die einen neuen Begriff der Anthropologie gegen-verwirklicht, demgemäß die Beschreibung der Bedingungen der ontologischen Selbstbestimmung der Kollektive eindeutig Vorrang hat gegenüber der epistemozentrischen Reduktion des (menschlichen und nicht-menschlichen) Denkens auf ein Dispositiv der Anerkennung: Klassifikation, Prädikation, Urteil, Repräsentation... Die Anthropologie als »vergleichende Ontographie« (Holbraad 2003) – das ist der wahrhafte Standpunkt der Immanenz.[5] Die Möglichkeit und die Relevanz dieser Aufgabe eines »*penser autrement*« (Foucault) des Denkens – eines ›Anders‹-Denkens [pensar ›outramente‹], eines Einen-anderen-Geist-Denkens [pensar outra mente], eines Mit-anderen-Geistern-Denkens [pensar com outras mentes] – anzunehmen, bedeutet, sich dem Projekt der Ausarbeitung einer anthropologischen Theorie der begrifflichen Einbildungskraft zu verschreiben, die eine Sensibilität für die Kreativität und Reflexivität entwickelt, die dem Leben eines jeden menschlichen und nichtmenschlichen Kollektivs inhärent ist.

♦ ♦ ♦

Der Originaltitel des Buches, das wir hier (be)schreiben, soll also nahelegen, dass unsere Disziplin bereits dabei ist, die ersten Kapitel eines Manifests in Buchform zu redigieren, das für sie so etwas wie ihr *Anti-Ödipus* wäre. Wenn nämlich Ödipus der Pro-

---

5 Es sei allerdings angemerkt, dass dies nicht ganz der *selbe* Standpunkt ist wie jener, auf den Lévi-Strauss im oben zitierten Abschnitt abzielte.

tagonist des Gründungsmythos der Psychoanalyse ist, dann schlägt unser Buch Narziss als Kandidaten für den Posten des Schutzheiligen (oder Schutzdämonen) der Anthropologie (in ihren beiden Versionen, der ›wissenschaftlichen‹ wie auch der ›philosophischen‹) vor; schließlich schien diese schon immer besessen von der Bestimmung des fundamentalen Attributs oder Kriteriums, das das Subjekt des anthropologischen Diskurses von all dem unterscheidet, was es nicht ist, das heißt von all dem, was nicht ›Wir‹ ist, und zwar: vom Nicht-Westlichen, vom Nicht-Modernen, vom Nicht-Menschlichen. Was ›haben‹ die anderen also ›nicht‹, das sie letztlich als nicht-westlich und nicht-modern *konstituiert*? Kapitalismus und Rationalität? Individualismus und Christentum? (Oder vielleicht, etwas bescheidener und nach Manier von Jack Goody: Alphabetschrift und Mitgift?) Und was wären dann die noch augenscheinlicheren, die noch offenkundigeren Absenzen, die die anderen als *absolut* anders konstituierten, das heißt etwa als Nicht-Menschen, Tiere, Pflanzen, all die Legionen von Lebewesen, die vom narzisstischen Zirkel des ›Wir‹ auf maximaler Distanz gehalten werden? Die unsterbliche Seele? Sprache? Arbeit? *Lichtung*? Neotenie? Metaintentionaliät? Ganz wie es der Kunde wünscht.

All diese Absenzen, diese Lücken, sind einander sehr ähnlich. In Wahrheit ist es nämlich auch ziemlich egal, wenn man sieht, dass eben gerade ›das Problem‹ selbst *das Problem* ist, weil es bereits die Form der Antwort enthält, die Form einer Großen Trennung, einer großen Geste des Ausschlusses, durch die die menschliche Spezies zum biologischen Analogon des anthropologischen Westens gemacht wird (und umgekehrt), während alle anderen lebenden Spezies und alle anderen menschlichen Völker in einer allgemeinen privativen Alterität zusammengeworfen werden. Tatsächlich ist also die Frage, was ›uns‹ anders macht als die anderen – ob andere Spezies oder andere Kulturen, wer ›sie‹ sind, ist nicht so wichtig, wichtig sind ›wir‹ – bereits eine Antwort.

Indem wir also die Frage ›Was ist der Mensch (und was das ihm Eigene)?‹ verwerfen, geht es keineswegs darum, vorzuschlagen, dass der ›Mensch‹ keine Essenz habe, oder dass seine Existenz seiner Essenz vorausgehe, dass das Sein des Menschen die Freiheit und die Unbestimmtheit sei und so weiter... Es geht darum, zu zeigen, dass die Frage ›Was ist der Mensch?‹ aus allzu evidenten historischen Gründen zu einer Frage geworden ist, die sich unmöglich ohne eine gewisse List beantworten lässt, ohne, mit anderen Worten, immerfort zu wiederholen, dass das dem Menschen Eigene eben darin liege, kein Eigenes zu haben – wodurch ihm wiederum, o glückliche Konsequenz!, grenzenlose Rechte über alle fremden Eigenheiten und Eigentümer [propriedades] zukommen. So lautet jedenfalls eine Antwort, die in ›unserer‹ intellektuellen Tradition seit Ewigkeiten wiederholt wird, und die durch solcherlei menschliche Im-Proprietät [impropriedade] – Un-Eigentümlichkeit, Un-Gehörigkeit – den Anthropozentrismus rechtfertigt: Unabgeschlossenheit, Endlichkeit und Mangel sind das Stigma, das die Spezies so würdevoll trägt, und zwar zum Wohle aller übrigen Lebewesen (wer's glaubt...). Die Bürde des Menschen also: das universelle Tier zu sein, das Tier, für das es ein Universum gibt. Wie wir wissen, sind Nicht-Menschen (aber wie zum Teufel wissen wir das eigentlich?)[6] »weltarm« – noch nicht einmal die Lerche...[7] Und was die

6 Wissen wir etwa »wie es ist, eine Fledermaus zu sein«? Aus irgendeinem Grund denkt Thomas Nagel (2007), dass wir das nicht tun.

7 Vgl. Giorgio Agamben (2003: 65-71) über Heidegger.

nicht-westlichen Menschen anbelangt, so lässt man uns ganz diskret annehmen, dass sie mit Welt bestenfalls bescheiden ausgestattet sind. Wir, wir allein, wir Europäer,[8] sind die vollkommenen und abgeschlossenen Menschen, oder – besser – die grandios unabgeschlossenen, kühne Entdecker unbekannter Welten (*plus ultra!*), Weltensammler, Weltenmillionäre, »Weltbildende«. Wie man also sieht, ist die westliche Metaphysik *fons et origo* jeder Art von Kolonialismus: intern (intraspezifisch), extern (interspezifisch) und – wo möglich – ewig (unzeitlich). Aber der Wind dreht sich, die Dinge ändern sich, und die Alterität wird sich auch durch die stärksten Mauern der Identität fressen und sie so zu Fall bringen.

Verändert sich nun das Problem, so verändert sich auch die Form der Antwort: Gegen Große Trennungen lässt eine mindere Anthropologie kleine Mannigfaltigkeiten wuchern – kein Narzissmus der kleinen Differenzen, sondern ein Antinarzissmus der kontinuierlichen Variationen; gegen verbrauchte oder an ihr Ende gekommene Humanismen setzt sie einen »unendlichen Humanismus« (Maniglier 2000), der sich der Konstitution der Menschheit als gesonderter Ordnung, als Staat im Staate, verweigert. Ich betone: Mannigfaltigkeit *wuchern lassen*. Schließlich geht es, wie Derrida (2016) uns gerade zur rechten Zeit noch einmal ins Gedächtnis rief, ganz und gar nicht darum, die Abschaffung der Grenzen zu predigen, die ›Sprache‹ und ›Welt‹, ›Personen‹ und ›Dinge‹, ›uns‹ und ›sie‹, ›Menschen‹ und ›Nicht-Menschen‹ vereinen-trennen – reduktionistische Vereinfachungen und Taschenmonismen stehen ebenso außer Frage wie Verschmelzungsphantasien –, sondern darum, diese Grenzen zu

---

8 Ich bin einmal so frei, mich hier miteinzuschließen.

›irreduzieren‹ und zu ›impräzisieren‹, ihre Trennlinie (ihre sukzessiven parallelen Trennlinien) zu einer unendlich komplexen Kurve zu verbiegen. Es geht also nicht darum, Konturen zu verwischen, sondern darum, sie zu falten, verdichten, verzerren, irisieren, fraktalisieren. »Darauf wollten wir hinaus: eine verallgemeinerte Chromatik...« (Deleuze und Guattari, 1992: 135). »Chromatik«, wohlgemerkt: So schreibt sich, mit einem von Lévi-Strauss abgesegneten Vokabular – und obwohl (oder gerade weil) es eine Neuordnung seiner Werte vornimmt –, das Programm einer Zeit nach dem Strukturalismus.

♦ ♦ ♦

Einige Denker, die auch für eine grundlegende Erneuerung der Disziplin verantwortlich zeichnen, haben begonnen, den Entwurf des *Anti-Narziss* ins Reine zu schreiben. Obwohl es sich dabei durchaus um bekannte Autoren handelt, ist ihr Werk noch weit davon entfernt, all die Anerkennung und Verbreitung zu erfahren, die ihm gebührt – sogar, und das gilt vor allem für den ersten in dieser Reihe, in ihren Herkunftsländern. Gemeint sind hier: der nordamerikanische Anthropologe Roy Wagner, auf dessen Konto der Begriff der »invertierten Anthropologie« (Wagner 1981: 31), die Ausarbeitung einer schwindelerregenden Semiotik der »Invention« und der »Konvention«, oder auch die visionäre Skizze eines wahrhaften ethnologischen Begriffs des Begriffs gehen; die britische Anthropologin Marilyn Strathern, der wir zunächst mit *The Gender of the Gift*, der vielleicht einflussreichsten Studie des letzten Viertels des Jahrhunderts, eine verschränkte Dekonstruktion-Potenzierung des Feminismus und der Anthropologie verdanken, wie auch die treibenden Ideen einer »indigenen Ästhetik« und einer »indigenen Analyse«, die so etwas wie die beiden Hälften einer melanesischen Antikritik der westlichen Vernunft bilden, oder aber die Erfindung des ersten streng postmalinowskischen Modus ethnographischer Beschreibung; und schließlich der französische Philosoph Bruno Latour, dem wir wiederum die transontologischen Begriffe des »Kollektivs« und des »Akteur-Netzwerks«, die paradoxale Bewegung eines »Nie-(modern)-gewesen-Seins« sowie die anthropologische Wiederverzauberung der Praxis der Wissenschaften zuzuschreiben haben. Diesen – Wagner, Strathern und Latour – haben sich in jüngster Zeit viele weitere Kollegen angeschlossen; ich vermeide es hier, sie zu benennen, da eine solche Nennung unmöglich ohne das Unrecht der Omission oder der Kommission vonstatten gehen könnte.[9]

Schon lange vor all den Genannten und Nichtgenannten aber gab es den so unbequem unumgänglichen Claude Lévi-Strauss, dessen monumentales Werk einerseits der Vergangenheit der Disziplin zugewandt ist, die es krönt, und anderseits ihrer Zukunft, die es antizipiert. Wenn Rousseau, wie dieser Autor sagt, als Begründer der Humanwissenschaften zu sehen ist, dann müsste man von Lévi-Strauss selbst sagen, dass er sie mit dem

---

9 Eine Ausnahme müsste man hier für Tim Ingold machen, der – zusammen mit Philippe Descola (über den wir später sprechen werden) – zweifelsohne derjenige Anthropologe ist, der am meisten getan hat, um die weitreichenden ontologischen Trennungen unserer intellektuellen Tradition zu hinterfragen, insbesondere die zwischen ›Menschheit‹ und ›Umwelt‹ (siehe Ingold 2000). Ingolds anregende Überlegungen – die einen starken Einfluss auf meine Arbeiten über den amerindianischen Perspektivismus hatten – spiegeln jedoch eine systematische Schuld gegenüber der Phänomenologie wider, die dazu führt, dass die Beziehungen zu den in diesem Essay diskutierten Autoren und Begriffen eher indirekt sind.

Strukturalismus nicht nur neu begründet, sondern quasi ›ent-gründet‹ hat, indem er den Weg zu einer *Anthropologie der Immanenz* wies – einen Weg, auf dem er, »wie Moses, der sein Volk bis an die Grenze des gelobten Landes führt, dessen Herrlichkeit er selber nie geschaut hat«,[10] sich vielleicht nie wirklich vorzudringen gewagt hat. Indem er das anthropologische Wissen als Transformation indigener Praxis verstand (»die Anthropologie sucht ihrerseits die Sozialwissenschaft des Beobachteten herauszuarbeiten« (Lévi-Strauss 1967: 388)) und zehn Jahre später die *Mythologica* als »Mythos der Mythologie« (Lévi-Strauss 1971: 26) definierte, stellte Lévi-Strauss die Weichen für eine »künftige Philosophie« (Hamberger 2004: 345), die das positive Siegel der Unabschließbarkeit und der Virtualität trägt.

Claude Lévi-Strauss, Begründer des *Post*strukturalismus... Es ist nun jedenfalls schon fast zwanzig Jahre her, dass unser Berufsältester im Nachwort zu einer Ausgabe von *L'Homme*, in der es darum ging, eine Bilanz des strukturalistischen Erbes in den Verwandtschaftsstudien zu ziehen, einen beißenden und zugleich entscheidenden Kommentar abgab:

> Es ist bemerkenswert, dass es unseren brasilianischen Kollegen ausgehend von einer kritischen Analyse des Begriffs der Affinität – die von den südamerikanischen Indianern als Scharnier zwischen Gegensätzen (menschlich und göttlich, Freund und Feind, Verwandter und Fremder) verstanden wird – gelungen ist, etwas freizulegen, das

---

[10] Die Anspielung auf Moses findet sich in der »Einleitung in das Werk von Marcel Mauss« (Lévi-Strauss 1974: 30). Der Autor fügt hinzu: »Es muß irgendwo einen entscheidenden Engpass geben, den Mauss nie überwunden hat« (ibid.).

> man als Metaphysik der Prädation bezeichnen könnte. [...] Aus diesem Ideenstrom geht schließlich ein Gesamteindruck hervor: Ob es einen nun erfreut oder besorgt, die Philosophie steht wieder im Rampenlicht der Anthropologie. Nur ist es nicht mehr unsere Philosophie, jene, die meine Generation hatte loswerden wollen, indem sie exotische Völker um Hilfe ersuchte, sondern – durch eine bemerkenswerte Wende – die ihre. (Lévi-Strauss 2000: 719-720)

Wir werden sehen, dass diese Beobachtung den Inhalt des vorliegenden Essays, geschrieben von einem jener brasilianischen Kollegen, geradezu perfekt zusammenfasst.[11] In der Tat übernehmen wir Autoren des *Anti-Narziss* nicht nur den streng metaphysischen Gebrauch, den die südamerikanischen Índios vom Begriff der Affinität machen, als eine unserer ethnographischen Achsen, wir beginnen auch mit einem Wiederaufgreifen des Problems der *Beziehung* zwischen – einerseits – den beiden von Lévi-Strauss im Modus der *Nicht*-Beziehung aufgerufenen Philosophien (der ›unseren‹ und der ›ihren‹) und – andererseits – jener *künftigen Philosophie*, die der Strukturalismus entwirft.

Denn es geht hier zweifelsfrei um ›Philosophie‹ – ob es einen nun erfreut oder besorgt… Oder besser noch: Es geht darum, eine gewisse Verbindung zwischen Anthropologie und Philosophie wieder herzustellen, und zwar mittels einer neuen Analyse der transdisziplinären Problematik, die sich von beiden Seiten der unscharfen Grenze zwischen Strukturalismus und Poststrukturalismus aus konstituierte, in jenem kurzen Moment eines Sprudelns und einer Großzügigkeit des Denkens gegen Ende

---

[11] Siehe Viveiros des Castro (2001a) für einen ersten Kommentar zu dieser Passage, die auch von Maniglier (2005b) hervorgehoben wird.

der 1960er Jahre, in jenem Moment unmittelbar vor der konservativen Revolution, die sich in den letzten Jahrzehnten sowohl vom ökologisch-atmosphärischen als auch vom politisch-polizeilichen Standpunkt aus gesehen als besonders wirksam erwiesen hat, als buchstäblich erstickend, wann immer es darum ging, die Welt zu verändern.

Ein doppelter Kurs also: der Beginn einer verschränkten Lektüre zwischen Anthropologie und Philosophie, einerseits informiert durch das amazonische Denken – wobei entscheidend ist, dass wir »den amerindianischen Unterbau des Strukturalismus« (Taylor 2004: 97) hier nicht aus den Augen verlieren – und andererseits durch Gilles Deleuzes »dissidenten« Strukturalismus (Lapoujade 2006). Und so ist auch das anvisierte Ziel ein doppeltes: die Annäherung an das Ideal einer Anthropologie als (Aus)Übung der permanenten Dekolonisierung des Denkens auf der einen Seite, und der Vorschlag eines anderen Modus der Schöpfung von Begriffen als des im historisch-akademischen Sinne ›philosophischen‹ auf der anderen.

Aber letztlich geht es hier tatsächlich auch, und am Ende vielleicht sogar nur, um Sozial- und Kulturanthropologie, um die Disziplin Morgans und Tylors, Boas' und Mauss', Malinowskis und Lévi-Strauss'. Die Absicht dieses Essays ist dabei eher zukunftsorientiert als nostalgisch. Er möchte schlicht einige Möglichkeiten wiedererwecken, einige Auswege andeuten, die es unserer Disziplin gestatten, sich zumindest für sich selbst als intellektuelles Projekt einen anderen Ausgang vorzustellen als – ein wenig dramatisch formuliert – den Erstickungstod.

2. PERSPEKTIVISMUS

Es war eine solche Neuorientierung der anthropologischen Vorgehensweise, zu der wir, das heißt Tânia Stolze Lima und ich, beitragen wollten, indem wir den Begriff eines *amerindianischen Perspektivismus* vorschlugen, um so einen Komplex von Ideen und Praktiken neu zu konfigurieren, dessen intellektuelles Verwirrungspotential trotz weiter Verbreitung in der Neuen Welt von den Spezialisten bislang nicht angemessen gewürdigt worden war (falls das ein passendes Wort dafür ist).[12] Zum Perspektivismus kam dann noch der synoptische Begriff des *Multinaturalismus* hinzu, der das amerindianischen Denken als unerwarteten Partner – oder, mit Deleuze gesprochen, als »dunklen Vorläufer« – einiger zeitgenössischer philosophischer Programme präsentierte, etwa derer, die sich um eine Theorie möglicher Welten herum entwickeln, derer, die sich von vornherein außerhalb der infernalen Dichotomien der Moderne einrichten, oder aber auch derer, die, überzeugt vom Ende der kritizistischen Hegemonie, die die Verpflichtung ausgesprochen hatte, auf alle ontologischen Fragen epistemologische Antworten zu finden, unter immer wieder neuen Bannern Stück für Stück andere Fluchtlinien des Denkens definieren, wie der ›spekulative Realismus‹ oder die ›experimentelle Metaphysik‹.

---

12 Für die Primärquellen siehe Lima 1996 und 2005 sowie Viveiros de Castro 1997, 2004 und 2016a und b. Im Folgenden werden einige Passagen und Themen wortwörtlich wiederholt, die dem anthropologischen Publikum und vor allem den Amerikanisten weitgehend bekannt sein dürften, deren Wiedergabe hier anderen Lesern jedoch nützlich sein mag.

Die beiden Begriffe entstanden im Kontext einer Analyse der kosmologischen Voraussetzungen der eben erwähnten ›Metaphysik der Prädation‹. Nun stellte sich heraus, dass diese Metaphysik, wie sich aus Lévi-Strauss' Zusammenfassung schließen lässt, ihren deutlichsten Ausdruck in der großen spekulativen Leistung der indigenen soziologischen Kategorien zur Bezeichnung der matrimonialen Allianz findet, ein Phänomen, das wir wiederum in einen weiteren Begriff übersetzten, nämlich in den der *virtuellen Affinität* (Viveiros de Castro 2001b und 2016a; siehe auch Kapitel 11 unten). Die virtuelle Affinität ist der charakteristische Schematismus, den Deleuze vielleicht als die »Struktur ›Anderer‹« (Deleuze 1993a) der amerindianischen Welten bezeichnen würde, und als solche ist sie unweigerlich vom Zeichen des Kannibalismus geprägt, einem Motiv, das in der relationalen Vorstellungskraft der Bewohner dieser Welten omnipräsent ist. Interspezifischer Perspektivismus, ontologischer Multinaturalismus und kannibalische Alterität bilden somit die drei Scheitelpunkte einer indigenen Alter-Anthropologie als einer symmetrischen und invertierten Transformation der westlichen Anthropologie – symmetrisch wiederum auch im Sinne Latours, und invertiert auch im Sinne von Wagners *reverse anthropology*. Indem wir dieses Dreieck skizzieren, können wir also damit beginnen, uns einer jener Philosophien der »exotischen Völker« anzunähern, die Lévi-Strauss der »unseren« entgegensetzte; oder wir werden, mit anderen Worten, versuchen können, etwas von dem eindrucksvollen Programm zu verwirklichen, das von Deleuze und Guattari in *Was ist Philosophie?* im Kapitel über »Geophilosophie« umrissen wurde; in beiden Fällen werden wir den Preis einer gewissen methodischen Ungenauigkeit und einer vorsätzlichen Mehrdeutigkeit zahlen – aber diesen Preis zu zahlen muss man wohl immer bereit sein.

♦♦♦

Am Anfang dieser gemeinsamen Arbeit mit Tânia Stolze Lima stand für mich eine kleine Epiphanie. Es war die plötzliche Wahrnehmung einer Resonanz zwischen den Ergebnissen unserer Untersuchungen zu amazonischen Kosmopolitiken, die eine inhärente perspektivische Mannigfaltigkeit des Realen affirmieren, und einer bekannten Parabel von Lévi-Strauss über die Eroberung Amerikas, ursprünglich erzählt in *Rasse und Geschichte*:

> Als einige Jahre nach der Entdeckung Amerikas die Spanier Untersuchungskommissionen nach den großen Antillen schickten, die erforschen sollten, ob die Eingeborenen eine Seele besäßen, gingen letztere daran, weiße Gefangene einzugraben, um durch Beobachtung zu prüfen, ob ihre Leiche der Verwesung unterläge. (Lévi-Strauss 1972a: 16)

Der Autor erkannte in diesem Konflikt der Anthropologien eine barocke Allegorie der Tatsache, dass eine der typischen Manifestationen der menschlichen Natur in der Negation ihrer eigenen Allgemeinheit besteht. Es scheint, als wäre eine Art angeborener Geiz, der die Extension der Prädikate der Menschlichkeit auf die Spezies als ganze verhindert, selbst eines dieser Prädikate. Und so ist zusammengefasst wohl der Ethnozentrismus, wie der gesunde Menschenverstand – von dem er vielleicht nur apperzeptiver Ausdruck ist –, die am weitesten verbreitete Sache der Welt.

Das Format der Lévi-Strauss'schen Lektion ist bekannt, aber dadurch verliert sie keineswegs an Biss. Die Bevorzugung der eigenen Menschlichkeit auf Kosten der Menschlichkeit des anderen offenbart eine wesentliche Ähnlichkeit mit dem verachteten anderen: Da sich das andere des Selben (des Europäischen) als das selbe wie das andere des Anderen (des Indigenen) erweist, erweist sich das Selbe am Ende unwissentlich als das selbe wie das Andere.

Offensichtlich hat die Anekdote Lévi-Strauss fasziniert, und zwar so sehr, dass er sie in *Traurige Tropen* noch ein weiteres Mal erzählte. Dort jedoch fügte er ein Quäntchen Ironie hinzu und markierte eher eine Differenz als eine Ähnlichkeit zwischen den Parteien, insofern er bemerkte, dass sich die Europäer in ihren ethnoanthropologischen Untersuchungen auf die Sozialwissenschaften beriefen, während dagegen die Índios eher den Naturwissenschaften vertrauten; und dass während sich erstere fragten, ob die Índios nicht bloße Tiere seien, die letzteren sich mit der Vermutung begnügten, dass die Europäer Götter sein könnten. »Bei gleicher Unkenntnis auf beiden Seiten«, so schloss der Autor, »war das letztere Verhalten gewiss menschenwürdiger« (1978: 66). Wenn das wirklich so ist,[13] dann verpflichtet uns das zur Folgerung, dass hier das andere des Anderen – trotz gleicher Unkenntnis des anderen – nicht genau das selbe war wie das andere des Selben. Vielleicht könnte man sogar sagen, dass es sein genaues Gegenteil war, wenn in diesen indigenen Welten

---

13 Wie Sahlins (1995) gezeigt hat, sagt die Assoziation der europäischen Invasoren mit indigenen Gottheiten – ein in diversen Begegnungen zwischen Modernen und Wilden beobachtetes Phänomen – sehr viel mehr darüber aus, was die Indigenen über Gottheiten dachten, als darüber, was sie über Modernität oder Europäizität dachten.

die Beziehung zwischen diesen beiden Anderen der Menschlichkeit, zwischen Animalität und Göttlichkeit, nicht eine völlig andere wäre als die, die wir vom Christentum geerbt haben. Lévi-Strauss' rhetorische Gegenüberstellung bezieht sich demnach vielmehr auf *unsere* ontologischen Hierarchien, als auf die der Taíno.[14]

Es war jedenfalls eine Meditation über dieses Ungleichgewicht, die uns auf die perspektivistische Hypothese brachte, dass die amerindianischen ontologischen Ordnungen gerade durch die Inversion der dem Körper und der Seele zugeschriebenen semiotischen Funktionen von den im Westen am weitesten verbreiteten Ordnungen abweichen. Beim Vorfall auf den Antillen war für die Spanier die Seele die entscheidende Dimension; für die Índios was es der Körper. Anders gesagt, die Europäer zweifelten nie daran, dass die Índios einen Körper hätten (schließlich haben auch Tiere einen); und die Índios hatten keine Zweifel daran, dass die Europäer eine Seele hätten (schließlich haben auch Tiere und Totengeister eine). Der Ethnozentrismus der Europäer bestand also darin, zu bezweifeln, dass die Körper der anderen eine Seele enthielten, die formal denen entspräche, die in ihren eigenen Körpern wohnten; der amerindianische Ethnozentrismus hingegen bestand darin, zu bezweifeln, dass andere

---

14 Die Anekdote stammt ursprünglich aus Gonzalo Fernández de Oviedos *Historia general y natural de las Indias*. Sie soll sich teils in Hispaniola zugetragen haben (die Untersuchung, die dort 1517 von Hieronymiten gemeinsam mit Siedlern durchgeführt wurde), teils in Puerto Rico (das heuristische Ins-Wasser-Tauchen eines spanischen Matrosen namens Salcedo, der von Índios in Gefangenschaft ertränkt wurde). Sie ist letztlich ein weiteres Argument für die Notwendigkeit, die »Archäologie der Humanwissenschaften« mindestens bis zum Disput von Valladolid (1550-51) zurückreichen zu lassen, bis zu jener berühmten Kontroverse zwischen Las Casas und Sepúlveda bezüglich der Natur der amerikanischen Índios (vgl. Pagden 1982).

Seelen oder Geister mit einem Körper ausgestattet sein könnten, der wiederum materiell den indigenen Körpern entspräche.[15]

In der Begrifflichkeit von Roy Wagners Semiotik – jenes Melanesien-Experten, der sich im Rahmen der Theorie des amerindianischen Perspektivismus schon bald als entscheidender Vermittler erweisen wird – gehört der Körper in der europäischen Onto-Anthropologie der Dimension des Angeborenen oder des Spontanen (der »Natur«) an, jener Dimension, die das gegenerfundene Resultat einer »konventionalisierenden« Operation der Symbolisierung ist, während andererseits die Seele der konstruierten Dimension angehört, insofern sie die Frucht einer »differenzierenden« Symbolisierung ist, die »die konventionelle Welt spezifiziert und konkretisiert, indem sie radikale Unterscheidungen vornimmt und ihre Individualitäten umreißt« (Wagner 1981: 44). In den indigenen Welten hin-

---

[15] Die alte ›Seele‹ hat neue Namen bekommen und bewegt sich nun maskiert (*larvatus prodeo*): Sie nennt sich ›Kultur‹, ›das Symbolische‹, ›Geist‹ (im Sinne von *mind*) und so weiter... Das theologische Problem der fremden Seele hat sich auf direktem Wege in das philosophische Rätsel verwandelt, das man heute als »*problem of other minds*« kennt, und das sich nun an der vordersten Front der neurotechnologischen Forschung zum menschlichen Bewusstsein, zu möglichen Grundlagen einer Zuschreibung des rechtlichen ›Personenstatus‹ für andere Tiere und schließlich zur Intelligenz der Maschinen wiederfindet (die Götter sind in Intel-Mikroprozessoren eingezogen). In den beiden letzten Fällen geht es darum, herauszufinden, ob bestimmte Tieren nicht am Ende doch so etwas wie eine Seele oder ein Bewusstsein haben, vielleicht sogar eine Kultur, und ob sich nicht auch bestimmte nicht-autopoetische materielle Systeme, oder anders gesagt: Systeme ohne organischen Körper (also Rechenmaschinen), als intentionalitätsfähig erweisen können.

gegen wird die Seele »als eine [...] Manifestation der allen Dingen implizierten konventionellen Ordnung erfahren«, sie »fasst die Arten und Weisen zusammen, auf die ihr Besitzer anderen [Dingen] ähnlich ist, und zwar noch vor den Arten und Weisen, auf die er sich von ihnen unterscheidet« (ibid.: 94). Der Körper dagegen gehört zur Sphäre dessen, was in der Verantwortung der Akteure liegt; er ist eine der fundamentalen Figuren, die es gegen den angeborenen und universellen Grund einer »immanenten Menschlichkeit« (ibid.: 86-93) zu konstruieren gilt.[16] Kurzum kann man sagen, dass die europäische Praxis im »Seelenmachen« (und Differenzieren von Kulturen) ausgehend von einem gegebenen körperlich-materiellen Grund (der Natur) besteht; die indigene Praxis hingegen besteht im »Körpermachen« (und Differenzieren von Spezies) ausgehend von einem ›von jeher‹ gegebenen sozio-spirituellen Kontinuum – gegeben, wie wir sehen werden, eben im Mythos.

Wagners begrifflich dichtes und höchst originelles theoretisches System entzieht sich jeglichem didaktischen Resümee; wir bitten den Leser daher, *The Invention of Culture*, das Buch, in dem dieses System am elegantesten zur Darstellung kommt, selbst zu lesen. *Grosso modo* kann man aber sagen, dass die Wagner'sche Semiotik eine Theorie der (menschlichen und wahrscheinlich auch nicht-menschlichen) Praxis ist, die diese als reziproke und rekursive Operation zweier – und nur zweier – Modi

---

16 Hier sind wir in Bezug auf Wagner (in seinem Sinne des Wortes) »innovativ«, da dieser die Frage nach dem Status des Körpers für die differenzierenden Kulturen in *The Invention of Culture* nicht stellte.

der Symbolisierung konzipiert: 1) der konventionelle oder kollektivierende (auch: wörtliche) Symbolismus, in dem sich die Zeichen in standardisierten Kontexten organisieren (semantische Felder, formale Sprachen, und so weiter), insofern sie im Kontrast zu einer heterogenen Ebene von ›Referenten‹ stehen, das heißt, insofern sie als etwas betrachtet werden, das etwas anderes symbolisiert als sich selbst; und 2) der differenzierende oder erfinderische (auch: bildliche) Symbolismus, in dem die durch die konventionelle Symbolisierung ›repräsentierte‹ Welt der Phänomene als konstituiert aus ›Symbolen, die sich selbst repräsentieren‹ verstanden wird, das heißt aus Ereignissen, die sich gleichzeitig als Symbole und als Referenten manifestieren und so den konventionellen Kontrast auflösen.

Zunächst einmal ist es wichtig, festzustellen, dass die Welt der Referenten, das ›Reale‹, von Wagner hier als semiotischer Effekt definiert wird: Das andere des Zeichens ist ein anderes Zeichen, das die einzigartige Fähigkeit hat, ›sich selbst zu repräsentieren‹. Die Existenzweise der aktualen Entitäten als Objekte oder »Ereignisse« (Whitehead) ist die Tautegorie. Zweitens ist zu betonen, dass der Kontrast zwischen den beiden Modi selbst das Resultat einer konventionalisierenden Operation (und Perzeption) ist: Die Unterscheidung zwischen Invention, Erfindung und Konvention ist selbst konventionell, allerdings wird zugleich auch jede Konvention durch eine Gegenerfindung produziert. Der Kontrast ist also intrinsisch rekursiv, insbesondere wenn wir uns bewusst machen, dass sich menschliche Kulturen im Hinblick darauf fundamental unterscheiden, welchen Modus der Symbolisierung sie (konventionell) als geeignetes Element der Handlung oder Invention privilegieren, während sie den jeweils anderen für die Funktion des ›Gegebenen‹ reservieren. Kulturen (die menschlichen Makrosysteme der Konventionen) unterscheiden sich durch das, was sie als zur Sphäre der Verantwortung der Akteure – zur Welt des ›Konstruierten‹ – gehörend definieren, und durch das, was für sie (weil es als dazugehörend gegenkonstruiert ist) zur Welt des ›Gegebenen‹, also des Nicht-Konstruierten, gehört:

Der Kern einer jeden Menge von kulturellen Konventionen ist eine einfache Unterscheidung im Hinblick auf die Frage, welche Art von Kontexten (die nicht-konventionalisierten oder die der Konvention selbst) im Vollzug menschlichen Handelns willentlich artikuliert werden müssen, und welche Art von Kontexten als ›Motivation‹ unter der konventionellen Maske des ›Gegebenen‹ oder des ›Angeborenen‹ gegenerfunden werden müssen. Natürlich gibt es dabei für jedwede gegebene Menge von Konventionen, seien es nun die eines Stammes, einer Gemeinde, einer ›Kultur‹ oder einer sozialen Klasse, nur zwei Möglichkeiten: Ein Volk, das als Form seines Handelns willentlich differenziert, wird unweigerlich eine motivierende Kollektivität als ›angeboren‹ gegenerfinden, und ein Volk, das vorsätzlich kollektiviert, wird auf gleiche Weise eine motivierende Differenzierung gegenerfinden. (Wagner 1981: 51)

♦ ♦ ♦

Der anthropologische Chiasmus, den Lévi-Strauss am Beispiel des Vorfalls auf den Antillen aufgezeigt hatte, entsprach ziemlich genau zwei singulären Merkmalen, die wir in der amazonischen Ethnographie herauszuarbeiten begannen. Zunächst einmal bestätigte er auf unverhofftem Wege das omnipräsente Wirken einer Ökonomie der *Körperlichkeit* im Kern der Ontologien, die wir schließlich – offensichtlich etwas einseitig – als *animistische* neu definierten und benannten.[17] Wir sagen hier ›bestätigen‹, weil das ja durchaus etwas war, das die *Mythologica* bereits zur Genüge gezeigt hatten (aber dafür musste man imstande sein, sie im radikalsten Sinne zu verstehen, nämlich als mythische Transformation der mythischen Transformationen, die sie zum Gegenstand hatten), indem sie – in einer Prosa, die cartesische Strenge mit rabelaisscher Verve verknüpfte – eine indigene Anthropologie beschrieben, die vielmehr in der Begrifflichkeit organischer Ströme und materieller Codierungen, sinnlicher Mannigfaltigkeiten und Tier-Werden formuliert war als in den Spektraltermen unserer eigenen Anthropologie, die an entsetzlichem juridico-theologischem Geschwätz zu ersticken droht (man denke nur an die Sprache der ›Rechte‹ und ›Pflichten‹, der ›Regeln‹ und ›Prinzipien‹, der ›terminologischen Kategorien‹ und ›Verwandtschaftsverbände‹, der ›Rituale‹ und ›Symbole‹, in der unsere Disziplin verfasst wird).[18] Das Beispiel des Vorfalls ge-

---

[17] Das Thema des Animismus wurde jüngst durch die Arbeiten Philippe Descolas (1992; 1996) mit besonderem Augenmerk auf amazonisches Material neu besetzt.

[18] Siehe Seeger, DaMatta und Viveiros de Castro (1979) für eine erste Formulierung der Problematik der Körperlichkeit im indigenen Amerika. Insofern sie sich explizit auf die *Mythologica* stützt, wurde diese Arbeit ganz und gar unabhängig vom Thema des ›*embodiment*‹ entwickelt, das die Anthropologie in den darauffolgenden Jahrzehnten

stattete es außerdem, einige der metatheoretischen Implikationen dieses unmarkierten oder generischen Zustands der virtuellen Dimension (der ›Seele‹) der Seienden zu erahnen, der wesentlichen Prämisse einer mächtigen indigenen intellektuellen Struktur, die *inter alia* dazu in der Lage ist, eine Gegenbeschreibung ihres eigenen, von der westlichen Anthropologie projizierten Bildes zu entwerfen, und uns auf diese Weise »von uns selbst ein Bild [zurückzuwerfen], auf dem wir uns nicht erkennen«. Es war diese doppelte materialistische und spekulative Torsion der herkömmlichen (psychologischen und positivistischen) Repräsentation des ›Animismus‹, die wir ›Perspektivismus‹ nannten, und zwar wegen ihrer – mindestens genauso konstruierten wie vorgefundenen – Analogien zu den mit diesem Etikett assoziierten philosophischen Thesen, die sich sowohl bei Leibniz als auch bei Nietzsche, Whitehead oder Deleuze finden lassen.

♦ ♦ ♦

Wie verschiedene Ethnologen bereits angemerkt haben (allerdings meist nur beiläufig), teilen sehr viele (und vielleicht alle) Völker der Neuen Welt eine Auffassung, nach der die Welt aus einer Mannigfaltigkeit von Standpunkten besteht: Alle Seienden sind potentielle Intentionalitätszentren, die die übrigen Seienden

---

geradezu im Sturm eroberte. Taub gegenüber dem »zugleich fromme[n] und sinnliche[n]« Appell des phänomenologischen Carnismus (Deleuze und Guattari 2000: 211) – oder gegenüber dem »sanften Ruf des faulen Holzes«, wie ein Leser von *Das Rohe und das Gekochte* vielleicht sagen würde – dachte die strukturale Strömung in der amerindianischen Ethnologie die Verkörperung – die Inkarnation – immer eher vom Standpunkt des kulinarischen Dreiecks aus als von dem der Heiligen Dreifaltigkeit.

ihren je eigenen Merkmalen oder Vermögen gemäß erfassen. Die Voraussetzungen und Konsequenzen dieser Idee lassen sich nicht auf den gängigen Begriff des Relativismus reduzieren, an den sie vielleicht auf den ersten Blick erinnern mögen. Genau genommen sind sie auf einer Achse angeordnet, die orthogonal zum Gegensatz zwischen Relativismus und Universalismus steht. Ein solcher Widerstand des amerindianischen Perspektivismus gegen die Begrifflichkeiten unserer epistemologischen Debatten zieht die Übertragbarkeit der ontologischen Aufteilungen, die diese nähren, in ernsthaften Zweifel. So lautet auch der Schluss, zu dem viele Anthropologen (obgleich aus unterschiedlichen Gründen) kommen, wenn sie darlegen, dass die klassische Unterscheidung zwischen Natur und Kultur – jener erste Artikel der Verfassung der Disziplin, mit dem diese der alten metaphysischen Matrix des Westens Gehorsam leistet – nicht zur Beschreibung von Dimensionen oder Domänen innerhalb nicht-westlicher Kosmologien verwendet werden kann, ohne sich zuvor einer strengen ethnologischen Kritik zu unterziehen.

Eine solche Kritik erforderte im vorliegenden Fall die Neuverteilung der den beiden paradigmatischen Reihen von ›Natur‹ und ›Kultur‹ zugeordneten Prädikate: universell und partikular, objektiv und subjektiv, physisch und moralisch, Tatsache und Wert, gegeben und instituiert, Notwendigkeit und Spontaneität, Immanenz und Transzendenz, Körper und Geist, Animalität und Menschlichkeit und so weiter. Es war dieses Neumischen der begrifflichen Karten, das mich dazu führte, den Ausdruck ›Multinaturalismus‹ vorzuschlagen, um eines der Merkmale zu benennen, durch die das amerindianische Denken im Kontrast zu den modernen ›multikulturalistischen‹ Kosmologien steht: Während diese sich auf die wechselseitige Implikation von Einheit der Natur und Mannigfaltigkeit der Kulturen stützen – wobei erstere durch die objektive Universalität der Körper und der Substanz garantiert und letztere durch die subjektive Partikularität der Geister und der Signifikate erzeugt wird –,[19] ginge hingegen die amerindianische Auffassung von einer Einheit des Geistes und einer Vielheit der Körper aus. Die ›Kultur‹ oder das Subjekt wären hier die Form des Universalen, die ›Natur‹ oder das Objekt die Form des Partikularen.

Die Ethnographie des indigenen Amerika ist reich an Verweisen auf eine kosmopolitische Theorie, in der ein Universum entworfen wird, das von unterschiedlichen – menschlichen wie nicht-menschlichen – Typen von subjektiven Handlungsvermögen oder Agenten bevölkert wird – Götter, Tiere, Tote, Pflanzen, meteorologische Phänomene, und oft auch Gegenstände und Artefakte –, die alle mit einer gleichen Grundlage an perzeptiven, appetitiven und kognitiven Dispositionen ausgestattet sind, kurz gesagt: mit einer gleichartigen ›Seele‹. Diese Gleichartigkeit schließt auch einen gleichen Modus der Apperzeption ein, den wir performativ nennen könnten: Tiere und andere beseelte Nicht-Menschen ›sehen sich als‹ Personen, und deshalb ›sind‹ sie unter bestimmten Bedingungen oder in bestimmten Kontexten Personen, das heißt komplexe Entitäten mit einer zweiseitigen ontologischen Struktur (mit einer sichtbaren und einer unsichtbaren Seite), die gemäß den pronominalen Modi des Reflexiven und des Reziproken und den relationalen Modi des Intentionalen und des Kollektiven existieren. Was diese Personen

---

19 Bei Ingold (1991: 356) habe ich nun, nach langer Zeit, eine quasi identische Formulierung dieses Kontrastes gefunden und frage mich, ob ich diese nicht unbewusst wiederholt habe, als ich den Artikel schrieb, aus dem ich obige Zeilen kopiere (Viveiros de Castro 1997) – Ingolds Text hatte ich schließlich Jahre zuvor gelesen.

unterdessen sehen – und welche Art von Personen sie sind –, stellt gerade eines der wichtigsten philosophischen Probleme dar, die durch und an das indigene Denken gestellt werden.

Die Gleichartigkeit der Seelen impliziert keine Homogenität oder Identität dessen, was diese Seelen ausdrücken oder wahrnehmen. Die Weise, auf die Menschen Tiere, Geister und andere kosmische Personen sehen, ist von Grund auf anders als die Weise, auf die diese Wesen *sie* sehen und *sich* sehen. Typischerweise – diese Tautologie ist wie der Nullpunkt des Perspektivismus – sehen Menschen (unter normalen Umständen) Menschen als Menschen und Tiere als Tiere; und was die Geister angeht, so ist das Sehen dieser für gewöhnlich unsichtbaren Wesen ein sicheres Zeichen dafür, dass die ›Umstände‹ nicht normal sind (Krankheit, Trance und andere veränderte Bewusstseinszustände). Raubtiere und Geister wiederum sehen Menschen als Beutetiere, wohingegen die Beutetiere die Menschen als Geister oder Raubtiere sehen: »Das menschliche Wesen sieht sich selbst als solches. Der Mond, die Schlange, der Jaguar und die Pockenmutter jedoch sehen den Menschen als Tapir oder als Pekari, das sie töten«, bemerkt Baer (1994: 224) über die Machiguenga am peruanischen Amazonas. Während sie uns als Nicht-Menschen sehen, sehen sich die Tiere und Geister selbst (und ihre jeweiligen Artgenossen) als Menschen: Sie nehmen sich als anthropomorphe Wesen wahr (oder werden zu solchen), wenn sie sich in ihren eigenen Häusern oder Dörfern aufhalten, und sie erfahren ihre eigenen Gewohnheiten und Eigenschaften im Lichte einer Kultur: Sie sehen ihre Nahrung als menschliche Nahrung (Jaguare sehen Blut als Maisbier, Geier sehen Würmer im verfaulten Fleisch als gebratenen Fisch und so weiter), ihre körperlichen Attribute (Fell, Federn, Krallen,

Schnäbel und so weiter) als Schmuck oder kulturelle Werkzeuge, ihr soziales System als eines, das auf die gleiche Weise organisiert ist, wie menschliche Institutionen (mit Anführern, Schamanen, Festen, Ritualen...).

Hier bedarf es nun einiger Präzisierungen. Der Perspektivismus wird selten auf alle Tiere angewandt (während er aber so gut wie immer noch andere Wesen mit einschließt, zumindest die Toten); es scheint als erfasse er häufiger Arten wie die großen Räuber und Fleischfresser, solche etwa wie den Jaguar, die Anakonda, den Geier oder die Harpyie, oder auch die typischen Beutetiere der Menschen, etwa Wildschweine, Affen, Fische, Hirsche oder den Tapir. In der Tat betrifft eine der wesentlichen Dimensionen der perspektivischen Umkehrungen den relativen und relationalen Status von Jäger und Beute. Die amazonische Metaphysik der Prädation [predação] ist ein für den Perspektivismus sehr günstiger pragmatischer und theoretischer Kontext. Das heißt, dass es kein Seiendes gibt, das nicht anhand seiner allgemeinen relationalen Position auf einer relativen Skala des prädatorischen Vermögens bestimmt werden kann.

Wenn auch nämlich nicht alle Seienden *de facto* Personen sind, ist der entscheidende Punkt der, dass (*de jure*) nichts verhindert, dass irgendeine Spezies oder Seinsweise es ist. Es handelt sich hier also, zusammengefasst, nicht um ein Problem der Taxonomie, der Klassifikation, der ›Ethnowissenschaft‹.[20] *Alle*

---

[20] Siehe, *mutatis mutandis*, was Godfrey Lienhardt über die heterogene Ansammlung von Spezies, Entitäten und Phänomenen sagt, die den Dinka im Sudan als Klan-Gottheiten dienen: »Die Dinka haben keine Theorie des Prinzips, nach dem manche Spezies zu den Klan-Gottheiten gehören und andere nicht. Es gibt in ihrem Denken keinen Grund, warum irgendetwas nicht Gottheit eines Klans sein könnte« (Lienhardt 1961: 110).

Tiere und sonstigen Bestandteile des Kosmos sind intensiv oder virtuell Personen, denn sie alle können sich als Person offenbaren (sich in eine Person transformieren). Dabei geht es nicht um eine bloße logische Möglichkeit, sondern um eine ontologische Potentialität. ›Personalität‹ und ›Perspektivität‹ – die Fähigkeit, einen Standpunkt einzunehmen – sind, eher als eine distinktive Eigenschaft dieser oder jener Spezies, eine Frage des Grades, des Kontexts und der Position. Einige Nicht-Menschen aktualisieren diese Potentialität auf vollkommenere Weise als andere; und übrigens manifestiert sie sich bei einigen von ihnen auch mit höherer Intensität als bei unserer Spezies, diese sind in diesem Sinne also ›mehr Person‹ als Menschen (Hallowell 1960). Zudem ist die Frage wesentlich *a posteriori*. Die Möglichkeit, dass sich ein bis dahin unbedeutendes Wesen (dem Träumenden, dem Kranken, dem Schamanen) als prosopomorpher Aktant [agente] zu erkennen gibt, der imstande ist, Einfluss auf menschliche Angelegenheiten zu nehmen, steht immer offen; hinsichtlich der Personalität der Wesen ist gerade die ›persönliche‹ Erfahrung entscheidender als irgendeine taxonomische Liste oder irgendein kosmologisches Dogma. Es gibt kein Standesamt, und außerdem entscheidet die indigene Ontologie im Wesentlichen nach Fallrecht, nicht nach einem normativen Gesetzbuch.

Wenn einerseits nichts verhindert, dass irgendein Seiendes als Person gedacht wird – das heißt, als individuelle Manifestation einer biosozialen Mannigfaltigkeit –, dann verhindert auch nichts, dass das im Falle eines anderen menschlichen Kollektivs nicht geschieht. Das ist übrigens auch die gängige Situation: Die seltsame ›Großzügigkeit‹, die Völker wie die amazonischen dazu veranlasst, noch hinter den unwahrscheinlichsten Gestalten verborgene menschliche Wesen zu sehen, oder, besser, zu affirmieren, dass selbst die unwahrscheinlichsten Wesen dazu in der Lage sind, sich als Menschen zu sehen, geht paradoxerweise mit dem so oft diskutierten ›Ethnozentrismus‹ genau dieser Völker einher, die die Menschlichkeit ihrer Artgenossen leugnen, manchmal (oder vielleicht vor allem) sogar die ihrer geographisch wie historisch nächsten Nachbarn. Verglichen mit der furchtlos entzauberten Reife der alten und weisen europäischen Völker, die sich längst dem kosmischen Solipsismus der *conditio humana* (gemildert, das ist wahr, durch den Trost der intraspezifischen *communitas*) ergeben haben, wirkt alles so, als oszillierten unsere exotischen Völker unablässig zwischen zwei infantilen Narzissmen: dem der kleinen Unterschiede zwischen bisweilen allzu ähnlichen Artgenossen und dem der großen Ähnlichkeiten zwischen bisweilen vollkommen unterschiedlichen Spezies. Wie man sieht, können die anderen niemals gewinnen: Als Ethnozentriker und Animisten fehlt ihnen stets das rechte Maß, sei es aus Mangel oder durch Exzess.

Diese Tatsache, dass der Status der Person (die *conditio personae*, deren universelle apperzeptive Form die Anatomie und Ethologie des Menschen sind) gleichermaßen auf andere Spezies ›ausgedehnt‹ und anderen Kollektiven unserer eigenen Spezies ›verwehrt‹ werden kann, deutet zunächst einmal an, dass der Begriff der *Person* – durch interne Potentialdifferenz konstituiertes Intentionalitätszentrum – dem Begriff des *Menschen* vorausgeht und logisch übergeordnet ist. Die Menschlichkeit ist die Position des Artgenossen, der reflexive Modus des Kollektivs, und als solche wird sie im Verhältnis zu den primären Positionen des Jägers oder der Beute abgeleitet, die notwendigerweise andere Kollektive, andere persönliche Mannigfaltigkeiten, in eine Situation perspektivischer Alterität mit einbeziehen.[21] Gleichartigkeit oder Artverwandtschaft entsteht durch die willentliche, gesellschaftlich herbeigeführte Aufhebung einer gegebenen prädatorischen Differenz; sie geht dieser keineswegs voraus (Taylor und Viveiros de Castro 2006: 151, Viveiros de Castro 2001b). Genau darin besteht der Prozess der amerindianischen Verwandtschaft: ›Menschliche Reproduktion‹ ist eine *intensive Stabilisierung der Prädation*, ihre willentliche Unabgeschlossenheit, ganz im Sinne der berühmten »kontinuierlichen Intensitätsebene [plateau of intensity]«, die Gregory Bateson als charakteristisches Merkmal des *Ethos* der balinesischen Völker vorschlug,[22] und die als Begriff die *»Tausend Plateaus«* von Deleuze und Guattari inspirierte. In einem anderen Text von Lévi-Strauss, der – keineswegs zufällig – vom Kannibalismus handelte, wurde diese Idee von Gleichartigkeit als Subtraktion eines

---

21 ›Mensch‹ ist der Name einer Beziehung, nicht einer Substanz. Die berühmten – angeblich zugleich naiven und arroganten – Selbstbezeichnungen der primitiven Völker, die ›die menschlichen Wesen‹, ›die wahren Menschen‹, bedeuten sollten, scheinen dabei in pragmatischer (wenn auch nicht in syntaktischer) Hinsicht, weniger als *Substantive*, sondern vielmehr als *Pronomen* zu fungieren, die die ›subjektive‹ Position des Sprechenden anzeigen. Eben deshalb verfügen die indigenen Kategorien kollektiver Identität über jene enorme kontextabhängige Variabilität der Referenz, die für Pronomen charakteristisch ist, sodass sie mal mit peinlicher Strenge nur der unmittelbaren Verwandtschaft eines Ego vorbehalten bleiben, mal universell alle Menschen oder sogar alle bewusstseinsbegabten Wesen umfassen. Die Gerinnung dieser Selbstbezeichnungen zu ›Ethnonymen‹ scheint in erheblichem Maße ein Artefakt zu sein, das im Kontext der Interaktion mit Ethnographen produziert wird.

22 Eine Kultur der »Extase ohne Höhepunkt«, wie Clarice Lispector sagen würde.

Differenzpotentials auf eine für den amerindianischen Perspektivismus besonders treffende Weise formuliert:

> Das Problem des Kannibalismus [...] best[eht] dann nicht darin, den Grund für den Brauch zu suchen, sondern vielmehr darin festzustellen, wie die *untere Grenze des Raubtierverhaltens* zustandekam, *auf die sich das Gesellschaftsleben vielleicht letztlich reduziert*. (Lévi-Strauss 1985: 154, unsere Hervorhebungen; siehe auch Lévi-Strauss 1975a)

Hier handelt es sich um nichts anderes als eine Anwendung der klassischen strukturalistischen Verhaltensregel, der zufolge »es eine Ähnlichkeit an sich nicht gibt: sie ist nur ein Sonderfall des Unterschieds [der Differenz], derjenige, wo der Unterschied zu Null tendiert« (Lévi-Strauss 1975a: 37).[23] Natürlich steckt alles im Verb ›tendieren‹. Denn die Differenz, so beobachtet der Autor, »hebt sich niemals vollständig auf«. Wir könnten sogar sagen, dass sich nur dort ihr gesamtes begriffliches Vermögen entfaltet, wo sie sich der unmöglichen Identität asymptotisch annähert – bei Zwillingen zum Beispiel, würde ein amerindianischer Philosoph sagen (Lévi-Strauss 1993).

♦ ♦ ♦

---

[23] Zwar mag diese Verhaltensregel eine klassische sein, aber nur sehr wenige der sogenannten ›strukturalistischen‹ Anthropologen waren in der Lage, diese Idee wirklich bis ans Ende, das heißt über sich hinaus zu führen. Vielleicht weil sie, hätten sie es getan, Deleuzes *Differenz und Wiederholung* zu nahe gekommen wären?

Die Vorstellung, dass die aktualen Nicht-Menschen über eine unsichtbare prosopomorphe Seite verfügen, ist eine Grundvoraussetzung verschiedener Dimensionen der indigenen Praxis; in einem besonderen Kontext aber tritt sie in den Vordergrund: im Schamanismus. Der amerindianische Schamanismus lässt sich als von gewissen Individuen an den Tag gelegte Fähigkeit definieren, willentlich die körperlichen Schranken zwischen Spezies zu überwinden und die Perspektive ›fremder‹ Subjektivitäten einzunehmen, um die Beziehungen zwischen ihnen und den Menschen zu verwalten. Indem sie die nicht-menschlichen Wesen so sehen, wie diese sich selbst sehen (als Menschen), sind Schamanen dazu in der Lage, die Rolle aktiver Gesprächspartner im transspezifischen Dialog einzunehmen; vor allem aber vermögen sie auch wieder zurückzukehren, um die Geschichte zu erzählen, was Laien wiederum nur schwer möglich ist. Die Begegnung oder der Austausch von Perspektiven ist ein gefährlicher Prozess und eine politische Kunst – eine Diplomatie. Macht der westliche Multikulturalismus den Relativismus zur öffentlichen Ordnung [política pública] (eine selbstgefällige Praxis der Toleranz), so macht der amerindianische schamanische Perspektivismus den Multinaturalismus zur kosmischen Politik [política cósmica] (eine anspruchsvolle Übung in Vorsicht).

Der Schamanismus ist ein Modus des Handelns, der auch einen bestimmten Modus der Erkenntnis, oder vielmehr ein bestimmtes Ideal der Erkenntnis impliziert. Ein solches Ideal stellt unter gewissen Aspekten einen Gegenpol zur von der westlichen Moderne bevorzugten objektivistischen Epistemologie dar. Für letztere liefert die Kategorie des Objekts den *telos*: Erkennen heißt ›objektivieren‹ – es heißt, das im Objekt, was diesem aus sich heraus zugehörig ist, von dem unterscheiden zu können, was zum erkennenden Subjekt gehört und somit fälschlicher- und/oder unvermeidlicherweise auf das Objekt projiziert wurde. Erkennen heißt also entsubjektivieren – es heißt, jenen Teil des Subjekts, der im Objekt präsent ist, zu explizieren, um ihn so auf ein ideales Minimum zu reduzieren (oder zum Zwecke spektakulärer kritischer Effekte demonstrativ zu vergrößern). Genau wie Objekte werden auch Subjekte als Resultate von Objektivierungsprozessen verstanden: Das Subjekt konstituiert oder erkennt sich in den Objekten, die es produziert, und es erkennt sich objektiv, wenn es ihm gelingt, sich ›von außen‹ als ein ›es‹ zu sehen. Unser epistemologisches Spiel nennt sich Objektivierung; was nicht objektiviert wurde, bleibt irreal und abstrakt. Die Form des Anderen ist das Ding.

Der amerindianische Schamanismus wird vom umgekehrten Ideal geleitet: Erkennen heißt ›personifizieren‹ – es heißt, den Standpunkt dessen einzunehmen, was erkannt werden soll; oder vielleicht besser: *desjenigen*; denn es geht schließlich darum, »das *wer* der Dinge« (Guimarães Rosa) zu kennen, eine unverzichtbare Kenntnis, um eine intelligente Antwort auf die Frage nach dem ›Warum?‹ zu geben. Die Form des Anderen ist die Person. In einem Vokabular, das vielleicht ein wenig mehr der Mode entspricht, könnten wir auch sagen, dass die schamanische Personifizierung oder Subjektivierung eine allgemeine Neigung zur Universalisierung der »intentionalen Einstellung« reflektiert, die von gewissen modernen Philosophen des Geistes (oder Philosophen des modernen Geistes) als ein grundlegendes inferentielles Dispositiv identifiziert wurde. Noch genauer – schließlich sind die Índios ohne Weiteres in der Lage, in ihrem alltäglichen Leben »physikalische« und »funktionale« (Dennett 1978) Einstellungen einzunehmen – ließe sich sagen, dass wir uns hier einem epistemologischen *Ideal* gegenübersehen, das – anstatt zu versuchen, die ›Hintergrundintentionalität‹ auf Null zu reduzieren, um zu einer absolut objektiven Repräsentation der Welt zu gelangen – auf die entgegengesetzte Methode setzt: Wahrhafte Erkenntnis strebt auf dem Wege eines systematischen und willentlichen Prozesses der »Abduktion von Handlungsvermögen [abduction of agency]« (Gell 1998) nach der Enthüllung eines Maximums an Intentionalität. Oben haben wir gesagt, dass der Schamanismus eine *politische* Kunst sei; jetzt sagen wir, dass er eine politische *Kunst* ist.[24] Denn eine gute schamanische Interpretation ist eine solche, der es gelingt, jedes *Ereignis* so zu sehen, als sei es in Wahrheit eine *Handlung*, ein Ausdruck intentionaler Zustände oder Prädikate irgendeines Aktanten. Der Erfolg der Interpretation ist direkt proportional zur Stufe der Intentionalität, die sich dem Objekt oder Noema zuerkennen lässt.[25] Ein Wesen oder ein Zustand, der sich nicht sub-

---

24 Das Verhältnis zwischen künstlerischer Erfahrung und dem Prozess der »Abduktion von Handlungsvermögen« wurde von Alfred Gell in *Art and Agency* analysiert.

25 Wir beziehen uns hier auf Dennetts Begriff von der *n*-Ordinalität intentionaler Systeme. Ein intentionales System zweiter Ordnung ist eines, in dem der Beobachter dem Objekt nicht nur (wie es in einem System erster Ordnung der Fall wäre) Überzeugungen, Wünsche und andere Intentionen zuschreibt, sondern auch Überzeugungen (und so weiter) über die anderen Überzeugungen (und so weiter). Die gängigste kognitivistische These geht davon aus, dass nur der *Homo sapiens* über eine Intentionalität der Stufe zwei oder höher verfügt. Man sieht also leicht, dass das schamanische Prinzip der ›Abduktion eines Maximums an Handlungsvermögen‹ den Dogmen der physikalistischen Psychologie zuwiderläuft: »Psychologen haben sich häufig auf ein Prinzip berufen, das als Lloyd Morgans Kanon der Sparsamkeit (*canon of parsimony*) bekannt ist, und das als Sonderfall von Ockhams Rasiermesser betrachtet werden kann; dieses Prinzip besagt,

jektivieren lässt, der also seine soziale Beziehung zu demjenigen, der ihn erkennt, nicht bestimmen lässt, ist schamanisch gesehen bedeutungslos – ein epistemischer Rest, ein ›unpersönlicher Faktor‹, der sich der genauen Erkenntnis widersetzt. Es ist nicht nötig, daran zu erinnern, dass unsere objektivistische Epistemologie den entgegengesetzten Kurs einschlägt: Sie versteht die »intentionale Einstellung« des Gemeinsinns als bequeme Fiktion, als etwas, worauf wir zurückgreifen, wenn das Verhalten des Zielobjekts zu kompliziert ist, um sich in elementare physische Prozesse zerlegen zu lassen. Eine erschöpfende wissenschaftliche Erklärung der Welt muss in der Lage sein, jede Handlung auf eine Kette kausaler Ereignisse zu reduzieren, und diese wiederum auf materiell dichte Interaktionen (und ganz bestimmt keine ›Fernwirkung‹).

Zusammengefasst: Wenn in der naturalistischen Welt der Moderne ein Subjekt ein unzureichend analysiertes Objekt ist, gilt in der amerindianischen interpretativen Konvention das umgekehrte Prinzip: Ein Objekt ist ein unvollständig interpretiertes Subjekt. Hier muss man wissen, wie man personifiziert, denn man muss personifizieren, um zu wissen. Der Gegenstand der Interpretation ist die Gegeninterpretation des Gegenstands, des Objekts.[26] Denn letzteres muss entweder erweitert werden, bis

---

dass man einem Organismus nur so viel (oder wenig) Intelligenz oder Bewusstsein oder Vernunft oder Geist zuschreiben sollte, wie nötig ist, um sein Verhalten zu erklären.« (Dennett 1981: 274). In der Tat ist die Rassel des Schamanen ein gänzlich anderes Instrument als Ockhams Rasiermesser; während letzteres beim Schreiben von Artikeln über Logik oder Psychologie durchaus gute Dienste leisten mag, eignet es sich wohl kaum, um etwa verlorene Seelen zu bergen.

26 Über eine der amerindianischen ähnliche epistemologische Ordnung bemerkt Marilyn Strathern: »[Diese] Konvention [vergleiche Wagner

es seine volle intentionale Form erreicht hat – die eines Geistes, eines Tieres mit seinem menschlichen Antlitz –, oder es muss zumindest eine erwiesene Beziehung zu einem Subjekt haben, es muss also als etwas bestimmt worden sein, das »in der Nachbarschaft« eines Aktanten existiert (Gell 1998).

Was diese zweite Option anbelangt, spielt die Idee, dass die nicht-menschlichen Aktanten sich selbst und ihr Verhalten in der Form der menschlichen Kultur wahrnehmen, eine entscheidende Rolle. Die Übersetzung der ›Kultur‹ in die Welten außermenschlicher Subjektivitäten hat die Neubestimmung verschiedener ›natürlicher‹ Ereignisse und Objekte als Indizes zur Folge, von denen aus sich das soziale Handlungsvermögen abduzieren lässt. Der geläufigste Fall ist die Verwandlung von etwas, das für Menschen bloß eine nackte Tatsache ist, in ein vom Standpunkt einer anderen Spezies aus betrachtet höchst zivilisiertes Artefakt oder Verhalten: Was wir ›Blut‹ nennen, ist dem Jaguar ›Bier‹; was wir für eine Schlammgrube halten, erfahren die Tapire als großes Zeremonienhaus – und so weiter. Die Artefakte verfügen über diese auf interessante Weise ambige Ontologie: Sie sind Dinge oder Objekte, verweisen dabei aber notwendigerweise auf eine Person oder ein Subjekt, denn sie sind so etwas wie eingefrorene Handlungen, materielle Verkörperungen einer nichtmateriellen Intentionalität. Und so kann das, was die einen ›Natur‹ nennen, ebenso gut die ›Kultur‹ der anderen sein.

---

oben] verlangt, dass die Gegenstände der Interpretation – ob menschlich oder nicht – als andere Personen verstanden werden; tatsächlich setzt der Akt der Interpretation selbst die Personalität dessen voraus, was interpretiert wird. [...] Beim Interpretieren begegnet man also immer Gegeninterpretationen...« (1999: 239).

Eine indigene Lektion, aus der die Anthropologie Nutzen ziehen könnte. Denn man sollte die differentielle Aufteilung des Gegebenen und des Konstruierten nicht für eine unbedeutende Auswahl halten, einen bloßen Austausch von Zeichen, der die Parameter des Problems unberührt lässt. »Es besteht ein himmelweiter Unterschied« (Wagner 1981: 51) zwischen einer Welt, in der das Primordiale als nackte Transzendenz, als reine antianthropische Alterität erfahren wird – als das Nicht-Konstruierte, das Nicht-Instituierte, das »dem Brauch, der Rede« entgegengesetzt ist –,[27] und einer Welt der immanenten Menschlichkeit, in der sich das Primordiale in eine menschliche Form kleidet. Diese anthropomorphische Grundannahme der indigenen Welt ist auf unvereinbare Weise jener hartnäckigen anthropozentrischen Bemühung entgegengesetzt, den Menschen als *nicht-gegeben* zu ›konstruieren‹, gar als Wesen des Nicht-Gegebenen selbst, einer Bemühung, die sich selbst in den – sagen wir einmal – fortschrittlicheren Orientierungen der abendländischen Philosophie noch abzeichnet (Sloterdijk 2001: 154ff. und 167ff.). Es sei allerdings entgegen all unseren Phantasien vom narzisstischen Paradies der exotischen Völker (der Disney-Version der Anthropologie) betont, dass die radikale Grundannahme des Menschlichen die indigene Welt weder vertrauter noch tröstlicher macht: Da, wo alle Dinge menschlich sind, ist das Menschliche ›ein ganz anderes Ding‹.

Es gibt also mehr Personen im Himmel und auf Erden der Índios, als sich unsere Anthropologien träumen lassen. Diese

---

[27] »Und dennoch unterscheidet sich die Natur vom Menschen; sie ist nicht von ihm eingerichtet, und dem Brauch, der Rede entgegengesetzt. Natur ist das Primordiale, das heißt das Nicht-Konstruierte, das Nicht-Gestiftete [...]« (Merleau-Ponty 2000: 20).

Welt, in der jede Differenz politisch ist, weil jede Beziehung sozial ist, nun so zu beschreiben, als wäre sie eine illusorische Version der unseren, um sie dann mittels einer Reduktion der Invention der ersten Welt auf die Konventionen der zweiten zu einer einzigen zu machen, bedeutet, eine zu einfache – und politisch bösartige – Lösung zu wählen, um die komplexen Beziehungen der Verwandlung zu bestimmen, die es gestatten, von der einen in die andere überzuwechseln. Eine derartige Simplizität der Erklärung bringt letztlich selbst alle möglichen Komplikationen hervor, denn für einen solchen vermeintlichen ontologischen Monismus zahlt man für gewöhnlich mit einem inflationären Zuwachs an epistemologischen Dualismen – ›emisch‹ und ›etisch‹, metaphorisch und wörtlich, bewusst und unbewusst, Repräsentation und Realität, Täuschung und Wahrheit und so weiter. Diese Dualismen sind nicht deshalb fragwürdig, weil jegliche begriffliche Dichotomie prinzipiell schädlich wäre, sondern weil gerade diese im Speziellen als Bedingung für die Vereinigung der beiden Welten eine radikale Apartheid zwischen deren jeweiligen Bewohnern fordern. Jeder Große Trenner ist Mononaturalist.

»Wenn es stimmt, dass wir Modernen den Begriff besitzen, aber die Immanenzebene aus dem Blick verloren haben [...]« (D. & G. 2000: 120). Alles Vorhergegangene ist bloß die – durch die indigene theoretische Praxis bewirkte – sozusagen deduktive Entwicklung der begründenden Intuition der Mythologie des Kontinents, jene Entwicklung also, die die absolute Präexistenz eines buchstäblich prähistorischen Milieus postuliert – so etwas wie die »absolute Vergangenheit«, von der einige Philosophen sprechen, diese Vergangenheit, die nie Gegenwart war, und die folglich niemals verging, während die Gegenwart nicht aufhört zu verstreichen –, eines Milieus, das durch die ontologische Interpenetrabilität und die epistemologische Koakzessibilität aller »Insistierenden« definiert wird, die dieses Milieu bevölkern und konstituieren, und die die Modelle und Maßstäbe der aktualen Seienden sind.

Wie uns die *Mythologica* lehren, artikuliert sich der indigene Mythos als narrative Aktualisierung der Immanenzebene vornehmlich rund um die Ursachen und Konsequenzen der Artbildung – die Annahme einer charakteristischen Körperlichkeit – der Personen oder Aktanten, die diese Ebene bevölkern, und die alle als Teilhabende einer allgemeinen instabilen Bedingung verstanden werden, in der sich menschliche und nicht-menschliche Aspekte untrennbar ineinander verwickelt finden:

> Didier Eribon: Ich möchte Ihnen eine einfache Frage stellen: Was ist ein Mythos?

> Claude Lévi-Strauss: Das ist das genaue Gegenteil einer einfachen Frage [...]. Wenn Sie sie einem amerikanischen Indianer stellten, dann würde er Ihnen mit großer Wahrscheinlichkeit antworten: eine Geschichte aus der Zeit, als die Menschen und die Tiere noch nicht von einander geschieden waren. (Lévi-Strauss und Eribon 1989: 201)

In der Tat eine tiefgreifende Definition; vertiefen wir sie also, wenngleich in eine etwas andere Richtung als die, die Lévi-Strauss bei seiner Antwort im Sinn hatte. Der mythische Diskurs besteht aus einem Register der Aktualisierungsbewegung des gegenwärtigen Zustands der Dinge ausgehend von einer vollkommen transparenten virtuellen präkosmologischen Bedingung – von einem »Chaosmos«, in dem sich die körperlichen und geistigen Dimensionen der Wesen noch nicht gegenseitig verdeckten. Dieser Präkosmos ist – ganz und gar fern davon, eine primordiale ›Identität‹ von Menschen und Nicht-Menschen aufzuweisen, wie es seine Beschreibungen für gewöhnlich annehmen – von einer unendlichen Differenz durchzogen, auch wenn (oder gerade weil) diese jeder Person oder jedem Aktanten *innerlich* ist, im Gegensatz zu den endlichen und äußerlichen Differenzen, die die Spezies und Qualitäten der aktualen Welt konstituieren. Daher auch die dem Mythos eigene Ordnung der qualitativen Mannigfaltigkeit: Die Frage, ob etwa der mythische Jaguar ein menschlicher Affekt-Block in Jaguarform ist oder ein katzenartiger Affekt-Block in Menschenform, ist streng genommen unentscheidbar, denn die mythische ›Metamorphose‹ ist ein Ereignis, eine nicht-räumliche Wandlung – eher eine intensive Überlagerung (Superposition) heterogener Zustände als eine extensive Verschiebung (Transposition) homogener Zustände. Der Mythos ist keine Geschichte, denn die Metamorphose ist kein Prozess, ist es ›noch nie gewesen‹ und wird es ›niemals sein‹; die Metamorphose geht dem Prozess des Prozesses voraus und ist ihm äußerlich – sie ist eine Figur (eine Figuration) des Werdens.

So beschreibt die allgemeine Linie, die der mythische Diskurs zeichnet, das sofortige Auswalzen der präkosmologischen Ununterscheidbarkeitsströme beim Eintritt in den kosmologischen Prozess: Von hier an fungieren die menschlichen und die katzenartigen Dimensionen der Jaguare (und der Menschen) füreinander wechselweise als potentieller Grund und potentielle Form. Die ursprüngliche Transparenz oder die unendliche *complicatio* verzweigt oder expliziert sich von diesem Punkt an in eine Unsichtbarkeit (der menschlichen Seelen und der tierischen Geister) und eine Opazität (des menschlichen Körpers und der tierischen somatischen ›Kleider‹),[28] die wiederum die Konstitution aller weltlichen Wesen kennzeichnen. Diese Unsichtbarkeit und diese Opazität sind jedoch relativ und umkehrbar, insofern der Grund der Virtualität unzerstörbar und unerschöpflich ist (die großen indigenen Rituale der Neuerschaffung der Welt sind genau die Dispositive der Gegenverwirklichung dieses unzerstörbaren Grundes).

Weiter oben haben wir gesagt, dass die in den Mythen wirkenden Differenzen – im Gegensatz zu den endlichen äußerlichen Differenzen zwischen den Spezies – unendlich und inner-

---

28 Das Motiv des Perspektivismus wird fast immer mit der Idee assoziiert, dass die manifeste Form jeder Spezies eine bloße Hülle (ein ›Kleid‹) ist, die eine menschliche innere Form verbirgt, die wiederum normalerweise nur für die Augen der eigenen Spezies oder bestimmter transspezifischer Kommutatoren zwischen den Perspektiven – etwa Schamanen – sichtbar ist.

lich sind. Was Handelnde [agentes] und Behandelte [pacientes] in mythischen Geschehnissen definiert, ist gerade ihre inhärente Fähigkeit, etwas anderes zu sein; in diesem Sinne differiert jede Person unendlich von sich selbst, insofern sie vom mythischen Diskurs anfangs nur eingesetzt wird, um ersetzt, das heißt, transformiert zu werden. Diese ›Auto‹-Differenz ist die charakteristische Eigenschaft jener kosmologischen Aktanten, die wir mit dem Wort ›Geister‹ benennen; darum werden alle mythischen Wesen als Geister (und Schamanen) begriffen, so, wie sich nun auch umgekehrt jede »aktuale Entität« oder jeder »endliche Modus« – weil sie oder er einmal einer war – als Geist erweisen kann, wenn ihr oder sein Seinsgrund sich in den Schilderungen des Mythos findet. Die vermeintliche Undifferenziertheit der mythischen Subjekte verweist auf ihre konstitutive Irreduzibilität auf starre Wesenheiten, Essenzen oder Identitäten, seien diese nun generisch, spezifisch oder gar individuell.[29]

Zusammenfassend lässt sich sagen, dass der Mythos eine ontologische Ordnung vorschlägt, die von einer strömenden und an jedem Punkt eines heterogenen Kontinuums wirkenden intensiven Differenz bestimmt wird, eine Ordnung, in der die Transformation der Form vorausgeht, die Relation den Termen übergeordnet und das Intervall dem Wesen innerlich ist. Jedes mythische Wesen ›war schon vorher‹, als reine Virtualität, das, was es ›nachher sein würde‹, und ist deswegen, weil es nicht bleibt, nicht aktual determiniert. Dagegen kristallisieren sich die exten-

29 Man denke hier an die detotalisierten und ›desorganisierten‹ Körper, die die Mythen durchziehen – an abnehmbare Penisse und personifizierte Ani, an umherkullernde sprechende Köpfe, an zerstückelte Personen, an die Schwestern, denen der Kojote in seinem Darm Zuflucht gewährt, und die er dann regelmäßig ausscheidet, um ihren Rat einzuholen...

siven Differenzen, die durch die post-mythische Artbildung (*lato sensu*) – den Übergang vom ›Kontinuum‹ zum ›Diskretum‹, der das große My/Them/a der strukturalen Anthropologie darstellt – eingeführt werden, als molare Blöcke unendlicher interner Identität (jede Spezies ist intern homogen, ihre Mitglieder sind identisch und gleichermaßen repräsentativ für die Spezies als solche).[30] Diese Blöcke sind voneinander getrennt durch mess- und quantifizierbare äußere Intervalle, da die Unterschiede zwischen Spezies endliche Systeme der Korrelation, Proportion und Permutation von Eigenschaften gleicher Ordnung und Natur sind. Das heterogene Kontinuum der präkosmologischen Welt überlässt seinen Platz somit einem homogenen Diskretum, in dessen Verständnis jedes Wesen nur das ist, was es ist, und auch das nur, weil es nicht ist, was es nicht ist. Aber jene Wesen, die wir

---

30 Wie wir inzwischen wissen, enthalten die Mythen diverse Momente der »Relativierung« (im Sinne von Wagner 1981) dieser Konvention, insofern es eben gerade keine unendliche Identität gibt, weil die Differenz nie ganz aufgelöst wird. Siehe hierzu das amüsante Beispiel aus dem *Ursprung der Tischsitten* über ästhetisch asymmetrische Heiraten (wobei es sich wohl von selbst versteht, dass der Standpunkt des Abschnitts ein maskulinistischer ist): »Denn was verkünden die Mythen? Daß es sträflich und gefährlich ist, die körperlichen Unterschiede unter den Frauen mit den spezifischen Unterschieden zu verwechseln, welche die Tiere von den Menschen oder die Tiere untereinander trennen. [...D]as gesellschaftliche Leben [...] verlangt, daß alle Frauen *als Menschen*, ob schön oder häßlich, einen Gefährten verdienen. Global den tierischen Gattinnen entgegengesetzt, sind die menschlichen Frauen einander ebenbürtig; aber wenn das mythische Gerüst sich umkehrt, muß es folgendes Geheimnis enthüllen: nämlich zu wissen, obwohl die Gesellschaft es nicht wahrhaben will, daß nicht alle menschlichen Frauen einander ebenbürtig sind, denn nichts kann verhindern, daß sie sich in ihrem tierischen Wesen voneinander unterscheiden, daß sie für Ehemänner ungleich begehrenswert macht.« (Lévi-Strauss 1973: 75).

etwas unbeholfen als ›Geister‹ bezeichnen, bezeugen, dass nicht alle Virtualitäten aktualisiert worden sind, und dass der wilde mythische Strom unter der ruhigen Oberfläche manifester Diskontinuitäten zwischen Typen und Spezies stumm weiter dahin rauscht.

Der amerindianische Perspektivismus erkennt im Mythos also einen geometrischen Ort, an dem die Differenz zwischen den Standpunkten zugleich aufgelöst und verschärft ist. In diesem absoluten Diskurs erscheint jede Art von Wesen den anderen Wesen genau so, wie sie sich selbst erscheint – als menschlich –, handelt dabei aber zugleich so, als käme ihre unterschiedene und endgültige tierische, pflanzliche oder geistige Natur bereits zum Ausdruck.[31] Als universeller Fluchtpunkt des Perspektivismus spricht der Mythos von einem Seinszustand, in dem die Körper und die Namen, die Seelen und die Handlungen, das Ich und das andere sich gegenseitig durchdringen, umschlossen von einem gleichen präsubjektiven und präobjektiven Milieu.

Das Ziel der Mythologie ist, gerade vom ›Ende‹ dieses ›Milieus‹ zu erzählen; oder anders gesagt: den »Übergang von der Natur zur Kultur« zu beschreiben, das Thema eben, dem Lévi-Strauss eine zentrale Rolle in der amerindianischen Mythologie zuschrieb. Und das, wohlgemerkt, anders als so manche behaupten, nicht ganz ohne Grund; man müsste nur deutlich machen, dass die zentrale Rolle dieses Übergangs nicht dessen tiefgreifende Ambivalenz ausschließt (ganz im Gegenteil) – sei-

---

31 »Freilich unterschieden sich die Menschen in mythischen Zeiten nicht von den Tieren; doch zwischen jenen undifferenzierten Wesen, aus denen die einen wie die anderen entstehen sollten, gab es bereits bestimmte qualitative Beziehungen vor den noch im virtuellen Zustand belassenen Spezifizitäten.« (Lévi-Strauss 1975a [1971]: 688).

nen (in mehreren Sinnen) *doppelten Sinn* für das indigene Denken, wie beim Lesen der *Mythologica* Stück für Stück deutlich wird. Auch wäre es wichtig, zu unterstreichen, dass das, was bei diesem Übergang passiert, das, was diesen Übergang passiert, nicht so ganz das ist, was man sich vorstellt. Der Übergang ist nämlich kein Prozess der Differenzierung des Menschlichen ausgehend vom Tierischen wie in der westlichen evolutionistischen Vulgata. *Der Menschen und Tieren gemeinsame ursprüngliche Zustand ist nicht die Animalität, sondern die Menschlichkeit.* Die große mythische Teilung zeigt weniger, wie sich die Kultur von der Natur abhebt, sondern vielmehr, wie sich die Natur von der Kultur entfernt: Die Mythen erzählen, wie die Tiere die Attribute verloren, die die Menschen geerbt oder bewahrt haben. Die Nicht-Menschen sind ehemalige Menschen und nicht die Menschen ehemalige Nicht-Menschen. Wenn nun unsere Populäranthropologie Menschlichkeit als auf tierischen Fundamenten errichtet sieht, die normalerweise unter der Kultur verborgen bleiben – waren wir früher ›vollkommen‹ Tier, so bleiben wir auch heute noch ›im Grunde‹ Tiere –, dann folgert dagegen das indigene Denken, dass Tiere und andere Wesen des Kosmos, weil sie früher Menschen waren, auch heute noch Menschen sind, wenn auch auf eine für uns nicht evidente Weise.[32]

[32] Die Offenbarung dieser normalerweise verborgenen Seite der Wesen (die *eben deswegen* auf verschiedene – aber nicht alle – Arten und Weisen als ›wahrhaftiger‹ begriffen wird als die sichtbare Seite) ist in beiden intellektuellen Traditionen auf engste Weise mit Gewalt assoziiert; die Animalität der Menschen und die Menschlichkeit der Tiere aktualisieren sich (für uns respektive für die Amerindianer) nur selten ohne zerstörerische Folgen. Die Cubeo im Nordwesten des Amazonasgebiets sagen, dass »die Wildheit des Jaguars menschlichen Ursprungs ist« (Irving Goldman 1963: 263).

♦♦♦

Die allgemeinere Frage, die sich nun also stellt, ist die, warum die Menschlichkeit aller Arten von Seienden ›subjektiv‹ evident (und zugleich höchst problematisch) ist, ›objektiv‹ jedoch nicht (und zugleich hartnäckig affirmiert wird). Warum also sehen sich die Tiere (oder andere) als Menschen? Genau deshalb, denke ich, weil wir, die Menschen, sie als Tiere sehen, während wir uns selbst als Menschen sehen. Pekaris können *sich* nicht als Pekaris *sehen* (und vielleicht, wer weiß, darüber spekulieren, ob nicht Menschen und andere Wesen unter ihren spezifischen Kleidern eigentlich Pekaris sind), weil das nur die Form ist, in der sie von Menschen *gesehen werden*. Wenn sich Menschen als Menschen sehen und von Nicht-Menschen als Nicht-Menschen (als Geister oder Tiere) gesehen werden, dann müssen sich die Tiere notwendigerweise als Menschen sehen. Was der Perspektivismus letztlich behauptet, ist nicht so sehr die Idee, dass die Tiere den Menschen ›im Grunde‹ ähnlich sind, sondern vielmehr die, dass sie, als Menschen, ›im Grunde‹ etwas anderes sind: Sie haben, mit anderen Worten, einen ›Grund‹ eine ›andere Seite‹; sie sind *von sich selbst verschieden*. Weder Animismus – der eine substantielle oder analogische Ähnlichkeit zwischen Tieren und Menschen behaupten würde – noch Totemismus – der eine formale oder homologische Ähnlichkeit zwischen intrahumanen und interspezifischen Differenzen annimmt –, affirmiert der Perspektivismus eine intensive Differenz, die die Mensch/Nicht-Mensch-Differenz *ins Innere eines jeden Seienden* trägt. So erfährt sich jedes Seiende als von sich selbst getrennt und wird anderen nur unter der doppelten subtraktiven Bedingung dieser gemeinsamen Selbsttrennung und einer strikten Komplementarität ähnlich, denn wenn alle Modi des Seienden für sich selbst menschlich sind, dann ist keiner für einen anderen menschlich (oder menschenähnlich): Menschlichkeit ist ›reziprok‹ *reflexiv* (der Jaguar ist dem Jaguar ein Mensch, das Pekari ist dem Pekari ein Mensch), kann aber nicht *gegenseitig* menschlich sein (in dem Moment, in dem der Jaguar ein Mensch ist, ist das Pekari keiner und umgekehrt).[33] Das scheint mir letztendlich der Sinn der Idee der ›Seele‹ in den indigenen Ontologien zu sein. Wenn alle Wesen eine Seele haben, dann koinzidiert keines von ihnen, niemand, mit sich selbst. Wenn alles menschlich sein kann, dann ist nichts auf unzweideutige Weise menschlich. Die Menschlichkeit des ›Grundes‹ macht die Menschlichkeit der ›Form‹ oder der ›Figur‹ problematisch. Plötzliche Inversionen von Grund und Form bedrohen unablässig die instabile und wandelbare amerindianische Welt.

Wenn aber auch Nicht-Menschen Personen *sind*, und sich deshalb als Personen sehen, warum sehen sie dann nicht alle Personen des Kosmos so, wie diese sich selbst sehen? Wenn der Kosmos von Menschlichkeit durchdrungen ist, warum ist dieser anthropomorphe Äther dann undurchsichtig – oder bestenfalls wie ein Einwegspiegel, der nur auf einer Seite ein menschliches Bild zurückwirft? Diese Fragen gewähren uns, wie im Kommentar zum Vorfall auf den Antillen schon vorweggenommen, Zugang zum amerindianischen Begriff des ›Körpers‹. Und sie sind es auch, die es gestatten, von der noch semi-epistemologischen Vorstellung des Perspektivismus zur eigentlich ontologischen Vorstellung des Multinaturalismus überzugehen.

---

33 Man sieht also, dass, wenn für uns »der Mensch dem Menschen ein Wolf ist«, es für die Índios der Wolf ist, der dem Wolf ein Mensch sein kann – und doch können Mensch und Wolf nicht gleichzeitig Menschen (oder Wölfe) sein.

Die Idee einer Welt, die eine Mannigfaltigkeit subjektiver Positionen umfasst, ruft sogleich den Begriff des ›Relativismus‹ auf. In den Beschreibungen amerindianischer Kosmologien taucht diese Vorstellung auf direkte oder indirekte Weise häufig auf. Nehmen wir beispielsweise diese Folgerung Kaj Århems, des wichtigen Ethnographen der Makuna. Nachdem er das perspektivistische Universum dieses Volks im amazonischen Nordwesten genauestens beschrieben hat, schließt Århem, dass die Vorstellung von multiplen Standpunkten mit Blick auf die Realität andeutet, dass für die Makuna »jede Perspektive gleichermaßen gültig und wahr ist«, und dass es »eine korrekte und wahre Repräsentation der Welt nicht gibt« (1993: 124).

Århems Schlussfolgerung ergibt ganz bestimmt Sinn – aber nur in einem ganz bestimmten Sinne. Es ist nämlich in höchstem Maße wahrscheinlich, dass die Makuna mit Blick auf die Menschen sagen würden, dass es, ganz im Gegenteil, nur *eine* wahre und adäquate Repräsentation der Welt gibt. Wenn ein Mensch anfängt, die Würmer, die den Kadaver eines Tiers befallen, so wie Geier als gebratene Fische zu sehen, dann muss er daraus schließen, dass etwas mit ihm geschieht: Seine Seele wurde von den Geiern gestohlen, er verwandelt sich in einen von ihnen und hört auf, für seine Verwandten menschlich zu sein (und umgekehrt); er ist, kurz gesagt, schwer krank, vielleicht sogar schon gestorben ohne es zu wissen. Oder, was praktisch das Gleiche ist, er wird gerade zum Schamanen. Die Perspektiven aller Spezies müssen sorgfältig voneinander getrennt bleiben, denn sie sind inkompatibel. Nur die Schamanen, die hinsichtlich der Spezies (und des Zustands tot oder lebendig) so etwas wie eine doppelte Staatsbürgerschaft genießen, können sie miteinander kommunizieren lassen, und auch das nur unter speziellen und kontrollierten Bedingungen.[34]

Aber es gibt eine hier noch viel wichtigere Frage: Nimmt die amerindianische perspektivistische Theorie tatsächlich, wie Århem vermutet, eine *Pluralität* von *Repräsentationen* derselben Welt an? Es genügt, zu schauen, was in den Ethnographien steht, um zu erkennen, dass genau das Gegenteil der Fall ist: Alle Wesen sehen (›repräsentieren‹, ›stellen sich ... vor‹) die Welt *auf die selbe Art und Weise* – was sich ändert, ist *die Welt, die sie sehen*. Die Tiere nutzen die selben ›Kategorien‹ und ›Werte‹ wie die Menschen: Ihre Welten drehen sich um Jagd und Fischerei, um Kochen und fermentierte Getränke, um Kreuzcousinen und Krieg, um Initiationsriten, um Schamanen, Anführer, Geister und so weiter. Wenn der Mond, die Schlangen und die Jaguare die Menschen als Tapire oder Pekaris sehen, dann aus dem Grund, dass diese gefährlichen Räuber genau wie wir Tapire und Pekaris essen – eine typisch menschliche Ernährung. Anders könnte es gar nicht sein, denn insofern sie unter sich, ›in ihrem Bezirk‹, menschlich sind, sehen Nicht-Menschen die Dinge so, wie Menschen sie sehen – also so, wie wir Menschen sie in *unserem* Bezirk sehen. Aber die Dinge, *die sie sehen*, wenn sie so sehen, *wie wir* sehen, sind *andere*: Was für uns Blut ist, ist für Jaguare Bier; was für die Seelen der Toten ein verwester Kadaver ist, ist für uns Puba, fermentierter Maniok; was wir als Schlammgrube sehen, ist für Tapire ein großes Zeremonienhaus und so weiter.

---

34 Eine Formulierung F. Scott Fitzgeralds paraphrasierend könnten wir sagen, dass das wahre Zeichen einer erstklassigen schamanischen Intelligenz in der Fähigkeit besteht, gleichzeitig mit zwei inkompatiblen Perspektiven zu sehen.

Auf den ersten Blick mag diese Vorstellung leicht kontraintuitiv anmuten, scheint sie sich doch, wie die ›multistabilen Objekte‹ der Psychophysik, unablässig in ihr Gegenteil zu verkehren.[35] Gerald Weiss etwa beschreibt die Welt der Asháninka im peruanischen Amazonien als »eine Welt relativer Erscheinungen, in der unterschiedliche Arten von Wesen die selben Dinge unterschiedlich sehen« (1972: 170). Das ist, einmal mehr, in einem gewissen Sinne wahr. Was Weiss aber nicht zu »sehen« vermag, ist, dass die Tatsache, dass unterschiedliche Arten von Wesen die selben Dinge unterschiedlich sehen, selbst nur aus der Tatsache folgt, dass unterschiedliche Arten von Wesen unterschiedliche Dinge auf die selbe Art und Weise sehen. Denn was zählt denn als »die selben Dinge«? Und in Bezug auf wen, auf welche Art, welche Spezies, auf welche *Weise*?

Der Kulturrelativismus, ein ›Multikulturalismus‹, geht von einer Vielfalt subjektiver und partieller Vorstellungen oder Repräsentationen aus, die sich auf eine einheitliche und totale äußere Natur beziehen, die wiederum diesen Vorstellungen oder Repräsentation gegenüber indifferent ist. Die Amerindianer schlagen das Gegenteil vor: einerseits eine rein pronominale Einheit der Repräsentation oder Vorstellung – Mensch ist, wer stellvertretend die kosmologische Subjektposition besetzt, und alles Seiende lässt sich als denkend denken (›es ist, also denkt es‹), das heißt, als durch einen Standpunkt ›aktiviert‹ oder ›handlungs-

---

[35] Hier wäre der Necker-Würfel das perfekte Beispiel, insofern seine Ambiguität gerade von einer perspektivischen Oszillation ausgeht. In der amazonischen Mythologie finden sich zahlreiche Fälle von Personen, die vor einem menschlichen Zeugen rasch zwischen zwei Formen wechseln, einer (verführerischen) menschlichen und einer (furchterregenden) tierischen.

mächtig‹;[36] andererseits eine radikale tatsächliche oder objektive Vielfalt. Der Perspektivismus ist ein Multinaturalismus, denn eine Perspektive ist keine Repräsentation.

Eine Perspektive ist keine Repräsentation, weil die Repräsentationen, die Vorstellungen, dem Geist zu eigen sind, wohingegen *der Standpunkt im Körper liegt*. Die Fähigkeit, einen Standpunkt einnehmen zu können, ist zweifelsohne ein Vermögen [potência] der Seele, und die Nicht-Menschen sind in dem Maße Subjekte, wie sie einen Geist haben (oder einer sind); aber die Differenz zwischen den Standpunkten – und ein Standpunkt ist nichts anderes als eine Differenz – liegt nicht in der Seele. Insofern diese bei allen Spezies formal identisch ist, erblickt sie überall nur dasselbe, und so muss die Differenz durch die Spezifizität der Körper gegeben sein.

Die Tiere sehen auf dieselbe Weise wie wir Dinge, die sich von denen, die wir sehen, unterscheiden, weil ihre Körper sich von den unseren unterscheiden. Ich beziehe mich an dieser Stelle jedoch nicht auf physiologische Unterschiede – hier gehen die Amerindianer von einer grundsätzlichen Einförmigkeit der Körper aus –, sondern auf die *Affekte*, die alle Arten von Körpern durchdringen, auf die *Affektionen* oder Begegnungen, zu denen die Körper fähig sind (um diese spinozistische Unterscheidung aufzurufen), ihre Vermögen und Dispositionen: was sie essen, wie sie sich bewegen, wie sie kommunizieren, wo sie leben, ob sie in Herden oder vereinzelt leben, scheu oder aggressiv sind... Die

---

36 Der Standpunkt erschafft nicht, wie Saussure sagte, das Objekt, sondern das Subjekt selbst. »Das ist die Grundlage des Perspektivismus. Dieser bedeutet nicht eine Abhängigkeit in Bezug auf ein vorausdefiniertes Subjekt: im Gegenteil wird Subjekt sein, was zum Standpunkt kommt [...]« (Deleuze 2000a [1988]: 36, Übersetzung leicht modifiziert).

körperliche Morphologie ist ein gewichtiges Anzeichen dieser Differenzen, obgleich sie auch trügerisch sein kann; denn hinter einer menschlichen Gestalt kann sich zum Beispiel ein Jaguarmodus verbergen. Was wir hier ›Körper‹ nennen, ist also keine distinktive Physiologie oder charakteristische Anatomie, sondern vielmehr eine Menge von Seinsweisen oder -modi, die einen *habitus*, ein *ethos*, ein Ethogramm konstituieren. Zwischen der formalen Subjektivität der Seelen und der substantiellen Materialität der Organismen liegt der Körper als zentrale Ebene – als Bündel von Affekten und Fähigkeiten und als Ursprung der Perspektiven. Weitab vom spirituellen Essentialismus des Relativismus ist der Perspektivismus ein *körperlicher Manierismus*.

♦♦♦

Der Multinaturalismus setzt kein Ding-an-sich, das je teilweise durch die jeder Spezies eigenen Kategorien des Verstandes begriffen wird; man stelle sich also nicht vor, dass die Índios sich vorstellen, dass es ein ›Etwas = x‹ gäbe, zum Beispiel etwas, das die Menschen als Blut sehen und die Jaguare als Bier. Was in der Multinatur existiert, sind nicht selbstidentische Entitäten, die unterschiedlich wahrgenommen werden, sondern unmittelbar relationale Mannigfaltigkeiten wie Blut|Bier. Genau genommen existiert nur die *Grenze* zwischen Blut und Bier – der Rand, an dem diese beiden ›affinen‹ Substanzen sowohl miteinander kommunizieren als auch auseinanderstreben.[37] Es gibt letztlich kein

[37] Etymologisch ist ein Affiner einer, der sich *ad finis* befindet, einer, dessen Herrschaftsbereich an meinen grenzt. Affine sind die, die über die Ränder hinweg kommunizieren, denen nur das ›gemein‹ ist, was sie trennt.

x, dass für die eine Spezies Blut und für die andere Bier wäre; es gibt von Anfang an nur ein Blut|Bier, das eine der charakteristischen Singularitäten oder Affektionen der Mannigfaltigkeit Mensch|Jaguar ist. Die Gleichartigkeit von Menschen und Jaguaren, die man affirmiert, indem man beide ›Bier‹ trinken lässt, ist nur dazu da, besser zu verstehen, was den Unterschied zwischen Menschen und Jaguaren ausmacht. »Man ist in der einen Sprache *oder* in der anderen – es gibt ebenso wenig eine Hinter-Sprache [arrière-langue] wie eine Hinter-Welt [arrière-monde]« (Jullien 2009: 108). Faktisch sind wir beim Blut *oder* beim Bier, niemand trinkt das Getränk-an-sich; und doch hat in der indigenen Welt jedes Bier einen blutigen Nachgeschmack und umgekehrt.

Wir können nun langsam verstehen, wie sich *dem* amerindianischen Perspektivismus das Problem der Übersetzung stellt – und damit auch, wie sich das Problem der Übersetzung *des* Perspektivismus in die Terminologie der Onto-Semiotik der westlichen Anthropologie stellt. So impliziert für alle Seienden der Besitz ähnlicher Seelen auch den Besitz analoger Begriffe. Was sich daher ändert, wenn man von einer Art von Seienden zu einer anderen übergeht, ist die Referenz dieser Begriffe: Der Körper ist Ort und Instrument der referentiellen Disjunktion zwischen den ›Diskursen‹ (den Semiogrammen) der Arten, der Spezies. Das Problem des amerindianischen Perspektivismus ist also nicht, die gemeinsame Referenz (sagen wir den Planeten Venus) zweier unterschiedlicher Repräsentationen (›Morgenstern‹ und ›Abendstern‹) zu finden, sondern, ganz im Gegenteil, das Missverständnis [equívoco] zu umgehen, das darin bestünde, zu glauben, dass der Jaguar, wenn er ›Maniokbier‹ sagt, sich auf das selbe Ding bezieht wie wir, weil er eben das Selbe ›sagen will‹ wie wir. Der Perspektivismus geht, mit anderen Worten, von einer konstanten Epistemologie und variablen Ontologien aus: die selben Repräsentationen, aber andere Objekte; ein Sinn, aber mehrere Referenzen. Das Ziel der perspektivistischen Übersetzung – einer der Hauptaufgaben der Schamanen – ist es folglich nicht, in unserer menschlichen begrifflichen Sprache ein *Synonym* (eine koreferentielle Repräsentation) für die Repräsentationen zu finden, die andere Spezies verwenden, um von einem selben Ding ›da draußen‹ zu sprechen; das Ziel ist es, im Gegenteil, die Differenz, die sich in den äquivoken *Homonymen* verbirgt, die unsere Sprache und die Sprachen der anderen Spezies verbinden-trennen, nicht aus dem Blick zu verlieren. Wenn sich unsere westliche Anthropologie auf das Prinzip der wohlwollenden Interpretation gründet (auf den guten Willen des Denkers, seine Toleranz im Angesicht der bloß rudimentären oder verkümmerten Menschlichkeit der anderen), das von einer natürlichen Synonymie zwischen den menschlichen Kulturen ausgeht, dann affirmiert die amerindianische Alter-Anthropologie im Gegensatz dazu eine widernatürliche Homonymie zwischen den Diskursen der lebendigen Spezies, die den Ursprung allerlei fataler Mehrdeutigkeiten bildet. Das also ist das amerindianische Äquivalent zu unserem Vorsorgeprinzip: Eine Welt, die sich aus einer ›Unbestimmtheit‹ von Intentionalitätszentren zusammensetzt, kann nicht umhin, ein gehöriges Maß an schlechten Intentionen zu enthalten.

Die Vorstellung des Multinaturalismus ist also letzten Endes keineswegs eine simple Wiederholung des anthropologischen Multikulturalismus. Es handelt sich hierbei vielmehr um zwei sehr verschiedene Weisen der Vereinigung des Multiplen. So kann man Mannigfaltigkeit einerseits als eine Art von Pluralität auffassen – die Vielfalt der Kulturen beispielsweise; die schöne kulturelle Diversität. Andererseits kann man aber umgekehrt Mannigfaltigkeit auch *in* der Kultur fassen, die Kultur *als* Mannigfaltigkeit. Dieser zweite Sinn ist es, der den *Anti-Narziss* interessiert. In diesem Sinne erweist sich die Vorstellung des Multinaturalismus gerade aufgrund ihres paradoxalen Charakters als nützlich: Insofern unser Makrobegriff ›Natur‹ keinen wahrhaften Plural zulässt und auch in Sprachen ohne allgemeine Substantiv-Großschreibung nach einer initialen Majuskel zu verlangen scheint, lässt uns der Multinaturalismus spontan den ontologischen Syntaxfehler in der Vorstellung von ›(mehreren) Naturen‹ erkennen und infolgedessen die dadurch erzwungene Korrekturbewegung vornehmen. Wollten wir Deleuzes bekannte Passage über den Relativismus (2000a [1988]: 40) paraphrasieren, würden wir also sagen, dass der amazonische Multinaturalismus nicht die Varietät der Naturen behauptet, sondern die Natürlichkeit der Variation, die Variation *als* Natur. Die Umkehrung der westlichen Formulierung des Multikulturalismus betrifft nicht nur die *Begriffe* (Natur und Kultur) in ihrer jeweiligen Bestimmung durch die *Funktionen* von Einheit und Vielfalt, sondern gleichermaßen auch die Stellungen von ›Begriff‹ und ›Funktion‹ selbst. Die anthropologischen Leser werden hier selbstverständlich Lévi-Strauss' kanonische Formel des Mythos (1967 [1958]: 230-231) wiedererkennen: Der perspektivische Multinaturalismus ist eine Transformation des westlichen Multikulturalismus in doppelter Torsion. Er bedeutet das Überschreiten einer Eingangsschwelle [umbral] oder einer Grenze, einer semiotisch-historischen Schwelle [limiar], einer Schwelle der Übersetzbarkeit und der Äquivozität – eine Schwelle der perspektivischen Transformation eben.[38]

[38] Das »Überschreiten einer Schwelle« (Lévi-Strauss 2001: 29). Siehe hierzu den grundlegenden Kommentar von Mauro Almeida (2008).

Ich habe von Perspektivismus und Multinaturalismus als einer indigenen kosmopolitischen Theorie gesprochen.[39] Dabei habe ich das Wort ›Theorie‹ mit voller Absicht verwendet. Eine in der Anthropologie der letzten Jahrzehnte verbreitete Grundtendenz besteht darin, dem wilden Denken die Merkmale einer echten theoretischen Einbildungskraft abzusprechen. Ich denke, dass eine solche Verweigerung vor allem selbst von einem gewissen Mangel an Einbildungskraft auf Seiten der Anthropologen – also der Theoretiker – zeugt. Lange bevor er ein möglicher Gegenstand einer ihn von außen betrachtenden Theorie ist – einer Theorie, die ihn etwa als sekundären epistemologischen Reflex einer primär animistischen Ontologie (Descola 2011) beschreibt, oder als phänomenologische Pragmatik, wie sie typischerweise in den »mimetischen« Kulturen von Jagdvölkern erscheint (Willerslev 2004) – lädt uns der amerindianische Perspektivismus dazu ein, andere theoretische (und praktische) Bilder der Theo-

39 »Kosmopolitik«, daran muss wohl kaum erinnert werden, ist ein Begriff, der eine Verbindung zur Arbeit Isabelle Stengers' (1997; vgl. auch Stengers 2005) und Bruno Latours herstellt, selbst wenn ich ihn (wie auch Latour) nicht im strengen stengersschen Sinne verwende. Der Begriff schreibt auf äquivoke Weise den Ausdruck »kosmische Politik« um, den ich weiter oben und in einem früheren Artikel (Viveiros de Castro 1997) – also schon bevor ich den Begriff der Kosmopolitik bei Stengers entdeckte – benutzt habe, um den perspektivistischen Multinaturalismus (im Gegensatz zum relativistischen Multikulturalismus als einer »öffentlichen Ordnung«) zu beschreiben. Latour wiederum übernahm den amazonischen Begriff des Multinaturalismus, um (»in weltbürgerlicher Absicht«, würde Kant sagen...) die Unmöglichkeit einer Aufrechterhaltung der modernistischen Dublette Multikulturalismus/Mononaturalismus zu bezeichnen (Latour 2001, 2004).

rie zu entwerfen. Denn die Anthropologie kann sich nicht damit begnügen, minutiös den »Standpunkt des Eingeborenen« (Malinowski) zu beschreiben, wenn diese Beschreibung dann allein dazu dient, ununterbrochen auf die eigenen blinden Flecken hinzuweisen und diesen Standpunkt derart – in bester kritischer Tradition – in den Standpunkt des Beobachters einzuschließen. Die Aufgabe, die der Perspektivismus dem entgegenstellt, ist die ›symmetrische‹, herauszufinden, was ein Standpunkt *für* den »Eingeborenen«, den Indigenen ist, das heißt welcher Begriff des Standpunkts sich in den amerindianischen Kulturen findet: Was ist der indigene Standpunkt zum anthropologischen Begriff des Standpunkts? Offensichtlich stimmt der indigene Begriff des Standpunkts nicht mit dem Begriff des »Standpunkts des Eingeborenen« überein, so wie der Standpunkt des Anthropologen auch nicht der des Indigenen sein kann (keine Horizontverschmelzung), durchaus aber der seiner Beziehung zum indigenen Standpunkt. Diese Beziehung ist eine Beziehung reflexiver Verschiebung. Der amerindianische Perspektivismus ist eine intellektuelle Struktur, die eine Theorie ihrer eigenen Beschreibung durch die Anthropologie enthält – denn sie ist eben eine *andere Anthropologie*, eine Gegen-Anthropologie, die eine Transversale zu der unseren bildet.[40] Deshalb ist der Perspektivismus *keine*

---

40 »Weil Struktur strikter als System von Transformationen zu definieren ist, kann sie nicht repräsentiert werden, ohne dass ihre Repräsentation dabei zu einem Teil der Struktur selbst wird« (Maniglier 2000: 238). Anne-Christine Taylor fand einmal folgende treffende Worte zur Bestimmung der Anthropologie: »[Die Anthropologie ist eine] Disziplin, der es zukommt, den Standpunkt des Ethnologen und den seiner Studienobjekte zu parallelisieren, um ein Erkenntnisinstrument zu gewinnen«. (So steht es wohl in einem Bericht, den ich in meinen Unterlagen nie habe wiederfinden können.) Es bleibt zu unterstreichen, dass dieser Prozess der Parallelisierung einer willentlichen begriffli-

Unterart des Animismus im Sinne Descolas, kein »Schema der Praxis«, das vernünftige Gründe [razões] hat, die allein der Vernunft [razão] des Anthropologen bekannt sind. Er ist kein Typus, sondern ein Begriff; und er ist mehr noch kein Typus des Typus, sondern ein Begriff des Begriffs, dessen interessanteste Verwendung nicht in der Klassifikation von Kosmologien besteht, die uns ungemein exotisch erscheinen, sondern in der Gegen-Analyse von Anthropologien, die uns nur allzu vertraut sind.

♦ ♦ ♦

Neben dem Mangel an theoretischer Einbildungskraft (den man auf keinen Fall unterschätzen sollte) gab es noch andere, untereinander wohl auch widersprüchliche Gründe für die weitreichende Akzeptanz jener Doppelmoral, die den Nicht-Modernen die Macht oder Ohnmacht der Theorie absprach: einerseits die Tendenz, das Wesen der indigenen Praxis im Sinne einer heideggerschen Zuhandenheit zu definieren; und andererseits die Verweigerung jeder wirklichen Erkenntnisfunktion »semi-propositionaler Repräsentationen« (Sperber), die das wilde Denken permanent und immer dann im Vorzimmer wahrhaft wahrer Erkenntnis (Wis-

---

chen Anstrengung bedarf, da die betreffenden Standpunkte zumeist in verschiedenen Winkeln (*at cross purposes*, würde man zwecks Wortspiel auf Englisch sagen) zueinander stehen, und dass der Punkt, an dem sie sich kreuzen, nicht der geometrische Ort der menschlichen Natur, des menschlichen Wesens ist, sondern eher eine Kreuzung der Äquivozität. Die Korowai in Westpapua verstehen die Beziehung wechselseitiger Unsichtbarkeit und die Umkehrung der Perspektiven zwischen der Welt der Lebenden und der der Toten anhand des Bildes eines Baumstamms, der quer über einen anderen gefallenen ist (Stasch 2009: 97).

senschaft) gefangen hielten, wenn es die bescheidenen und bequemen Grenzen der Enzyklopädie und der Kategorisierung zu übertreten zu wollen scheint.

Die Schwierigkeit liegt meiner Ansicht nach in einer bevorzugten Identifikation des Denkvermögens mit dem »Urteils-System« und in der Reduktion der Erkenntnis auf das Modell der Proposition. Die zeitgenössische Anthropologie hat sich – sowohl in ihrer phänomenologisch-konstruktivistischen als auch in ihrer kognitivistisch-instruktionistischen Ausprägung – mit großer Eloquenz über die strengen Grenzen dieses Modells für die Beschreibung intellektueller Ökonomien nicht-westlichen (oder nicht-modernen, nicht-gelehrten, nicht-doktrinären und andere ›konstitutive‹ Absenzen betreffenden) Typs ausgelassen. Der anthropologische Diskurs hat sich, anders gesagt, dem paradoxalen Unterfangen verschrieben, mehr und mehr Propositionen über das nicht-propositionale Wesen des Diskurses der anderen zu produzieren, ununterbrochen über das quatschend, was nicht gesagt werden muss, ›*what goes without saying*‹. Wir können uns (theoretisch) glücklich schätzen, wenn die Indigenen für die Praxis der Selbstinterpretation nur erhabene Verachtung übrighaben und der Kosmologie und dem System gar noch geringeres Interesse entgegenbringen. Die Abwesenheit indigener Interpretation hat nämlich den großen Vorteil, dass sie eine Proliferation anthropologischer Interpretationen dieser Abwesenheit selbst ermöglicht; und das Desinteresse gegenüber kosmologischer Architektur gestattet das Errichten hübscher anthropologischer Kathedralen, in denen die Gesellschaften entsprechend ihrer – mehr oder minder ausgeprägten – systematischen Neigung angeordnet werden. Zusammengefasst: Je praktischer der Indigene, desto theoretischer der Anthropologe. Es muss hinzugefügt werden, dass der nicht-propositionale Modus stark von seinen Übertragungs- und Verbreitungs-›Kontexten‹ abhängt, was ihn am Gegenpol dessen verortet, was, so nimmt man an, der Diskurs der Wissenschaft mit seiner wundersamen Fähigkeit der Universalisierung wäre. Wir alle werden also notwendigerweise durch unsere ›Umstände‹ und unsere ›relationalen Konfigurationen‹ umrissen und verortet, aber die einen werden (und wie sie das werden!) systematischer (umständlicher und konfigurierter) umrissen und verortet als die anderen. Manche Völker haben eben, wie Sahlins einmal unter entsprechenden Umständen (oder in einem entsprechenden Kontext) sagte, alles Glück der Welt.

Es geht hier also nicht darum, die These von der inhärenten Nicht-Propositionalität des undomestizierten Denkens zu bestreiten, und dabei für die Wiederherstellung des Rechts der anderen auf eine ›Rationalität‹ zu kämpfen, auf die sie selbst nie Anspruch erhoben haben. Lévi-Strauss' tiefgreifende Idee eines *wilden Denkens* sollte als Entwurf eines anderen *Bildes des Denkens* verstanden werden, nicht als Entwurf eines anderen *Bildes des Wilden*. Was also bestritten werden soll, ist die träge Remanenz der Proposition als Prototyp der *bedeutungsvollen* Äußerung und als Grundbaustein des theoretischen Diskurses. Das Nicht-Propositionale wird weiterhin als wesentlich primitiv, als nicht-begrifflich oder gar anti-begrifflich angesehen. Das kann natürlich sowohl ›gegen‹ als auch ›für‹ die begriffslosen Anderen sprechen. Positiv kann die Abwesenheit des rationalen Begriffs als Zeichen einer existentiellen Nicht-Entfremdung der betreffenden Völker angesehen werden, insofern darin ein paradiesischer Zustand der Untrennbarkeit von Erkenntnis und Handeln, von Denken und Fühlen und so weiter zum Ausdruck kommt – eine transzendente Immanenz sozusagen. Aber egal ob dafür oder dagegen, all dies verleiht der Proposition allzu viel Gewicht und wiederholt so einen vollkommen reaktionären Begriff des Begriffs, der diesen weiterhin als Operation der Subsumption des Partikularen unter das Universale denkt, als wesentlich klassifikatorische und abstrahierende Bewegung. Anstatt aber den Begriff einfach zu verwerfen, erscheint es uns viel interessanter, in der Lage zu sein, das Infraphilosophische im Begriff auszumachen und umgekehrt die durch das Infraphilosophische gegenverwirklichte virtuelle Begriffhaftigkeit freizusetzen. Es gilt also, mit anderen Worten, einen *anthropologischen* Begriff des Begriffs zu erlangen, der die Außerpropositionalität allen schöpferischen (»wilden«) Denkens in ihrer integralen Positivität annimmt und sich in eine völlig andere Richtung als die der traditionellen Vorstellungen der (angeborenen oder erworbenen) Kategorie, der (propositionalen oder semi-propositionalen) Repräsentation oder des (einfachen oder ›gefüllten‹, wie man bei Blüten sagt) Glaubens entwickelt.

Der amerindianische Perspektivismus, der perspektivische Multinaturalismus, ist einer der anthropologischen Bewerber für den Begriff des Begriffs. Zumindest zu Anfang und in bestimmten akademischen Milieus wurde er jedoch nicht als solcher aufgenommen.[41] Er wurde, ganz im Gegenteil, als eine deskriptive Verallgemeinerung gewisser thematischer Inhalte eines dem anthropologischen Diskurs radikal äußerlichen Gegenstandsdis-

41 Die amerindianischen Zuhörer hingegen, bei denen ich die Gelegenheit hatte, diese Ideen über ihre Ideen vorzustellen, begriffen sehr schnell die Implikationen (und Komplikationen) für die bestehenden Machtbeziehungen zwischen den indigenen ›Kulturen‹ und den abendländischen ›Wissenschaften‹, die sie begrenzen und verwalten.

kurses behandelt, als solcher unfähig, irgendwelche strukturalen Wirkungen auf ersteren zu entfalten. Es überraschte folglich nicht, dass wir mehr oder weniger angeregten Diskussionen darüber beiwohnen durften, ob die Bororo oder die Kuna oder die Piaroa nun ›Perspektivisten seien‹ oder irgendetwas anderes – man stellte sich also vor, dass es möglich wäre, mit dem Finger auf einen durch den Wald spazierenden ›Perspektivisten‹ zu zeigen; es gab sogar Leute, die sich ganz im Geiste der *Persischen Briefe* Montesquieus fragten: ›Wie kann man nur Perspektivist sein?‹. Andererseits mangelte es natürlich auch nicht an Skeptikern, die spöttisch erklärten, dass niemand je Perspektivist gewesen sei, und dass hier bloß viel Aufhebens um längst Bekanntes gemacht werde, um einige kleine und nebensächliche Details der amerindianischen Mythen; dass die Índios irgendwie ›ganz genau wissen, dass die Tiere keine Menschen, keine Personen sind‹;[42] und dass das, was sich da Perspektivismus nannte, nicht Theorie sei, sondern allenfalls ein durch bestimmte (im semiotischen Sinne) pragmatische Eigenschaften erzeugter Spezialeffekt (im kinematographischen Sinne), dessen Prinzip denen, die sich dafür interessierten, die *mit* Jaguaren sprachen, ohne zu merken, dass die Jaguare (unter sich wie mit ihnen) nur sprachen, weil sie *von* Jaguaren sprachen, grundsätzlich entging. Letztlich bloß eine weitere Krankheit der Sprache, wie sie von Max Müller oder von analytischen Philosophen vielfach diagnostiziert wurden – nichts weiter.

Die Möglichkeit, die so in diesem Rezeptionskontext *von Anfang an* blockiert blieb, war die einer ernsthaften Auseinander-

---

42 Dies ist eine im Kontext des Perspektivismus sehr häufig angeführte Variante des bekannten »Obeyesekere-Arguments« (siehe Obeyesekere 1997 und die Erwiderung von Sahlins 1995).

setzung mit den Konsequenzen des Perspektivismus für die anthropologische Theorie, mit der Transformation, die er einer ganzen Begriffspraxis innerhalb der Disziplin abverlangte; zusammengefasst: die Idee, dass die mit diesem Etikett versehenen Ideen nicht einfach nur ein Gegenstand unter vielen für die Anthropologie sein könnten, sondern vielmehr eine andere Idee von Anthropologie entwerfen – eine Alternative zur westlichen ›anthropologischen Anthropologie‹, deren Fundamente sie unterliefe.

In der französischen Anthropologie hat die große Aufmerksamkeit, die der Vorstellung in Philippe Descolas Opus magnum *Jenseits von Natur und Kultur* zuteilwurde, einer Interpretation des Perspektivismus den Weg bereitet, die ihn, entgegen der von den Feinden des Begriffs geforderten Verweigerung, als klar gefasstes Phänomen in der amerindianischen kulturellen Welt akzeptiert, ihn aber als Eigenheit innerhalb eines bestimmten Schemas der Objektivierung der Welt – nämlich des Animismus – interpretiert. Es ist mir unmöglich, diesem monumentalen Buch, in dem auch meine Arbeit immer wieder zur Sprache kommt, hier gerecht zu werden; auch die Divergenzen von Descola, die ich mich – zuweilen mit ein wenig Übertreibung – zu formulieren verpflichtet sehe, kommen auf der Basis eines langjährigen, gegenseitig bereichernden Dialogs zum Ausdruck, dem eine tiefe Übereinstimmung hinsichtlich manch anderer von unserer Disziplin behandelter Probleme zugrunde liegt.

In *Jenseits von Natur und Kultur*, einer Arbeit, die das gewaltige Panorama, das Lévi-Strauss in *Das wilde Denken* entworfen hatte, wieder aufgreift, korrigiert und komplettiert, schlägt Descola eine Neubestimmung der Vorstellung des Totemismus vor, indem er diesen neben drei andere »Ontologien« oder »Identifikationsmodi« (eine durchaus interessante Synonymie) stellt: Animismus, Analogismus und Naturalismus. Der Autor konstruiert somit eine Permutationsmatrix – ein logisches Quadrat oder eine Klein'sche Vierergruppe –, in der die vier Grundontologien entsprechend den Verhältnissen von Kontinuität und Diskontinuität zwischen den körperlichen oder geistigen Dimensionen (neologistisch umgetauft in »Physikalität« und »Interiorität«) der unterschiedlichen Arten von Wesen angeordnet sind.[43] In dieser Matrix zeigt sich ein Einfluss jenes Schemas, das ich in meinem früheren Artikel über den amerindianischen Perspektivismus vorgeschlagen habe (Viveiros de Castro 1997), wie Descola auch großzügig anmerkt. In diesem Text, aus dem ich oben einige Seiten übernommen habe, skizzierte ich etwas grob die Gegenüberstellung zweier ›gekreuzter‹ ontologischer Schemata: einerseits nämlich die dem indigenen psychomorphischen Multinaturalismus zugehörige Kombination von metaphysischer Kontinuität (die generische Seele) und physischer Diskontinuität (die spezifischen Körper) zwischen Menschen und Nicht-Menschen; und andererseits die für den modernen anthropozentri-

43 Diese unterschiedlichen Arten reduzieren sich letztendlich auf die Polarität Menschen/Nicht-Menschen. Vom modernen Naturalismus etwa heißt es, er wäre »nur eine der möglichen Ausdrucksformen weit allgemeinerer Schemata [...], die die Objektivierung der Welt und der anderen beherrschen« (Descola 2011: 15). Die Dualität von Natur (der Welt) und Kultur oder Gesellschaft (die anderen), dient so, obwohl sie kritisiert wird, weiterhin und vielleicht zwangsläufig als Hintergrund.

schen Multikulturalismus typische Kombination von physischer Kontinuität und metaphysischer Diskontinuität, in der die Menschen über die körperliche Materie mit dem Rest der Schöpfung kommunizieren, während sie sich durch die geistige Substanz (und ihre zeitgenössischen Avatare) davon abgrenzen.[44] Diese Gegenüberstellung erinnert in groben Zügen an das animistische und an das naturalistische Schema Descolas; wir müssen nur zwei andere Permutationen ergänzen, jene nämlich, in denen entsprechend ›parallele‹ Verhältnisse von Kontinuität und Diskontinuität zwischen physischer und metaphysischer Dimension herrschen, um die beiden anderen Schemata zu generieren, also den Totemismus und den Analogismus (Descola 2011: 190).[45]

---

44 Im Hinblick auf Descolas frühere Studien, in denen es vor allem um die geistige Kontinuität zwischen den Wesen ging, die in den ›beseelten‹ Welten am Werk sind, besteht eine der großen Neuerungen in *Jenseits von Natur und Kultur* in dieser diakritischen Aufnahme der körperlichen Dimension; so könnte mein lieber Kollege und Freund mir also verkünden, wie es der weise Kanak Boesoou auf unvergessliche Weise gegenüber dem französischen Anthropologen und Missionar Maurice Leenhardt getan hat, dass es der Körper war, den ich zu seiner Theorie beigetragen habe…

45 Ich möchte nicht verbergen, dass ich gewisse Vorbehalte hinsichtlich der Wohlbegründetheit dieser beiden parallelen Schemata habe (oder zumindest hinsichtlich ihrer Zugehörigkeit zur selben ontotypologischen Kategorie wie die gekreuzten Schemata), insofern sie voneinander unabhängige Definitionen von »Physikalität« und »Interiorität« voraussetzen und so dazu tendieren, diese zu substantialisieren, während die gekreuzten Schemata lediglich ›Positions‹-Werte erfordern, die durch einen internen Kontrast definiert werden können, wobei je ein Pol im Verhältnis zum anderen wechselseitig als Figur und Grund fungiert. Hierin bestünde dann ein wichtiger Unterschied zwischen dem, was ich Perspektivismus nenne, und dem Animismus

Der ursprüngliche Impuls zu *Jenseits von Natur und Kultur* war wohl der selbe, dem so viele Anthropologen und Philosophen unserer Generation folgten: eine Unzufriedenheit mit dem etwas einseitigen Interesse des Strukturalismus an den diskontinuistischen und klassifikatorischen, den metaphorischen und symbolischen, den totemistischen und mythologischen Aspekten des wilden Denkens bei gleichzeitiger Vernachlässigung seiner kontinuistischen und ›transkategorialen‹, metonymischen und indizialen, pragmatischen und rituellen Gesichtspunkte. Kurz gesagt fragten wir uns, ob es, nach so vielen Jahren *auf Seiten von Lévi-Strauss*, nicht an der Zeit wäre, einmal zu schauen, wie es *auf Seiten von Lévy-Bruhl* aussah. Der Animismus, die erste der von Descola auf Grundlage seiner Erfahrung als Amazonist hervorgehobenen Grundontologien, stellt einen Schritt in diese Richtung dar. Es genügt, daran zu erinnern, dass der Animismus durch die Idee definiert ist, dass auch andere Seiende als Menschen Personen sind, das heißt Terme sozialer Beziehungen: Im Gegensatz zum Totemismus als einem Klassifikationssystem, das sich auf die natürliche Vielfalt bezieht, um intrasoziale Beziehungen zu bezeichnen, gebraucht der Animismus die Kategorien der Gesellschaftlichkeit zur Bezeichnung der Beziehungen zwischen Menschen und Nicht-Menschen. So gäbe es nur eine Reihe anstatt zwei – nämlich die der Personen; und die Bezie-

---

Descolas, insofern ersterer sich somit nicht mehr als bestimmter Typ oder bestimmte Ausarbeitung des letzteren (fehl)interpretieren lässt, sondern vielmehr als andere Funktionsweise der Unterscheidung zwischen Körper und Seele.

hungen zwischen ›Natur‹ und ›Kultur‹ wären eher Beziehungen metonymischer Kontiguität, nicht metaphorischer Gleichartigkeit.[46]

Was mich angeht, so habe ich versucht, ein, wie mir schien, übermäßig kombinatorisches Verständnis des wilden Denkens zu vermeiden, indem ich im Hinblick auf einen sehr problematischen Gegensatz in *Das wilde Denken*, dem zwischen Totemismus und Opfer (siehe Kapitel 8 und 9 unten), dem »minderen« Pol den Vorzug gab. Was ich in meiner Untersuchung des amerindianischen Schamanismus und Kannibalismus dem Opfer (im Sinne von Lévi-Strauss) zuordnete, schrieb Descola dem Animismus zu; und es war großteils dieser begrifflichen ›Synonymie‹ zu verdanken, dass sich unsere Arbeiten gegenseitig befruchten konnten – wir dachten, wir sprächen von den selben Dingen... Doch während ich jenseits der Opfermetonymien ein ›anderes‹ der klassifikatorischen Vernunft in den Blick nahm, oder, genauer, eine nichtkombinatorische oder alogische Interpretation des zentralen Begriffs des Strukturalismus – des Begriffs der Transformation –, schlug der Autor von *Jenseits von Natur und Kultur* einen anderen Kurs ein. Descola entschied sich, die Extension des Projektes des *Wilden Denkens* zu vergrößern. Indem er den generischen Sinn, der dem Begriff des Totemismus bei Lévi-Strauss zukommt (für ihn ist dieser letztlich ein Synonym für jede Aktivität des Bedeutens), derart beschränkt, dass er zu einem Typ

[46] Wie wir bereits gesehen haben, wurde dieses Modell durch die in meinem Artikel von 1997 vorgeschlagene Einführung der differentiellen Körperlichkeit komplexer.

von »Ontologie« unter anderen wird, ist der gesamte Vorgang der Deduktion der vier Grundontologien in *Jenseits von Natur und Kultur* deutlich stärker ›totemistisch‹ (im ursprünglichen Sinne von Lévi-Strauss) als ›sakrifiziell‹ inspiriert.[47] Descola versteht seinen Gegenstand als ein geschlossenes kombinatorisches Spiel, und sein Ziel ist es, anhand einer endlichen Zahl von Kompositionsregeln eine Typologie von Schemata der Praxis (der Formen der Objektivierung der Welt und der anderen) aufzustellen. In diesem Sinne ist das Buch von Grund auf gleichermaßen »totemistisch« wie »analogistisch« – was nicht weiter überrascht, da der entscheidende Beitrag von *Jenseits von Natur und Kultur* zur Kosmologie des klassischen Strukturalismus schließlich darin bestand, den »Totemismus« nach Lévi-Strauss intern in zwei Unterarten zu unterteilen, nämlich den Totemismus im Sinne Descolas und den Analogismus. Tatsächlich aber muss, ohne in Zweifel zu ziehen, dass die Charakterisierung des Analogismus hervorragend auf eine Reihe zivilisatorischer Phänomene und Stile passt (besonders auf die jener Völker, die man früher »Barbaren« nannte), gesagt werden, dass der Analogismus vor allem in *Jenseits von Natur und Kultur* selbst existiert, einem Buch, das von bewundernswerter Gelehrsamkeit und analytischer Feinheit zeugt, vom Standpunkt der Theorie und Methode aber ganz und gar analogistisch ist, wie die Neigung zu totalen Klassifikationen sowie auch die Vorliebe für Identifikationen, für Kor-

---

47 In Descolas Buch erfährt auch das Opfer eine engere oder wörtlichere Interpretation, indem es als Merkmal der »analogistischen« Ontologie aufgefasst wird.

respondenzsysteme, für Eigenschaften, für Projektionsschemata von Mikrokosmos und Makrokosmos und so weiter erkennen lassen. In der Tat ist es konstruktionsbedingt unmöglich, dass Descolas System nicht eine der vier Ontologien, die es identifiziert, bevorzugt ausdrückt; schon die Idee der Identifikation der Ontologien selbst ist eine analogistische Idee. Ein animistischer Geist oder ein naturalistisches Gehirn hätten wahrscheinlich andere Ideen. Perspektivistische Ideen zum Beispiel – und eine Version davon ist eben gerade das vorliegende Argument.

Denn das Problem, das sich in diesem Text (dem *Anti-Narziss*) stellt, ist nicht, die Vergrößerung der Extension des Strukturalismus, sondern seine intensive Interpretation, seine Interpretation in eine ›poststrukturale‹ Richtung. Wir können also vielleicht sagen, dass, wenn die Herausforderung, der sich Descola erfolgreich stellte, gewissermaßen darin bestand, tief durchdrungen von Foucaults *Ordnung der Dinge* *Das wilde Denken* neu zu schreiben,[48] die Herausforderung, der ich mich wiederum seit einiger Zeit stelle, darin besteht, herauszufinden, wie man die *Mythologica* ausgehend von all dem, was mich *Tau-*

---

48 Der Begriff des Analogismus wurde meiner Meinung nach eindeutig vom Kapitel »Die prosaische Welt« des großen Buchs von Michel Foucault inspiriert. Und es gibt sogar, das Wortspiel sei mir gestattet, einige Analogien zwischen den großen Gegenständen in *Jenseits von Natur und Kultur* und *Die Ordnung der Dinge* (man stelle sich die vier Ontologien Descolas parallel zu Foucaults Epistemen vor) und kuriose Ähnlichkeiten bei den Darstellungsmethoden, wie zum Beispiel die beiden gemeinsame Verwendung je eines europäischen Gemäldes als eine Art ›Ideopiktogramm‹, als reduziertes Modell einer bestimmten intellektuellen Konfiguration (das Gruppenbildnis von Velázquez bei Foucault, die Landschaft von Roelant Savery bei Descola).

send Plateaus über die Anthropologie hat ›verlernen‹ lassen, neu lesen könnte.[49]

Nachdem das nun gesagt ist, sollten wir hinzufügen, dass der Perspektivismus keineswegs auf jede Problematik der Klassifikation allergisch reagiert, weil er diese für grundlegend logozentrisch oder auf ähnlich Weise sündhaft hielte. Und wenn man die Dinge von Nahem betrachtet, sind auch wir anderen, wir Anthropologen, *alle* so ein bisschen analogistisch... In diesem Sinne könnte man den Perspektivismus auch als eine Verdopplung oder ›Intensivierung‹ der klassifikatorischen Libido sehen, insofern sich sein charakteristisches Problem folgendermaßen reformulieren ließe: *Was passiert, wenn der Klassifizierte zum Klassifizierenden wird?* Was passiert, wenn es nicht mehr darum geht, die Spezies, in die sich die Natur untergliedert, in eine Ordnung zu bringen, sondern darum, zu verstehen, wie die Spezies selbst dieser Aufgabe nachkommen? Und so stellt sich die Frage: Welche Natur machen sie also – wie objektivieren Jagu-

49 Die Annäherung von *Jenseits von Natur und Kultur* an *Die Ordnung der Dinge* soll uns jedoch nicht an der Feststellung hindern, dass sich Foucaults Buch als radikal in die eigene Periodisierung *impliziert* (und dadurch *kompliziert*) erweist, wohingegen es mir scheint, dass die Frage, ob sich *Jenseits von Natur und Kultur* letztlich in seine eigene Typologie einordnet, oder ob es sich im Gegenteil als Weise des Denkens der Weisen des Denkens, die es einordnet, ausnimmt, im Buch nicht klar beantwortet wird. Letztlich möchte ich jedenfalls festhalten, dass die Differenz zwischen unseren jeweiligen Werken hinsichtlich ihres Bezugs auf den *lévi-straussschen* Korpus mindestens ebenso bedeutsam ist wie die Differenz zwischen dem historizistischen Kantianismus der *Ordnung der Dinge* und der post-korrelationistischen Nomadologie von *Tausend Plateaus*.

are »die Welt und die anderen«? Oder, allgemeiner (aber im genau gleichen Sinne): Was passiert, wenn wir Indigene fragen, was Anthropologie ist?

♦ ♦ ♦

Die ›Sozial-‹ oder ›Kultur-‹Anthropologie erhält ihren Namen also nicht – so sollte es zumindest sein – im Kontrast zu einer ›physischen‹ oder ›biologischen‹ Anthropologie, sondern aufgrund der Tatsache, dass die erste wirkliche Frage, der sie sich stellen muss, die ist, was für das Volk, das sie untersucht, den Ort des ›Sozialen‹ oder des ›Kulturellen‹ ausmacht, oder anders gesagt: was die Anthropologie dieses Volkes ist, welche Anthropologie es also ist, deren Aktant oder Agent (und nicht bloß theoretischer oder spekulativer Patient) sie ist. Dies zu sagen, läuft nun darauf hinaus, dass Anthropologie zu betreiben heißt, Anthropologien zu vergleichen, und nicht viel mehr – aber eben auch nicht weniger. Der Vergleich ist nicht nur unser wichtigstes analytisches Instrument; er ist auch unsere erste Materie und unser letztendlicher Horizont, denn das, was wir vergleichen, sind immer und geradezu notwendigerweise Vergleiche, im gleichen Sinne, wie für die strukturale Methode (wie sie in den *Mythologica* zur Anwendung kam) der Gegenstand jeder Transformation notwendigerweise eine andere Transformation ist, und keine ursprüngliche Substanz. Sofern jeder Vergleich eine Transformation ist, könnte es anders gar nicht sein. Wenn Kultur – nach Stratherns eleganter prozessualer Definition – »in der Art und Weise besteht, wie Leute Analogien zwischen den verschiedenen Bereichen ihrer Welten herstellen« (1992c: 47),[50] dann ist alle und jede Kultur ein gigantisches und multidimensionales Vergleichsdispositiv. Und wenn die Anthropologie – hier zitiere ich nun Wagner (1981: 35) – »Kultur durch Kultur erforscht«, dann »müssen sämtliche Operationen, die unsere Untersuchung kennzeichnen, auch allgemeine Eigenschaften der Kultur sein«. Zusammengefasst sind also Anthropologen und Indigene in »direkt vergleichbare intellektuelle Operationen« (Herzfeld 2001: 7) eingebunden, und solche Operationen sind in allererster Linie vergleichende. Intrakulturelle Beziehungen oder interne Vergleiche (Stratherns »Analogien zwischen Bereichen«) und interkulturelle Beziehungen oder externe Vergleiche (Wagners »Kulturinvention«) stehen in strenger ontologischer Kontinuität.

Aber direkte Vergleichbarkeit bedeutet nicht notgedrungen unmittelbare Übersetzbarkeit, und ontologische Kontinuität impliziert nicht epistemologische Transparenz. Wie können wir die von den amazonischen Völkern skizzierten Analogien mit den Worten unserer eigenen Analogien wiedergeben? Was geschieht mit unseren Vergleichen, wenn wir sie mit den indigenen Vergleichen vergleichen?

Ich schlage hier die Vorstellung der *Äquivozität* [equivocidade] vor, um den Vergleich, dieses emblematische Verfahren unserer euroakademischen Anthropologie, mit Hilfe der amerindianischen perspektivistischen Anthropologie neu zu begreifen. Die Operation, die ich dabei im Sinn habe, ist nicht der explizite Vergleich zwischen zwei oder mehr dem Beobachter gleichermaßen äußerlichen soziokulturellen Entitäten mit der Absicht,

[50] Womit jede Kultur zu einem Beispiel von »Analogismus« wird, um hier Descolas vierteiliges Schema noch etwas weiter durcheinander zu werfen…

Konstanten zu erkennen oder Begleitvariationen mit nomothetischem Wert zu identifizieren. Gewiss ist das eins der beliebtesten Verfahren in der Anthropologie; aber es ist eben nur eines unter vielen anderen, die uns zur Verfügung stehen, eine ›regulative Regel‹ der anthropologischen Methode. Der Vergleich hingegen, von dem ich hier spreche, ist eine ›konstitutive Regel‹ der Methode. Es handelt sich dabei um das Verfahren, das in der Übersetzung der praktischen und diskursiven Begriffe des ›Beobachteten‹ ins begriffliche Dispositiv des ›Beobachters‹ impliziert ist; ich spreche also von jenem zumeist unausgesprochenen, eben impliziten oder automatischen Vergleich (seine Explikation oder Thematisierung ist ein wesentliches Moment der Methode), der den Diskurs des Anthropologen *notwendigerweise* als Term einschließt, und der mit der ersten Minute der Feldforschung oder der Lektüre einer ethnographischen Monographie beginnt.

Diese beiden komparativen Modalitäten sind weder äquivalent noch unabhängig. Die erste von ihnen – für gewöhnlich dafür gepriesen, dass sie eine objektivierende Triangulation des imaginären *Pas de deux* von Ich und Anderem (das die zweite Operation markieren würde) gestatte, und somit den Zugang zu voll und ganz dem Beobachteten zuschreibbaren Eigenschaften gewähre – ist weniger unschuldig oder weniger wirkungsvoll als sie vielleicht scheint. Da hätten wir also ein Dreieck, das nicht wirklich dreieckig ist: 2 + 1 macht nicht unbedingt 3. Denn es ist immer der Anthropologe (die ›1‹), der die Parameter definiert, innerhalb derer zwei oder mehrere Kulturen, die der seinen und oft auch einander fremd sind, zueinander in Beziehung gesetzt werden. Wenn er die Kachin mit den Nuer vergleicht, dann haben ihn weder die Kachin noch die Nuer darum gebeten; in der Regel verschwindet er dabei aber von der vergleichenden Bühne und nimmt sich so aus dem Problem, das er den Kachin und den Nuer selbst gestellt hatte, heraus – als verglichen sich beide von selbst... Sie entstehen also *aus dem Inneren des anthropologischen Diskurses* heraus und erhalten ihre gemeinsame Objektivität als vergleichbare soziokulturelle Entitäten aufgrund eines Problems, das von einer *anderen* soziokulturellen Entität gestellt wurde, die wiederum, indem sie die Regeln des komparativen Spiels bestimmt, als souverän und *ohnegleichen* auftritt. Der »Ausnahmezustand« scheint so in unserer Metaphysik, von der Politik bis hin zur Epistemologie (so das denn wirklich zwei verschiedene Dinge sind), selbst die Regel zu sein.

Fassen wir zusammen: Entgegen der gelehrten *doxa* verfügt die dem Gegenstand interne und durch dessen vergleichende Pluralisierung herbeigeführte Symmetrisierung keineswegs über magische Kräfte – weder gelingt es ihr, die Beziehung zwischen Subjekt und Objekt zu symmetrisieren, noch ersteres in einen reinen vergleichenden Geist zu verwandeln, noch den anderen, den zugrundeliegenden Vergleich durch sich selbst zu explizieren, jenen Vergleich, der, wie wir gesehen haben, den Beobachter in seine Beziehung zum Beobachteten *impliziert*.

Diese Implikation wird ›Übersetzung‹ genannt. Heutzutage ist es ein Klischee, zu sagen, die kulturelle Übersetzung sei die charakteristische Aufgabe der Anthropologie.[51] Das Problem besteht darin, zu wissen, was genau eine Übersetzung ist, was sie sein kann oder sein soll, und wie sich eine solche Operation realisiert. Und hier werden die Dinge komplizierter, wie Talal

---

51 Zumindest in bestimmten Milieus; denn in anderen wiederum verteidigt man die Vorstellung, dass die wahre Aufgabe der Anthropologie nicht in der *kulturellen Übersetzung* von was auch immer besteht, sondern ganz im Gegenteil in dessen *natürlicher Reduktion*.

Asad (1986) auf eine Weise, die ich hier übernehme (oder übersetze), gezeigt hat: In der Anthropologie dient der Vergleich der Übersetzung, nicht umgekehrt. Die Anthropologie vergleicht, um zu übersetzen, und nicht, um zu erklären, zu rechtfertigen, zu verallgemeinern, zu interpretieren, zu kontextualisieren, das Ungesagte dessen zu offenbaren, *what goes without saying* und so weiter. Und wenn Übersetzen gemäß dem italienischen Sprichwort immer Verraten bedeutet, dann ist eine Übersetzung, die ihres Namens würdig ist – und hier paraphrasiere (übersetze) ich nur Walter Benjamin, oder vielmehr Rudolf Pannwitz –, die, die die Zielsprache verrät und nicht die Originalsprache. Eine gute Übersetzung ist diejenige, der es gelingt, durch fremde Begriffe das begriffliche Dispositiv des Übersetzers zu verformen und zu unterlaufen, sodass sich die *intentio* des ursprünglichen Dispositivs darin ausdrücken und so die Zielsprache transformieren kann. Übersetzung, Verrat, Transformation [tradução, traição, transformação]. Wie wir wissen, heißt dieser Prozess in der strukturalen Anthropologie ›Mythos‹; und eines seiner Synonyme ist die »strukturale Anthropologie«.

Den amerindianischen Perspektivismus zu übersetzen, bedeutet also zunächst, auf das Bild der Übersetzung zurückzugreifen, das er selbst miteinschließt: das Bild einer Bewegung der kontrollierten Äquivozität (›kontrolliert‹ in dem Sinne, wie man sagen kann, dass das Gehen ein ständiges kontrolliertes Nach-vorne-Fallen ist).[52] Der indigene Perspektivismus ist eine Lehre vom

[52] A.d.Ü.: Der Begriff der ›Äquivokation‹ ist selbst äquivok: Er bedeutet sowohl die Mehrdeutigkeit als auch das (daraus erwachsende) Missverständnis. Wo sie nicht durch den Kontext aufgehoben wird, soll diese Äquivozität durch die Übersetzung von *equívoco* als *Äquivokation* auch hier erhalten bleiben.

Äquivoken, von der Mehrdeutigkeit, vom Missverständnis [equívoco], das heißt von der referentiellen Alterität zwischen homonymen Begriffen; die Äquivokation erscheint dort als Kommunikationsmodus schlechthin zwischen verschiedenen perspektivistischen Positionen, und folglich sowohl als Bedingung der Möglichkeit als auch als Grenze des anthropologischen Unterfangens.

Die indigene Theorie des Perspektivismus entsteht aus einem impliziten Vergleich zwischen den Weisen, auf die verschiedene körperliche Modi (›Spezies‹) die Welt ›natürlich‹ als affektive Mannigfaltigkeit erfahren. Eine solche Theorie erscheint uns entsprechend als *invertierte* Anthropologie, insofern sich unsere eigene Ethnoanthropologie in ihrem Vorgehen eines expliziten Vergleichs zwischen Formen bedient, anhand derer sich verschiedene Mentalitätstypen (oder mentale Modi) die Welt ›kulturell‹ vorstellen oder repräsentieren, während die Welt aber als einheitlicher Ursprung ihrer verschiedenen begrifflichen Versionen gesetzt ist. Eine kulturalistische Beschreibung des Perspektivismus impliziert so die Negation oder Delegitimierung ihres Gegenstands, seine Retrojektion als primitive oder fetischisierte Form anthropologischen Denkens: eine Anti- oder Voranthropologie. Das wiederum kommt einer schlechten Übersetzung gleich, einem ›niederen Verrat‹ des indigenen Denkens – einem ›niederen Verrat‹ im gleichen Sinne (und in der gleichen Richtung), wie Oswald de Andrade die kapitalistische »niedere Anthropophagie« von der im primitiven Matriarchat geltenden höheren Anthropophagie unterscheidet.

Der Begriff des Perspektivismus schlägt nun eine Inversion dieser Inversion vor: Jetzt sind die Indigenen am Zug – *the turn of the native*. Nicht »*the return of the native*«, wie Adam Kuper (2003) ironisch, einen Thomas-Hardy-Titel parodierend, über die große ethnopolitische Bewegung schrieb, die jene reflexive Verschiebung inspirierte, die Sahlins (2000) »Indigenisierung der Moderne« nannte, sondern *the turn*, der Zug, die Torsion, die Drehung, der Dreh, ο καιρός, die Stunde, der Moment, die unerwartete Wende. Nicht Thomas Hardy, sondern vielmehr Henry James, das vollendete Genie der Kunst der Perspektive: der Zug des Indigenen also, ein bisschen wie »das Anziehen der Schraube«, *the turn of the screw*.[53] Und in der Tat ist die Geschichte, die wir erzählen möchten, aus Kupers Perspektive wohl eine Gruselgeschichte: eine altermondialistische kognitive Anthropologie, ein »Alterkognitivismus«.[54]

♦ ♦ ♦

Doch am Ende war es genau das, was in der Lévi-Strauss'schen Parabel von den Antillen auf dem Spiel stand. Sie redete nicht nur ›über‹ Perspektivismus; sie war selbst perspektivistisch. Mit anderen Worten gewinnt sie also dadurch an Bedeutung, dass sie – in mehr als einem Sinne – als historische Transformation mehrerer amerindianischer Mythen zu lesen ist, die den interspezifischen Perspektivismus thematisieren. Ich denke hier beispielsweise an die Erzählungen, in denen der Protagonist sich im Wald verirrt und schließlich ein unbekanntes Dorf erreicht, dessen Bewohner ihn einladen, sich an einer Kalebasse ›Maniokbier‹ zu erfrischen, die er mit Freude annimmt – doch dann setzen ihm seine Gastgeber zu seinem Schrecken eine Kalebasse vor, die

---

53 Was doch viel besser ist als »*screw the native*«, wie es einigen unserer Kollegen anscheinend manchmal lieber wäre…

54 Dieser Ausdruck, der auch Lévi-Strauss' Projekt sehr schön zusammenfassen würde, geht auf Patrice Maniglier zurück.

vor Menschenblut überläuft, bestehen aber darauf, dass es sich um genau das Maniokbier handle, das er erwartet hatte. Und das lässt ihn dann natürlich darauf schließen, dass diese Leute, wenn Menschenblut ihr Bier ist, nicht menschlich sind. Sowohl die Parabel als auch der Mythos drehen sich um eine Art kommunikative Disjunktion, in der die Gesprächspartner, ohne dass sie es wussten, nicht von der selben Sache sprachen (im Falle der Anekdote aus Puerto Rico spielt sich der ›Dialog‹ auf der Ebene von Lévi-Strauss' vergleichender Überlegung zum reziproken Ethnozentrismus statt). So wie Jaguare und Menschen zwei sehr unterschiedlichen Dingen den selben Namen geben, so ›sprachen‹ sowohl Europäer als auch Índios von ›Menschlichkeit‹ und fragten sich, ob in diesem autodeskriptiven Begriff wohl auch die Anderen mit einbegriffen seien; doch was die Europäer und die Índios als das bestimmende Kriterium des Begriffs verstanden (seine Intension – und folglich auch seine Extension), war radikal verschieden. Somit geht es also, kurz gesagt, sowohl in Lévi-Strauss' Anekdote als auch im Mythos um eine Äquivokation.

Wenn wir etwas darüber nachdenken, ähnelt die Anekdote von den Antillen unzähligen anderen, die wir in der ethnographischen Literatur oder in unseren eigenen Erinnerungen an die Feldforschung wiederfinden. Tatsächlich würde ich sagen, dass sie die archetypische anthropologische ›Situation‹, das anthropologische Ereignis *par excellence*, treffend erfasst. So lässt sich etwa die berühmte Episode über den Tod des Captain Cook, wie sie Sahlins (1985) analysiert, als strukturale Transformation der sich kreuzenden Experimente von Puerto Rico verstehen: Es handelt sich um zwei Versionen des archetypischen anthropologischen Motivs, des Motivs der interkulturellen Äquivozität. Aus dem indigenen Amazonien betrachtet, ist das, was wir Anthropologen als ›interkulturell‹ beschreiben, nicht mehr als ein Sonderfall des ›Interspezifischen‹, und die europäische Geschichte von Cook ist nur eine Version des hawaiianischen Mythos von Lono.

Dabei ist zu unterstreichen, dass die Äquivokation nicht bloß eine der unzähligen Pathologien ist, die die Kommunikation zwischen Anthropologen und Indigenen bedrohen – wie etwa linguistische Inkompetenz, Unkenntnis des Kontexts, Mangel an Empathie, Indiskretion, Naivität, Unaufrichtigkeit, Nachlässigkeit und viele andere Deformationen oder Mängel, die dem anthropologischen Diskurs auf empirischer Ebene zu schaffen machen können.[55] Anders als diese kontingenten Pathologien ist die Äquivokation eine eigentlich transzendentale Kategorie, eine konstitutive Dimension des disziplinären Projekts der kulturellen Übersetzung.[56] Sie ist keine bloß negative Faktizität, sondern eine Bedingung der Möglichkeit des anthropologischen Diskurses, das, was seine Existenz rechtfertigt (*quid juris?*, mit der kantischen Frage). Übersetzen bedeutet, sich im Raum der Äquivokation niederzulassen und ihn zu bewohnen. Nicht, um die Äquivokation aufzulösen, denn das hieße, dass es sie nie gegeben hätte, sondern vielmehr, ganz im Gegenteil, um sie zu betonen oder zu potenzieren, indem man den Raum, von dem man gedacht hatte, dass er zwischen den in Kontakt stehenden begrifflichen Sprachen nicht existierte, eröffnet und erweitert – eben genau jenen Raum, der durch die Äquivokation verborgen

---

55 Bekanntlich sind die ›Pathologien der Kommunikation‹ selbst ein großes Thema der lévi-straussschen Mythologie, vom Gral über Asdiwal bis hin zu *Das Rohe und das Gekochte* und noch darüber hinaus.

56 Diese Überlegungen sind offenkundig eine Paraphrase – eine »Analogie zwischen Bereichen« (Strathern) – einer bekannten Passage in Deleuze und Guattaris *Was ist Philosophie?* (61ff.).

wurde. Die Äquivokation ist nicht das, was die Beziehung behindert, sondern das, was sie begründet und antreibt: eine Differenz der Perspektive. Übersetzen bedeutet, davon auszugehen, dass es von jeher und für immer eine Äquivokation gibt und geben wird; es bedeutet, durch die Differenz zu kommunizieren, anstatt das Andere, die Anderen, zum Schweigen zu bringen, indem man eine ursprüngliche Univokation und eine ultimative Redundanz voraussetzt – eine wesentliche Gleichartigkeit dessen, was sie und wir ›gerade sagen wollten‹.

Michael Herzfeld stellte vor nicht allzu langer Zeit fest, dass es »[i]n der Anthropologie [...] oft um Missverständnisse [geht], darunter auch die Missverständnisse der Anthropologen selbst, denn diese sind normalerweise das Resultat der gegenseitigen Inkommensurabilität unterschiedlicher Vorstellungen von Gemeinsinn – und genau das ist unser Untersuchungsgegenstand« (2001: 2). Der Autor des *Anti-Narziss* könnte kaum einverstandener sein. Er würde nur darauf bestehen, dass die Anthropologie, wenn es sie denn (*de jure*) gibt, nur existiert, weil das, was Herzfeld »Gemeinsinn« nennt, eben nicht *gemeinsam* ist. Und er würde auch hinzufügen, dass die Inkommensurabilität der sich einander gegenüberstehenden »Vorstellungen« kein Hindernis für ihre Vergleichbarkeit ist, sondern genau das, was sie, wie Michael Lambek (1998) erläutert, ermöglicht und rechtfertigt. Denn nur das Inkommensurable ist für Anthropologen den Vergleich wert – das Kommensurable zu vergleichen ist Aufgabe der Buchhalter. Und dann sollte man schließlich insistieren, dass die Idee des »*misunderstanding*« eben im Sinne jener Äquivozität zu verstehen ist, der wir im perspektivischen Multinaturalismus begegnen: Eine Äquivokation ist kein ›Interpretationsfehler‹ im Sinne eines Mangels, sondern ein ›Interpretationsüberschuss‹, insofern wir nicht wahrnehmen, dass überhaupt mehr als eine Interpretation auf dem Spiel steht. Vor allem aber weichen diese Interpretationen notwendigerweise voneinander ab; sie haben nichts zu tun mit imaginären Weisen die Welt zu sehen, sondern mit den realen Welten, die gesehen werden. In den amerindianischen Kosmologien *hängt* die reale Welt der verschiedenen Spezies von ihren Standpunkten *ab*, weil die ›Welt im Allgemeinen‹ aus diesen verschiedenen Spezies *besteht* – sie ist der abstrakte Raum ihrer Divergenz als Standpunkte.[57]

Also lebt die Anthropologie von Äquivokationen. Wie aber Roy Wagner mit Blick auf seine frühesten Beziehungen zu den Daribi in Neuguinea feststellte: »Die Art und Weise, auf die sie mich missverstanden, war nicht die selbe wie die, auf die ich sie missverstand« (1981: 20) – vielleicht die beste anthropologische Definition von Kultur, die je vorgeschlagen wurde.[58] Entscheidend ist hier nicht die empirische Tatsache des Missverstehens, sondern die ›transzendentale Tatsache‹, dass es nicht das selbe war. Die Frage ist also nicht, wer sich täuscht, und noch weniger wer wen täuscht. Eine Äquivokation ist kein Irrtum, kein Betrug, keine Falschheit, sondern selbst das Fundament der Beziehung, die sie impliziert, und die immer eine Beziehung zum Außen, zur Exteriorität ist. Irrtum oder Täuschung lassen sich als solche nur innerhalb eines selben »Sprachspiels« bestimmen, während die Äquivokation das ist, was im Intervall, im leeren Raum zwischen verschiedenen Sprachspielen stattfindet. Die Täuschung und der Irrtum

---

57 Es gibt keine Standpunkte zu den Dingen – die Dinge und die Wesen selbst sind Standpunkte, wie Deleuze in einem Kommentar zu Leibniz sagte (1993d: 216).

58 »*Their misunderstanding of me was not the same as my misunderstanding of them.*«

nehmen bereits zuvor konstituierte Prämissen an, und zwar als homogen konstituierte Prämissen, während die Äquivokation die Heterogenität der Prämissen, um die es geht, nicht nur ›annimmt‹ – sie setzt sie als heterogen, und sie setzt sie als Prämissen voraus. Die Äquivokation bestimmt vielmehr die Prämissen, als dass sie von ihnen bestimmt wird. Dementsprechend gehört sie nicht zur Welt des dialektischen Widerspruchs, denn ihre Synthese ist disjunktiv und unendlich. Eine Äquivokation ist unauflöslich oder vielmehr rekursiv: Erfasst man sie als Objekt, so bestimmt dies eine andere, eine höhere Äquivokation, und immer so weiter.

Zusammengefasst ist die Äquivokation somit kein subjektives Versagen, sondern ein Objektivierungsdispositiv. Sie ist kein Irrtum, keine Illusion – es geht nicht darum, sich Objektivierung im Sinne der aufklärerischen und moralisierenden Sprache der Verdinglichung oder der Fetischisierung vorzustellen –, sondern die Randbedingung jeder sozialen Beziehung, eine Bedingung, die im Grenzfall der sogenannten ›interkulturellen‹ Beziehung, in der die Sprachspiele maximal divergieren, selbst hyperobjektiviert wird. Diese Divergenz umfasst auch, das versteht sich von selbst, das Verhältnis zwischen dem Diskurs der Anthropologen und dem Diskurs der Indigenen. So ist etwa der anthropologische Begriff der Kultur, wie Wagner darlegte, die Äquivokation, die als Lösungsversuch für die interkulturelle Äquivozität auftritt; und er ist äquivok, insofern er unter anderem auf das »Paradox« zurückgeht, »das dadurch entsteht, das man sich für Leute eine Kultur vorstellt, die selbst keine Vorstellung davon haben« (Wagner 1981: 27). Selbst wenn die ›Missverständnisse‹ sich mit der Zeit in ›Verständnisse‹ – und mit noch viel mehr Zeit in ›Selbstverständlichkeiten‹ – verwandeln (wenn sich etwa das anfängliche Unverständnis des Anthropologen hinsichtlich des Verhaltens der

Indigenen in eine Vorstellung von ›ihrer Kultur‹ verwandelt, oder wenn die Indigenen verstehen, dass das, was die Weißen ›Geschenke‹ nannten, in Wirklichkeit ›Waren‹ waren), bestehen die Äquivokationen auch hier weiter und lösen sich nicht im Selben auf. Der Andere der Anderen ist immer anders. Und wenn die Äquivokation nicht Irrtum, Illusion oder Lüge ist, sondern eben die Form der relationalen Positivität der Differenz selbst, ist ihr Gegenteil nicht die Wahrheit, sondern vielmehr das Univoke als Anspruch auf die Existenz einer einheitlichen und transzendenten Bedeutung. Der Irrtum oder die Illusion *par excellence* bestünde gerade darin, sich vorzustellen, dass unter dem Äquivoken etwas Univokes läge, dessen Bauchredner der Anthropologe wäre.

♦♦♦

Sehr viel mehr also, oder auch etwas ganz anderes, als ein *return of the native*. Wenn hier irgendetwas zurückkehrt, dann wohl vor allem in der *»frappant retour des choses«*, jener »bemerkenswerten Wende«, von der Lévi-Strauss sprach: die Philosophie kehrt zurück ins Rampenlicht. Allerdings nicht, wie der Autor vorzuschlagen schien, als exklusive Alternative zwischen *unserer* und *ihrer* Philosophie (eine weitere Homonymie? umso besser!), sondern als disjunktive Synthese zwischen Anthropologie – verstanden als experimentelle Metaphysik oder Feldgeophilosophie – und Philosophie – verstanden als ethnoanthropologische Praxis *sui generis*, als Begriffsschöpfung (Deleuze und Guattari 2000). Und dieser Vorgang einer »Transversalisierung« von Anthropologie und Philosophie – eine »dämonische Allianz«, wie die Autoren von *Tausend Plateaus* sagen würden – findet mit Blick auf ein gemeinsames Ziel statt: dem Eintritt in einen Zustand (eine Intensitätsebene) der permanenten Dekolonisierung des Denkens.

Man muss nicht weiter daran erinnern, dass die Sozial- und Kulturanthropologie schon immer von oben bis unten mit philosophischen Begriffen und Problemen durchzogen war – angefangen bei diesem einen philosophischen Begriff unter vielen, dem ›Mythos‹, und bis hin zu jenem typisch philosophischen Problem, das auch Lévi-Strauss aufbrachte, der Frage nämlich, wie man aus der Philosophie heraus kommt, oder, anders gesagt, wie man es schafft, der kulturellen Matrix der Anthropologie zu ›entkommen‹. Die Frage ist folglich nicht, ob die Anthropologen einen ohnehin nie abgebrochenen Dialog mit der Philosophie wiederaufnehmen sollen, sondern mit welcher Philosophie sich eine Verbindung herzustellen lohnt. Das wiederum hängt natürlich davon ab, was man will und was man kann. Es ist durchaus möglich ein Bild des wilden Denkens mithilfe von Kant, Heidegger oder Wittgenstein zu zeichnen. Nicht weniger möglich ist es auch, viele direkte Parallelen auf inhaltlicher Ebene auszumachen: Die amazonischen Kosmologien, reich an äquivoken Ähnlichkeiten zur Unterscheidung zwischen einer Welt der Wesenheiten und einer Welt der Erscheinungen, scheinen beispielsweise auf geradezu natürliche Art und Weise eine platonisierende Lesart nahezulegen – eine Lesart allerdings, deren einziges Interesse darin bestünde, zu zeigen, dass dieser indigene Platonismus keineswegs wesentlich, sondern nur ein *scheinbarer* ist. Alles aber hängt, ich wiederhole es noch einmal, von den Problemen ab, die uns durch das indigene Denken gestellt werden, oder vielmehr davon, welche philosophisch interessanten Probleme wir in den unzähligen und komplexen semiopraktischen Gefügen erkennen können, die die von der Anthropologie erforschten Kollektive erfunden haben.

Ich für meinen Teil habe die Philosophie von Deleuze, und insbesondere die beiden Bände von *Kapitalismus und Schizophrenie*, die er gemeinsam mit Guattari geschrieben hat, als das am besten geeignete Instrument gewählt, um auf jener Wellenlänge, die ich im amerindianischen Denken empfangen konnte, weiter zu senden. Als vom anthropologischen Diskurs re-synthetisierte Begriffe (denn die indigenen Theorien, liebe Leser, präsentieren sich nicht derart praktisch vorverpackt) sind Perspektivismus und Multinaturalismus das Resultat der Begegnung zwischen einem gewissen Deleuzianisch-Werden der amerikanistischen Ethnologie und einem gewissen Índio-Werden der Philosophie Deleuze-Guattaris – ein Índio-Werden, das sich, wie wir sehen werden, eben ganz entscheidend im Kapitel über die Werdensprozesse in *Tausend Plateaus* vollzieht.

Bedeutet das letztlich, dass »die Índios Deleuzianer sind«, wie ich bei entsprechender Gelegenheit einmal recht unverschämt behauptet habe (Viveiros de Castro 2017)? Ja und nein. *Sie sind es* zunächst einmal in dem Sinne, in dem die Philosophie Deleuze-Guattaris keineswegs hohl klingt, wenn man sie mit indigenen Ideen abklopft; und dann auch, weil die Linie der von Deleuze privilegierten Denker, insofern sie sich als mindere Linie innerhalb der westlichen Tradition konstituiert, eine Reihe von Verbindungen zum Außen dieser Tradition, den großen, weiten Welten des fremden Denkens, eröffnet. Letztlich aber *sind sie es nicht*, sie sind keine Deleuzianer, denn sie könnten ebenso gut Kantianer sein wie Nietzscheaner, Bergsonianer wie Wittgensteinianer, Merleau-Pontyaner, Heideggerianer, die größten Hegelianer, Marxisten natürlich, gezwungenermaßen auch Freudianer, und vor allem natürlich Lévi-Straussianer... Ich glaube, ich habe sogar schon von habermasianischen Índios gehört, was mich darauf schließen lässt, dass in dieser Welt wohl alles möglich ist.

Ja und nein. Offensichtlich ›ist das Problem schlecht gestellt‹, wie unsere französischen Freunde gerne sagen. Denn vom Standpunkt einer multinaturalistischen Gegen-Anthropologie geht es darum, die Philosophen im Lichte des wilden Denkens zu lesen, und nicht umgekehrt; es geht darum, die unzähligen Prozesse des Anders-Werdens zu aktualisieren, die als Virtualitäten unseres Denkens existieren. Von einem Außen denken (und nicht *unbedingt* von China aus, wie François Jullien es versucht),[59] um von der anderen Seite wieder auf das »Denken des Außen« zu treffen. Jede Erfahrung eines anderen Denkens ist ein Experiment mit unserem eigenen.

---

59 *Penser d'un dehors (la Chine)* ist der Titel eines Buches, das, wie auch der Rest von Julliens Werk, eine geradezu paradigmatische Referenz für den *Anti-Narziss* bildet, selbst in den seltenen Momenten, in denen es dem Autor nicht gelingt, voll und ganz mit ihm einverstanden zu sein (Jullien und Marchaisse 2000).

Zweiter Teil

Kapitalismus und *Schizophrenie* aus anthropologischer Sicht

5. Ein kurioser Chiasmus

Für meine Generation sind die Namen Gilles Deleuze und Félix Guattari zuallererst mit jener Wandlung in der Orientierung des Denkens assoziiert, die die zweite Hälfte der 1960er Jahre prägte, und in deren Verlauf einige Schlüsselelemente der gegenwärtigen kulturellen Sensibilität des Westens erfunden wurden. Die Bedeutung, die Folgen und die eigene Wirklichkeit dieser Wandlung bilden den Gegenstand einer bis heute fortdauernden Kontroverse.

Für die geistigen Diener der Ordnung, jene vielen »kleinen Hände«, die für die Majorität arbeiten (Pignarre und Stengers 2005: 49-54), repräsentierte diese Wandlung vor allem etwas, wovor zukünftige Generationen zu schützen waren und noch immer zu schützen sind – die Beschützenden von heute sind die Beschützten von gestern und umgekehrt und so weiter. Dabei bestand eines der effizientesten Mittel in der Verbreitung der Idee, dass das Ereignis ’68 sich verbraucht, aber nicht vollendet habe, dass in Wahrheit also gar nichts passiert sei. Die wahre Revolution fand somit gegen das Ereignis statt; und es war (um sich des üblichen Euphemismus zu bedienen) die Vernunft, die obsiegte, jene Kraft, die die planetarische Maschine des Empire hat festigen können, und in deren Innerem sich die mystische Vermählung von Kapital und Erde vollzieht, die ›Globalisierung‹, eine Operation, die von der ruhmvollen Ausbreitung der Noosphäre gekrönt wird – der uns alle kontrollierenden ›Informationsökonomie‹. Denn wenngleich es das Kapital nicht kümmert, ob es ›auf der Seite der Vernunft‹ steht oder nicht, gewinnt man doch immerhin den Eindruck, dass diese Vernunft es wiederum liebt, sich Arm in Arm und innig liebkosend mit dem Kapital zu zeigen.

Für viele andere hingegen, für jene, die noch immer romantisch (um sich der üblichen Beleidigung zu bedienen) auf der Vorstellung beharren, dass eine andere Welt möglich ist, kann der Verbreitung der neoliberalen Pest und der technopolitischen Konsolidierung der Kontrollgesellschaften (der Markt dient dem Staat, der Staat dient dem Markt, man muss nicht zwischen beiden ›wählen‹) nur entgegen getreten werden, wenn wir auch weiterhin in der Lage sind, uns mit den vor mittlerweile mehr als einem halben Jahrhundert für einen flüchtigen Moment an die Oberfläche gestiegenen Wunsch- oder Begehrensströmen zu verbinden. Für diese anderen ist das reine oder absolute Ereignis, das '68 war, noch nicht zu Ende und hat zugleich vielleicht noch gar nicht begonnen, scheint es doch in eine Art Zukunft des historischen Konjunktivs eingeschrieben (Deleuze und Guattari 2005a).

Ich möchte mich gerne diesen anderen zurechnen, ob nun zu Recht oder zu Unrecht. Darum würde ich das Selbe über den Einfluss von Gilles Deleuze und seinem Mitstreiter Félix Guattari sagen, den Autoren des wichtigsten Werks, das vom Standpunkt einer Politik des Begriffs in der Philosophie in der zweiten Hälfte des zwanzigsten Jahrhunderts verfasst wurde. Mit ›das Selbe‹ meine ich, dass dieser Einfluss noch weit davon entfernt ist, sein gesamtes Potential aktualisiert zu haben. In der Tat ist die Präsenz von Deleuze (und Guattari) in bestimmten aktuellen Disziplinen oder Forschungsfeldern deutlich weniger spürbar, als man vielleicht hoffen könnte; eine Disziplin in der diese Präsenz noch immer sehr zurückhaltend ist, ist die, die ich selbst praktiziere: die Sozialanthropologie.

♦♦♦

Die Relevanz des Werks von Deleuze und Guattari für die Anthropologie ist mindestens so groß wie die von Denkern wie Michel Foucault oder Jacques Derrida, deren Arbeiten bereits weitreichend von dem absorbiert wurden, was wir als dominante Gegenströmungen in den Humanwissenschaften der Gegenwart (die Anthropologie eingeschlossen) bezeichnen könnten. Halten wir erst einmal fest, dass diese Gegenströmungen es in Frankreich im ersten Jahrzehnt des neuen Jahrhunderts nicht leicht hatten. Zwar haben sich die Beziehungen zwischen Anthropologie und Philosophie in den letzten vierzig Jahren auf beachtliche Weise intensiviert, doch fand dieser Prozess im Wesentlichen innerhalb der angelsächsischen Akademie statt, in der sich die Anthropologie, genau wie die anderen *humanities*, der ›kontinentalen Philosophie‹ gegenüber offener gezeigt haben als die französische Anthropologie selbst. Heideggers Existenzialanalytik, Merleau-Pontys Leibphänomenologie, Foucaults Mikrophysik der Macht und Derridas Methode der Dekonstruktion verstärkten in den 1980er und 1990er Jahren die schon seit den 1970ern wehenden kontinentalen Winde, die in der amerikanischen und britischen Anthropologie die verschiedenen Gerüche des Marxismus verbreitet hatten, die es in Kontinentaleuropa damals zu erschnuppern gab, von Adorno bis Althusser, von Gramsci bis Mao (China fing an, seine zukünftige Hegemonie mit der Linken einzustudieren), vielleicht auch auf dem Wege des Operaismus, der Autonomia und anderer etwas weniger orthodoxer Strömungen – eine Folge von Einflüssen jedenfalls, die im spezifischen Fall der Anthropologie als Immunreaktionen gegen den lévi-strauss-schen Strukturalismus verstanden werden können, jene vorherrschende kontinentale Bedrohung der 1960er-Jahre. Im ›Alten Europa‹ hingegen, und insbesondere in Frankreich, verkümmerten nach und nach, in dem Maße, wie der Strukturalismus seinen paradigmatischen Schwung verlor, die Beziehungen zwischen Anthropologie und Philosophie, oder wurden schließlich eher auf prä- als auf poststrukturalistischer Basis neu konfiguriert (Lévi-Strauss und Eribon 1989: 137), zumindest auf der anthropologischen Seite der Angelegenheit. Der philosophische Poststrukturalismus, die »*French Theory*« *par excellence* (Cusset 2005), hatte kaum Auswirkungen auf die Anthropologie, wie sie in Frankreich selbst betrieben wurde, während er dagegen in den englischsprachigen Ländern ganz wesentlich für die Annäherung der beiden Disziplinen verantwortlich war (wohlgemerkt jedoch nicht ohne heftige Reaktionen seitens der lokalen akademischen Kardinäle unterschiedlichster ideologischer Bekenntnisse).

Es stimmt: Bei den Aneignungen der *French Theory* durch Anthropologen und ihre Artgenossen aus der trans-hexagonalen Welt mangelt es keineswegs an Beispielen von unfreiwilliger Komik. Aber die blasierte Indifferenz, wenn nicht gar offene Feindschaft, die die französischen Humanwissenschaften in aller Regel gegenüber der Problemkonstellation an den Tag legen, die – für ausländische Ohren natürlich doppelt pejorativ – mit dem Etikett *French Theory* versehen wird, ist mehr als bedauernswert, insofern sie Zwietracht innerhalb der Disziplin säte und einen Prozess extremen wechselseitigen (und letztlich reflexiven) Unverständnisses zwischen den drei wichtigsten nationalen Traditionen der Anthropologie (britisch, französisch, nordamerikanisch) in Gang setzte. Lévi-Strauss' ernüchterter Vorschlag, die Disziplin in »*Entropologie*« umzutaufen (Lévi-Strauss 1978: 411), scheint plötzlich eine selbstreferentielle Dimension zu erhalten. Als widerführe Freuds bekannter Titel eine jener Transformationen von Metonymie zu Metapher oder umgekehrt, die Lévi-

Strauss so schätzte: Das »Unbehagen in der Kultur« kehrt zurück oder verdoppelt sich als Unbehagen in der Kulturtheorie.

Ein kurioser Chiasmus also: Während die angelsächsische Anthropologie keinerlei Berührungsängste mit der französischen (oder allgemeiner kontinentalen) Philosophie der 1960er und 1970er Jahre hatte und sie auf erfinderische Weise dem tief verwurzelten empiriopragmatischen indigenen *Habitus* aufpfropfte, zeigte die französische Anthropologie – mit den üblichen Ausnahmen, unter denen vor allem Bruno Latour und François Jullien zu nennen sind, durchaus etablierte Denker, die sich aber politisch und taxonomisch am Rande des disziplinären Mainstreams bewegen – in den letzten Jahrzehnten entmutigende Anzeichen einer Resorption durch ihr durkheimianisches geologisches Substrat, was sie jedoch nicht davon abhielt, sich gleichzeitig von einigen Franchisenehmern der in der angelsächsischen Welt hegemonialen ›analytischen‹ philosophischen Tradition beeinflussen zu lassen, die sich auch in Frankreich in diesem Jahrhundert ähnlich schnell und unerklärlich verbreitet hat wie McDonald's. Eine andere aufkommende Tendenz war außerdem die – und das sagen wir vor allem deshalb etwas verdrossen, weil sie die vorherige noch verstärkte – einer weitreichenden soziokognitiven Naturalisierung (auf Ebene des disziplinären Unbewussten) eines bestimmten Typs von psychokognitivem Naturalismus (angeblich ausgedrückt im Unbewussten seines Gegenstands), der in völliger Übereinstimmung mit der Axiomatik des herrschenden kognitiven Kapitalismus eine Bewusstseinsökonomie rechtfertigt, in der der anthropologische Begriff als echter symbolischer Mehrwert fungiert, der vom ›Beobachter‹ aus der existentiellen Arbeit des ›Beobachteten‹ extrahiert wird.[60]

Natürlich ist dieser Zustand nahezu völliger Hoffnungslosigkeit nicht wirklich eingetreten.[61] Was die Anthropologie betrifft, ist zu betonen, dass es weitaus mehr Beispiele von Dynamik und Kreativität gibt, als die alleinige Nennung der Namen Latours und Julliens weiter oben vielleicht glauben ließe, und dass sich vor allem ein wichtiger Wachwechsel zwischen den Generationen vollzieht, der nicht notwendig in Richtung einer weiteren Verschärfung der beschriebenen Tendenzen führt. Zudem gibt es einige

---

60 Betrachten wir die beiden Richtungen, die das französische Denken nach dem strukturalistischen Moment eingeschlagen hat, nämlich den Kognitivismus und den Poststrukturalismus, so ist klar, dass sich die Anthropologie in diesem Land geradezu einstimmig ersterem zuwandte, und zwar dermaßen deutlich, dass das Wort ›kognitiv‹ zum dominanten Operator der phatischen Funktion im jüngeren Diskurs der Disziplin geworden ist. Der anthropologische Kognitivismus erwies sich letztendlich – die institutionelle und psychologische Nähe der riesenhaften Figur Lévi-Strauss mag das vielleicht erklären – als sehr viel antistrukturalistischer als die unterschiedlichen philosophischen »Poststrukturalismen« Foucaults, Deleuzes oder Derridas. Diese zweite Richtung entwickelte sich bekanntlich in einer angespannten aber auch fruchtbaren Verflechtung mit dem im Werk Althussers und Lacans wurzelnden »Hyperstrukturalismus«, der sich schließlich im Werk Alain Badious, Étienne Balibars, Jacques-Alain Millers, Jean-Claude Milners und anderer entfaltete (Maniglier 2009).

61 Zwischen dem Schreiben dieses Absatzes und seiner Veröffentlichung wurde ich regelmäßig von einer Art Reue heimgesucht und versuchte immer wieder, das Geschriebene ein Stück weit zu widerrufen. Aber das war nunmal der Eindruck, den ich 2009 hatte. Und da ich keine suizidalen Neigungen verspüre, sind all meine amerikanistischen Gefährten selbstverständlich sorgfältig aus dieser unverschämten Einschätzung ausgenommen: Wir waren immer Hyperstrukturalisten!

wenige, aber doch hervorragende experimentelle Forscher, die vehement die Reziprozität der Perspektiven als konstitutiven Anspruch des anthropologischen Projektes verteidigen, und sich so weigern, sich am – wie es Bob Scholte mit einem harten, aber durchaus gerechtfertigten Ausdruck nannte – »Epistemozid« an ihren Objekten zu beteiligen. Und so brach auch der seit den 1980er-Jahren wütende reaktionäre Tsunami, zu dessen Opfern ebenfalls eine illustre Schar von Anthropologen zählt (von denen bekanntlich einige einmal vergebens die Autorität Lévi-Strauss' beschworen hatten, um sich als Zensoren der republikanischen Gebräuche aufzuspielen), nicht über das intellektuelle und politische Feld herein, ohne auf Bastionen des Widerstands zu stoßen, sowohl auf Seiten der Anthropologen (z.B. Favret-Saada 2000) als auch auf Seiten der Philosophen, wo das bedeutende Werk von Isabelle Stengers hervorzuheben ist, jener Denkerin, die in den letzten Jahrzehnten am meisten dazu beigetragen hat, Latours und Callons Prinzip einer »verallgemeinerten Symmetrie« voll und ganz – das heißt von links – zu realisieren.

Es gibt also, kurz gesagt, Grund für einen gewissen Optimismus. Momentan beispielsweise erleben wir so etwas wie den Beginn einer historisch-theoretischen Neubewertung des strukturalistischen Projekts, wobei schwer vorherzusagen ist, welche Wirkung das strukturale Ereignis von Lévi-Strauss' Eintritt in die *Bibliothèque de la Pléiade* auf das »Feld« haben wird.[62] Doch dieser Eintritt geschieht zur gleichen Zeit wie man auch beginnt, sein Werk noch einmal ernsthaft neu zu studieren und dabei

---

62 Leser von *Das Rohe und das Gekochte* werden die Ironie darin erkennen, dass der Denker, der so viel darangesetzt hat, den logischen Vorrang des Diskreten vor dem Kontinuum zu affirmieren, nun nicht im Zeichen des Orion, sondern der Plejaden kanonisiert wird...

feststellt, dass es nicht nur »hinter uns« und »um uns« ist – um hier noch einmal an die letzten Zeilen von *Rasse und Geschichte* zu erinnern –, sondern auch und vor allem »vor uns«. Der Band der *Pléiade* zeugt übrigens selbst von einer jener bemerkenswerten Wenden, mit denen sich sein Autor so gerne beschäftigte: Sieht man von den frommen Hommagen und ehrenvollen Ausnahmen einmal ab, scheint es, als werde das Erbe des anthropologischen Strukturalismus in Frankreich heute von der Philosophie (also von ›unserer‹ Philosophie, das heißt der französischen, die selbst wiederum einen großen Teil unserer, der brasilianischen Philosophie ausmacht…) besser verwaltet als von der Anthropologie. Ich beziehe mich hier auf das Projekt der Relektüre – oder auch der Rehabilitation – des Werks von Lévi-Strauss, wie sie von einer jungen Generation von Philosophen unternommen wird, die daran interessiert sind, die intellektuelle Originalität und Radikalität des französischen Denkens der 1960er-Jahre wiederherzustellen.[63]

Aus dieser Generation ist besonders Patrice Maniglier zu nennen, der ohne auch nur den Hauch eines Zweifels zu den originellsten Interpreten zählt, die sich bisher mit dem strukturalistischen Projekt befasst haben. Ihm ist es gelungen, die selt-

---

63 Ich denke hier vor allem an die Gruppe um das *Centre international d'étude de la philosophie française contemporaine* an der *École normale supérieure* in Paris, und insbesondere an Patrice Maniglier, der heute in Nanterre lehrt, aber auch an ›amphibische‹ Anthropologen-Philosophen wie Gildas Salmon, Pierre Charbonnier oder Klaus Hamberger. Natürlich müsste man eigentlich noch ein wenig weiter zurückgehen, nämlich zur brillanten und bahnbrechenden Arbeit des Philosophen, Mathematikers und Semiologen Jean Petitot, der die theoretische Genealogie des Strukturalismus vollkommen neu bestimmte (siehe Petitot 1999).

same und absolut einzigartige *Ontologie des Zeichens* freizulegen, die, da sie der saussureschen Semiologie zugrunde liegt, auch der Lévi-Strauss'schen Vorstellung von Anthropologie wesensgleich ist.[64] Manigliers Lesart von Lévi-Strauss' Anthropologie spiegelt einen ganz wesentlichen, einen diskreten, aber doch auch ganz und gar expliziten Einfluss der Philosophie Deleuzes. Man muss wohl nicht extra erwähnen, dass eine solche Lesart wohl kaum auf die völlige Zustimmung der beiden darin implizierten Denker hoffen dürfte, und vielleicht noch weniger – was schon interessanter ist – auf die von deren selbsternannten Schülern. Aber die Linie ist nun mal gezogen: Die strukturale Anthropologie, behauptet Maniglier ohne auch nur mit der Wimper zu zucken, ist »sowohl empiristisch als auch pluralistisch« (Maniglier 2000), und die Philosophie, deren Grundlage sie bildet, ist »in jeder Hinsicht eine *praktische Philosophie*« (Maniglier 2005a: 105). Ein empiristischer, ein pluralistischer, ein pragmatischer Lévi-Strauss! Endlich mal einer, der es sagt... Der Leser wird also verstehen, dass wir uns hier am Gegenpol jenes »Lévi-Strauss-Denkens« befinden, das Jeanne Favret-Saada mit solch heiterem Sarkasmus zerpflückte.

♦♦♦

---

64 Die jüngste Faszination für Charles Sanders Peirces Semiotik, die von vielen jungen nordamerikanischen Anthropologen (wobei die prominentesten Beispiele wohl Webb Keane und Eduardo Kohn sind) als Heiliger Georg, als Bezwinger des saussureschen Drachens präsentiert wird, entwickelte sich ohne Kenntnis von Manigliers (2006) revolutionärer Relektüre Saussures und wird sich früher oder später mit ihr beschäftigen müssen. (Ich sage dies, ohne dadurch das immense intrinsische Interesse des peirceschen Werks herunterspielen zu wollen.)

Die Neuheit von Deleuzes (und Guattaris) Philosophie wurde schon bald auch von den aus dem Mai 1968 hervorgegangenen gegenkulturellen Politiken erkannt, von experimenteller Kunst bis hin zu den minoritären Bewegungen, insbesondere aber von den nicht-essentialistischen Strömungen der wichtigsten dieser Bewegungen, des Feminismus. Wenig später wurde sie auch ins begriffliche Repertoire neuer strategischer Projekte einer symmetrisch-reflexiven Anthropologie aufgenommen, etwa der Science Studies, und auch einige einflussreiche marxistisch inspirierte Analysen zur Dynamik des Spätkapitalismus beriefen sich auf sie. Ganz im Gegensatz zu dem, was man vielleicht erwarten könnte, sind Versuche, die die klassische Sozialanthropologie – die Untersuchung minoritärer Subjekte und Objekte, in allen Sinnen dieser drei Wörter – mit deleuzo-guattarischen Begriffen zu verbinden, noch immer überraschend selten und fast immer ziemlich zurückhaltend. Dabei stützt doch gerade das Diptychon *Kapitalismus und Schizophrenie* viele seiner Argumente auf eine umfangreiche Bibliographie voller Arbeiten über nicht-westliche Völker, von den Aché bis zu den Kachin und von den Dogon bis zu den Mongolen, und entwickelt von dort aus Thesen, die vor anthropologischen Implikationen nur so strotzen – vielleicht zu viel für empfindlichere Mägen, die eine blutarme positivistische Diät gewohnt sind. Andererseits zeigt die Arbeit einiger der Anthropologen, die die letzten beiden Jahrzehnte mitgeprägt haben – darunter auch die bereits zitierten Roy Wagner, Marilyn Strathern und Bruno Latour – durchaus anregende Verbindungen zu den Ideen von Deleuze, Verbindungen, die bislang vor allem untereinander nicht verbunden wurden. Im Falle Wagners scheinen sie rein virtuell zu sein, Resultat einer »aparallelen Evolution« (im Sinne Deleuze und Guattaris) oder einer unabhängigen »Invention« (im Sinne Wagners) – was sie jedoch nicht weniger real oder weniger überraschend macht. Bei Strathern sind die Verbindungen (wie es der Autorin von *Partial Connections* gebührt) »partiell« oder sehr indirekt (aber die »*indirection*« zählt zu Stratherns liebsten Verfahren); und so ist die Anthropologin aus Cambridge, die sich mit Deleuze und Guattari eine ganze Menge begrifflich dichter Termini wie »Mannigfaltigkeit«, »Perspektive«, »dividuell« oder »Fraktalität« teilt, in vieler Hinsicht unter den drei genannten die »molekular« deleuzianischste Autorin.[65] Im Falle Latours wiederum sind die Verbindungen aktual und explizit, sie sind »molar«, und stellen einen der Grundsteine in der theoretischen Infrastruktur dieses Denkers dar; zugleich aber sind bedeutende Teile seines Werks dem Geist der deleuzeschen Philosophie auch ziemlich fremd.

Nicht zufällig zählen die drei erwähnten Anthropologen zu den wenigen, die vielleicht als poststrukturalistisch (und nicht etwa postmodern) bezeichnet werden könnten. Sie haben aufgenommen, was der Strukturalismus an Neuem zu bieten hatte, und sind damit weiter ihren Weg gegangen, anstatt sich offenkundig rückschrittlichen theoretischen Projekten wie dem sentimentalen Pseudo-Immanentismus der Lebenswelten, der existentiellen Behausungen und der verkörperten Praxis zu verschreiben, aber auch ohne sich für die macho-positivistische Grausamkeit großer Weltformeln nach Art der (orthodoxen oder reformierten) Soziobiologie, der politischen Ökonomie des Welt-

---

65 Marilyn Strathern wird dieses Porträt, das ich von ihr als einer deleuzianischen Anthropologin zeichne, wohl ziemlich bizarr finden. Aber man erinnere sich nur an Deleuzes Beschreibung seiner Methode des Lesens der Philosophen als einer Kunst des Porträts: »Es geht nicht ums ›Ähnlich-Machen‹ [...]« (Deleuze und Guattari 2000: 64).

systems, des Neo-Diffusionismus der »erfundenen Tradition« und so weiter zu entscheiden. Und auch Deleuzes Denken lässt sich mindestens seit *Differenz und Wiederholung* und *Logik des Sinns* als ein Projekt der Deterritorialisierung des Strukturalismus verstehen, als Deterritorialisierung einer Bewegung, deren wichtigste Intuitionen der Autor extrahierte, um schließlich mit ihrer Hilfe andere Richtungen einzuschlagen (Maniglier 2006: 468-69).[66] Während die beiden Bücher also den vollkommensten philosophischen Ausdruck des Strukturalismus ausarbeiten, setzen sie ihn aber letztlich auch einer gewaltigen theoretischen Spannung aus, die ihn bis an den Rand des Bruches führt. Explizit wurde dieser Bruch dann im *Anti-Ödipus*, jenem Buch, das zu den bedeutendsten Kristallisationsachsen des Poststrukturalismus im eigentlichen Sinne zählte, eines Denkstils also, der sich als Radikalisierung der revolutionären Aspekte des Strukturalismus mit Blick auf den *Status quo ante* entwickelte, aber eben auch als lautstarke (und manchmal wohl ein wenig zu lautstarke) Zurückweisung seiner konservativsten Aspekte.

Der Anthropologe, der sich nach Jahren der Immersion in der Literatur seiner eigenen Disziplin dazu entscheidet, Deleuze und Guattari zu lesen – oder wieder zu lesen –, kommt nicht umhin, dieses kuriose Gefühl zu erfahren, so etwas wie ein umgekehrtes Déjà-vu: Ich bin schon danach auf diese Schriften gestoßen... Viele theoretische Perspektiven und Beschreibungstechniken, die in der Anthropologie erst seit Kurzem den Beigeschmack des Skandalösen verlieren, »machen Rhizom« mit den deleuze-guattarischen Texten von vor zwanzig oder dreißig Jah-

---

66 Siehe Deleuzes meisterhaften Artikel (1992b), der einen bedeutenden Teil der Durchbrüche innerhalb des Strukturalismus inspirierte, etwa auch die, die Petitot verwirklichte.

ren.[67] Um den anthropologischen Wert dieser Texte genau zu bestimmen, müsste man im Detail die Kräftekonstellation beschreiben, in der sich die Sozialanthropologie heute befindet, was wiederum den Rahmen dieses Essays bei Weitem überschreiten würde.[68] Wollen wir jedoch etwas allgemeiner sprechen, dann fällt es nicht schwer, zumindest einige Hinweise auf den Anteil dieser beiden Denker an der Sedimentation einer gewissen zeitgenössischen Begriffsästhetik zu geben.

So lässt sich schon seit einiger Zeit in den Humanwissenschaften eine Verlagerung des Interessenschwerpunkts auf semiotische Prozesse wie Metonymie, Indexikalität und Literalität beobachten – drei Formen einer Ablehnung von Metapher und Repräsentation (die Metapher als Wesen der Repräsentation), der Bevorzugung der Pragmatik gegenüber der Semantik, der syntagmatischen Progression gegenüber der paradigmatischen Substitution und der parataktischen Neben- gegenüber der syntaktischen Unterordnung. Der ›*linguistic turn*‹, jene ›Wen-

---

67 »Vielleicht ist dieses Gefühl des Déjà-vu auch ein Gefühl des Bewohnens einer kulturellen Matrix« (Strathern 1991: xxv). Der Leser wird hier zu *Differenz und Wiederholung* zurückkehren können, um sich daran zu erinnern, dass der Autor sein Buch als Ausdruck eines gewissen Zeitgeistes verstand, aus dem er alle philosophischen Konsequenzen ziehen wollte (Deleuze 1992: 11). Andererseits wird er sich wohl über die geringe Zahl an Verweisen auf die beiden Bände von *Kapitalismus und Schizophrenie* in der französischsprachigen anthropologischen Literatur wundern. Ein jüngeres Beispiel ist auch hier Philippe Descolas *Jenseits von Natur und Kultur*, in dem sich viele Analogien zu den Entwicklungen im dritten Kapitel des *Anti-Ödipus* und im fünften Plateau von *Tausend Plateaus* finden lassen, in dessen Index Deleuzes Name jedoch bloß ein einziges Mal auftaucht.

68 Wenn dies schon 2009 bei der ursprünglichen Veröffentlichung dieses Textes der Fall war, dann heute wohl noch umso mehr.

de zur Sprache‹, die im letzten Jahrhundert virtueller Konvergenzpunkt so vieler unterschiedlicher philosophischer Temperamente, Projekte und Systeme war, scheint sich nun langsam anderen Aspekten zuzuwenden, weg von der Linguistik und – bis zu einem gewissen Punkt – auch von der Sprache als anthropologischem Makroparadigma: Die oben angedeuteten Verlagerungen zeigen, wie die Fluchtlinien aus der Sprache als Modell aus dem Modell der Sprache selbst gezogen wurden.

Das Zeichen selbst scheint sich von der Sprache zu entfernen. Der Eindruck einer ontologischen Diskontinuität zwischen Zeichen und Bezeichnetem, zwischen Sprache und Welt, die die Realität ersterer und die Intelligibilität letzterer (und umgekehrt) garantierte und so vielen anderen Diskontinuitäten und Ausschlüssen – zwischen Mythos und Philosophie, Magie und Wissenschaft, Primitiven und Zivilisierten – als Grundlage und Vorwand diente, scheint nun metaphysisch obsolet zu werden, zumindest in der Weise, wie sie ›traditionell‹ angelegt wurde; auf eben diesem Wege hören wir auf, modern zu sein, oder sind es vielmehr nie gewesen.[69] Auf Seiten der Welt (einer Seite, die selbst keine ›andere Seite‹ mehr hat, weil sie bloß aus einer indefiniten Mannigfaltigkeit von Seiten oder Oberflächen besteht) hat die entsprechende Schwerpunktverlagerung zu einem Vorzug des Fragmentarisch-Fraktalen und Differentiellen gegenüber dem Einheitlich-Ganzen und Kombinatorischen geführt, zur

---

[69] Insofern ich sie noch nicht in all ihren Implikationen durchdrungen habe, werde ich der zitierten Neueröffnung der saussureschen Semiologie durch Maniglier als einer Begriffsarbeit, die auch eine Neudefinition des Zeichens innerhalb einer »Ontologie der Werdensprozesse und der Mannigfaltigkeiten« umfasst (Maniglier 2006: 27; siehe auch 465), an dieser Stelle sicher nicht ganz gerecht.

Entdeckung flacher Mannigfaltigkeiten, wo man zuvor nur hierarchische Totalitäten vermutet hatte, zum Interesse an den transkategorialen Verbindungen heterogener Elemente anstatt der Übereinstimmung innerlich homogener Reihen, zur Betonung der wellenförmigen oder topologischen Kontinuität von Kräften anstelle der korpuskulären oder geometrischen Diskontinuität der Formen. Die molare Trennung zwischen den beiden innerlich homogenen Reihen von Signifikant und Signifikat (die selbst in einem Verhältnis struktureller Diskontinuität stehen) einerseits und der phänomenologisch kontinuierlichen Reihe des Realen andererseits löst sich in molekulare Diskontinuitäten auf, oder, besser gesagt, in Diskontinuitäten, die zeigen, dass die Kontinuität inhärent differentiell und heterogen ist (die wichtige Unterscheidung zwischen der Idee des Kontinuums und der des Undifferenzierten). Es handelt sich also um eine »flache Ontologie« (De Landa 2002), in der das Reale als immanente dynamische Mannigfaltigkeit im Zustand kontinuierlicher Variation entsteht, als vom Gleichgewicht weit entferntes Metasystem, und nicht als kombinatorische Manifestation oder grammatikalische Implementierung transzendenter Regeln oder Prinzipien; als differenzierendes Verhältnis, als disjunktive Synthese von Heterogenem, und nicht als (›horizontale‹) dialektische Konjunktion oder (›vertikale‹) hierarchische Totalisierung von Gegensätzen. Dieser ontologischen Flachheit entspricht nun eine »symmetrische« Epistemologie (Latour 2008): So erleben wir streng genommen den Zusammenbruch der Unterscheidung zwischen Epistemologie (Sprache) und Ontologie (Welt) sowie das allmähliche Entstehen einer »praktischen Ontologie« (Jensen 2004), innerhalb derer Erkenntnis nicht mehr eine Art und Weise der *Repräsentation* des Unbekannten ist, sondern der *Interaktion* mit ihm, mehr eine Art und Weise der Schöpfung als der Kontemplation, Reflexion oder Kommunikation (Deleuze und Guattari 2000). Die Aufgabe der Erkenntnis ist nicht mehr die, das Vielfältige unter dem Dach der Repräsentation zu vereinheitlichen, sondern vielmehr »*Innovation im Bereich der Handlungsmächte, die unsere Welt bevölkern*« (Latour 1996a: 5). Das klingt nach Deleuze.[70] Ein neues Bild des Denkens. Nomadologie. Multinaturalismus.

---

70 Der Begriff der flachen Ontologie verweist auf die von Deleuze recycelte mittelalterliche These von der »Univozität des Seienden«: »Die Univozität ist die unmittelbare Synthese des Mannigfaltigen: Das Eine, die Einheit wird nur noch vom Mannigfaltigen ausgesagt, anstatt dass letzteres sich dem Einen als einem übergeordneten und gemeinsamen Genus unterordnete, das imstande wäre, es zu umschließen« (Zourabichvili 2003: 82). Der Kommentator fährt fort: »Aus dieser unmittelbaren Synthese des Mannigfaltigen folgt die Verteilung aller Dinge auf einer gemeinsamen Ebene der Gleichheit: ›Gemeinsam‹ hat hier nicht mehr den Sinn einer generischen Identität, sondern einer transversalen und hierarchielosen Kommunikation zwischen Wesen, die sich schlicht und einfach unterscheiden. Und auch das Maß (oder die Hierarchie) verändert seinen (oder ihren) Sinn: Es ist nicht mehr das äußere Maß der Wesen im Verhältnis zu einem Normalmaß, sondern das jedem in seinem Verhältnis zu den eigenen Grenzen innerliche Maß [...]« (ebd.: 82-83). Die Idee der flachen Ontologie wird von De Landa (2002) umfassend kommentiert und schließlich in eine eigene Richtung entwickelt (De Landa 2006). Jensen (2004) liefert, besonders mit Blick auf Latour, eine exzellente Analyse der theoretisch-politischen Wirkungen dieser Ontologien. Latour wiederum verweist in *Eine neue Soziologie für eine neue Gesellschaft* auf den methodologischen Imperativ der »Akteur-Netzwerk-Theorie« (deren alternativer Name übrigens »Aktant-Rhizom-Ontologie« wäre [Latour 2007: 24]), der darin besteht, »das Soziale flach [zu] halten« (ebd.: 286-298). Die begriffliche Analyse dieser Theorie (ihre Methode der *obviation*, wie Wagner sagen würde) besteht in einem hierarchischen Nichtumschließen des *Sozius* zum Zwecke der Befreiung der intensiven Differenzen, die diesen durchziehen und detotalisieren – etwas ganz anderes als die Kapitulation

Die folgenden Kapitel erforschen einen sehr begrenzten Bereich dieser zeitgenössischen Syneidesis. Eher beispielhaft werden hier zwei Richtungen für die Vertiefung eines möglichen Dialogs zwischen Deleuze-Guattaris Schizophilosophie und der Sozialanthropologie angedeutet. Zunächst werden wir einige schematische Parallelen zwischen deleuzeschen Begriffen und einflussreichen analytischen Themen der heutigen Anthropologie ziehen. Danach werden wir einen spezifischen Einfluss der klassischen Sozialanthropologie – der Verwandtschaftstheorie – auf die deleuze-guattarische Vorstellung der primitiven Territorialmaschine oder der prä-signifikanten Semiotik untersuchen.

---

vor dem ›Individualismus‹, wie sie die Retropropheten des holistischen Alten Testaments beklagen.

6. Eine Antisoziologie der Mannigfaltigkeiten

Im *Anti-Ödipus,* dem ersten Buch von *Kapitalismus und Schizophrenie*, stoßen Deleuze und Guattari die zentrale Säule des Tempels der Psychoanalyse, die reaktionäre Vorstellung von Begehren als Mangel, um, und ersetzen sie durch eine Theorie der Wunschmaschinen als reiner positiver Produktivität, die durch den *Sozius*, die Maschine der gesellschaftlichen Produktion, kodiert werden muss. Diese Theorie durchmisst ein gewaltiges Panorama der Universalgeschichte, das, im zentralen Kapitel des Buchs in absichtlich archaisierendem Stil entworfen, den anthropologischen Leser vielleicht erst einmal erschreckt. Nicht nur verwenden die beiden Autoren (wir sollten sagen: der duale Autor) die traditionelle Abfolge von Wildheit-Barbarei-Zivilisation, um ihre Ausstellung zu rahmen, auch die reichlich vorhandenen ethnographischen Referenzen werden auf eine Art behandelt, die man vielleicht als ›unkontrollierten Vergleich‹ bezeichnen könnte. Aber der selbe Leser wird dann nicht lange brauchen, um festzustellen, dass der *Topos* der drei Stadien hier einer Interpretation unterzogen wird, die alles andere ist als traditionell, und dass der Eindruck fehlender vergleichender Kontrolle von der Tatsache herrührt, dass die von den Autoren eingesetzten ›Kontrollen‹ ganz andere sind als die gewöhnlichen – eher »differenzierende« als »kollektivierende« Kontrollen, wie Roy Wagner sagen würde. Tatsächlich ist der *Anti-Ödipus* das Resultat »außergewöhnlicher Bemühungen, anders zu denken« (Donzelot 1972: 836); er möchte nicht bloß die repressiven Paralogismen des Ödipus und der Psychoanalyse anprangern, sondern eine wirkliche »Antisoziologie« begründen (ebd.: 835). Ein Projekt wie dieses sollte die zeitgenössische Anthropologie sicherlich interessieren, diejenige zumindest, die sich nicht als minderer, exotischer und harmloser Zweig der Soziologie versteht, sondern im Gegenteil erkennt, dass letztere in der Regel eine etwas verwirrte und fast unvermeidbar normative Modalität der »Autoanthropologie« darstellt (siehe auch Lévi-Strauss 1975b, Strathern 1987, Viveiros de Castro 2003).

Das zweite Buch des Diptychons, *Tausend Plateaus*, distanziert sich von den psychoanalytischen Sorgen des *Anti-Ödipus*. Das Projekt einer »Universalgeschichte der Kontingenz« (Deleuze und Guattari 1992: II) wird hier auf dezidiert nicht-lineare Weise durch die Erforschung diverser Intensitäts-»Plateaus« voll unterschiedlichster semiotisch-materieller Gebilde sowie durch eine verwirrende Anzahl neuer Begriffe vollendet.

Das Buch entwickelt und veranschaulicht eine *Theorie der Mannigfaltigkeiten* – vielleicht das deleuzesche Thema, das in der zeitgenössischen Anthropologie die größte Wirkung entfalten konnte. Die deleuzesche Mannigfaltigkeit ist dasjenige Konstrukt, das nicht nur die neuen anthropologischen Wissenspraktiken, sondern auch die Phänomene, mit denen sie sich beschäftigen, am besten zu beschreiben scheint. Ihre Wirkung ist in allererster Linie befreiend. Sie besteht darin, eine Fluchtlinie zwischen den beiden Dualismen hindurchlaufen zu lassen, die gewissermaßen die Wände des epistemologischen Gefängnisses bilden, in dem sich die Anthropologie (natürlich zu ihrem eigenen Schutz) seit der Finsternis des 18. und 19. Jahrhunderts eingeschlossen findet: Natur und Kultur auf der einen Seite, Individuum und Gesellschaft auf der anderen – die ›letzten mentalen Rahmen‹ der Disziplin, die wir, wie man so schön sagt, nicht für falsch halten können, weil wir durch sie das Wahre überhaupt erst vom Falschen unterscheiden. Aber können wir das wirklich nicht? Diese Rahmen verändern sich, und mit ihnen verändern sich auch die Möglichkeiten des Denkens; es verändert sich die Vorstellung davon, was Denken ist und was denkbar ist; es verändert sich die Vorstellung des Rahmens zusammen mit dem Rahmen der Vorstellungen. Der Begriff der Mannigfaltigkeit ist vielleicht nur deswegen anthropologisch *denkbar* – und somit *anthropologisch* denkbar – geworden, da wir uns im Übergang in eine nicht-mereologische und post-plurale Welt befinden, eine Welt, in der wir nie modern gewesen sein werden – eine Welt, die, mehr aus Desinteresse als durch irgendeine *Aufhebung*, die höllische Alternative zwischen dem Einem und dem Vielen hinter sich gelassen hat, jenen großen Dualismus, der die beiden schon oben genannten Dualismen ebenso beherrscht wie die vielen anderen, kleineren Dualismen.[71]

›Mannigfaltigkeit‹ ist also der Metabegriff, der eine bestimmte Art von Entität definiert, deren konkretes Bild das »Rhizom« aus der »Einleitung« zu *Tausend Plateaus* ist.[72] Wie Manuel De Landa bemerkte, ist die Idee der Mannigfaltigkeit Frucht einer anti-essentialistischen und anti-taxonomischen Ausgangsentscheidung: Mit ihrer Schöpfung entthront Deleuze die klassischen metaphysischen Begrifflichkeiten vom Wesen und vom Typus.[73] Sie ist das

---

71 Zum mereologischen Modell siehe Strathern 1992a; zur Idee der post-pluralen Welt Strathern 1991: xvi, 1992a: 3-4, 186ff., 1992b: 92. Der Ausdruck »höllische Alternative« wurde Pignarre und Stengers (2005: 38-48) entlehnt.

72 Ich sage Metabegriff, weil jeder Begriff selbst eine Mannigfaltigkeit ist, während nicht unbedingt jede Mannigfaltigkeit begrifflich ist (Deleuze und Guattari 2000: 21ff.).

73 Deleuzes Begriff hat seinen Ursprung in der Philosophie Bergsons (Theorie der zwei Mannigfaltigkeiten, der intensiven und der extensi-

wichtigste Instrument einer »außergewöhnlichen Bemühung«, das Denken als eine andere Aktivität als die des Erkennens, des Klassifizierens oder des Urteilens zu denken, und das, was zu denken ist, eher als intensive Singularität denn als Substanz oder Subjekt zu bestimmen. Die philosophisch-politischen Absichten dieser Entscheidung sind klar: Das Ziel der Transformation der Mannigfaltigkeit in einen Begriff und des Begriffs in eine Mannigfaltigkeit ist es, die Nabelschnur zwischen Begriff und Macht oder, mit anderen Worten, zwischen Philosophie und Staat zu durchtrennen. Genau das ist der Sinn der berühmten Aufforderung zur »Umkehrung des Platonismus« (Deleuze 1993b).

Eine Mannigfaltigkeit ist etwas anderes als ein Wesen; die Dimensionen, die sie ausmachen, sind weder konstitutive Eigenschaften noch Kriterien des klassifikatorischen Einschlusses. Ganz im Gegenteil ist eine der Hauptkomponenten des Begriffs der Mannigfaltigkeit eine Vorstellung von Individuation als nichttaxonomischer Differenzierung, als Prozess der »Aktualisierung des Virtuellen«, der etwas anderes ist als eine Verwirklichung des Möglichen durch Beschränkung, und der sich den typologischen Kategorien der Ähnlichkeit, des Gegensatzes, der Analogie und der Identität widersetzt. Die Mannigfaltigkeit ist die

---

ven) und in der Geometrie Gauss' und Riemanns (Mannigfaltigkeiten als intrinsisch definierte n-dimensionale Oberflächen). Für die Verbindung zu Bergson siehe Kapitel 2 in Deleuze 1989; zu Riemann, siehe Deleuze und Guattari 1992: 669-676. Zu den allgemein mathematischen Aspekten der deleuzeschen Mannigfaltigkeit siehe neben De Landas kluger Rekonstruktion (2002: 9-10, 38-40 und *passim*) auch die Artikel von Simon Duffy, Daniel W. Smith, Robin Durie und Arkady Plotnitsky in Duffy 2006. Zourabichvili liefert den besten Überblick über die philosophische Bedeutung des Begriffs in Deleuzes Werk (2003: 51-54).

Existenzweise der reinen intensiven Differenz, jener »irreduzible[n] Ungleichung«, die »die Bedingung der Welt [bildet]« (Deleuze 1992a: 281).[74] So erweisen sich die Begriffe des Typus und der Entität im Allgemeinen als gänzlich ungeeignet, um die rhizomatischen Mannigfaltigkeiten zu definieren. Wenn es Quines Wortspiel entsprechend tatsächlich »keine Entität ohne Identität gibt«, dann ist daraus zu schließen, dass die Mannigfaltigkeiten diesen Status nicht für sich beanspruchen können. Ein Rhizom verhält sich nicht wie eine Entität und instanziiert auch keinen Typus; es ist ein netzartiges azentrisches System aus intensiven Beziehungen (»Werdensprozessen«) zwischen heterogenen Singularitäten, die außersubstantiellen Individuationen oder Ereignissen (den »*Haecceitäten*«) entsprechen. Somit ist eine rhizomatische Mannigfaltigkeit nicht wirklich ein Wesen oder ein ›Seiendes‹, sondern ein Gefüge von Werdensprozessen, ein ›Zwischen‹: eine *difference engine* oder vielmehr ein intensives Diagramm ihres Funktionierens. Bruno Latour macht das besonders deutlich, wenn er betont, wie viel die Akteur-Netzwerk-Theorie dem Begriff des Rhizoms schuldet: Ein Netzwerk ist kein Ding, denn jedes Ding lässt sich als Netzwerk beschreiben (Latour 2007: 224-226). Ein Netzwerk ist eine *Perspektive*, eine Art und Weise der Einschreibung und der Beschreibung, »die aufgezeichnete Bewegung eines Dings, während dieses sich mit

---

[74] Man vergleiche hierzu einige Passagen von Lévi-Strauss: »Das Ungleichgewicht ist [...] immer vorhanden« (1972b: 281); »[D]ieses Sein der Welt besteht in einer Disparität. Von der Welt kann man nicht schlicht und einfach sagen, daß sie ist: sie ist in der Form einer ersten Asymmetrie [...]« (1975a: 705). Wir begegnen hier zwei Hauptthemen des Strukturalismus, durch die er mit seiner Nachwelt kommuniziert: dem notwendigen Ungleichgewicht der Struktur und der konstitutiven Asymmetrie des Realen.

vielen anderen Elementen assoziiert« (Jensen 2003: 227). Aber diese Perspektive ist intern oder immanent; die verschiedenen Assoziationen des ›Dings‹ machen, dass sie sich zunehmend von sich selbst unterscheidet – »dem Ding selbst [wird] erlaubt, als vielfältig entfaltet zu werden« (Latour 2007: 203). Noch einmal zusammengefasst gibt es also – die These geht, wie bereits erwähnt, auf Leibniz zurück – keine Standpunkte *zu* den Dingen; die Dinge und die Wesen selbst *sind* die Standpunkte (Deleuze 1992a: 83; 1993d: 216). Wenn es keine Entität ohne Identität gibt, dann gibt es keine Mannigfaltigkeit ohne Perspektivismus.

Wenn ein Rhizom einerseits kein *Wesen* ist, ist es andererseits auch nicht *ein* Wesen – und übrigens auch nicht mehrere. Die Mannigfaltigkeit ist nicht größer als eins, nicht größer als die Einheit, nicht so etwas wie eine Vielzahl oder höhere Einheit; sie ist eher *kleiner als eins*, etwas, das man durch Subtraktion erhält (man denke an die wichtige Rolle der Idee des Kleinen und des Minderen, der Minderheit, der Minoration bei Deleuze). Jede Mannigfaltigkeit wirft die durch eine zusätzliche Dimension (n+1: n und sein ›Prinzip‹, n und sein ›Kontext‹ und so weiter) aufgezwungene äußerliche Koordination ab; die Immanenz der Mannigfaltigkeit ist Autoposition, Vorrang des eigenen Kontexts. Mannigfaltigkeiten sind tautegorisch wie Wagners Symbole, die, weil sie über ihr eigenes inneres Maß verfügen, »sich selbst repräsentieren« (Wagner 1986). Eine Mannigfaltigkeit ist ein System von *n-1* Dimensionen (Deleuze und Guattari 1992: 16, 31, 36), in dem das Eine immer nur das ist, was abgezogen werden muss, um das Viele hervorzubringen, das so durch ›Detranszendenz‹ geschaffen wird; sie bringt »eine dem Vielen als solchem eigene Organisation« zum Ausdruck, »die keinerlei Einheit bedarf, um ein System zu bilden« (Deleuze 1992a: 233).

Mannigfaltigkeiten sind also Systeme, deren Komplexität ›lateral‹ ist, ›horizontal‹, die sich jeder Hierarchie wie auch allen anderen Formen transzendenter Vereinheitlichung widersetzen – eine Komplexität der Allianz und nicht der Abstammung, um schon einmal den entscheidenden Punkt dieses Abschnitts vorwegzunehmen. Indem sie sich in dem Moment und an dem Ort bilden, wo offene intensive Linien (Kraftlinien, nicht Konturlinien – Deleuze und Guattari 1992: 689-90) heterogene Elemente miteinander verbinden, entwerfen Rhizome eine fraktale Ontologie, die nichts von der Unterscheidung zwischen ›Teil‹ und ›Ganzem‹ weiß.[75] Eher eine *barocke* als eine *romantische* Vorstellung von Komplexität, wie Chunglin Kwa überzeugend dargelegt hat (Kwa 2002). Tatsächlich ist die Mannigfaltigkeit das Quasi-Objekt, das sowohl die organischen Ganzheiten der Romantik als auch die atomaren Verbindungen der Aufklärung ersetzt hat, jene Alternative also, in der sich die den Anthropologen zur Verfügung stehenden Möglichkeiten zu erschöpfen schienen; so lädt sie zu einer ganz anderen Interpretation der emblematischen Megabegriffe der Disziplin – Kultur oder Gesellschaft – ein, sodass sie diese geradezu »theoretisch obsolet« macht (Strathern et al. 1996).

---

75 »Wir glauben nur an *Rand*totalitäten. […] Das Ganze koexistiert nicht nur mit den Teilen, es grenzt, selbst als Teil erzeugt, an sie an und wirkt auf sie ein […]« (Deleuze und Guattari 1974: 54-55). Hinsichtlich der Heterogenität der im Rhizom verbundenen Elemente ist es wichtig, festzuhalten, dass diese sich nicht auf eine vorherige substantielle Bedingung oder ein Wesen der jeweiligen Bestandteile bezieht (was als heterogen gilt, hängt in diesem Sinne von den »kulturellen Prädispositionen« des Betrachters ab – Strathern 1996: 525), sondern vielmehr auf einen Effekt der Vereinnahmung durch eine Mannigfaltigkeit, die die Teile, die sie verbindet, heterogenisiert, indem sie sie als tautegorische Singularitäten wirken lässt.

Wagners »fraktale Person«, Stratherns »partielle Verbindungen« und Callons und Latours »soziotechnische Netzwerke« sind bekannte anthropologische Beispiele für flache Mannigfaltigkeiten. »Eine fraktale Person ist nie eine Einheit, die in einer Beziehung zu einem Aggregat steht, oder ein Aggregat, das in einer Beziehung zu einer Einheit steht, sondern immer eine Entität, die die Beziehung selbst ganz wesentlich impliziert« (Wagner 1991: 163). Das Ineinandergreifen der Begriffe »Mannigfaltigkeit«, »Implikation« und »Intensität« hat Deleuze bekanntlich im vierten Kapitel von *Differenz und Wiederholung* ausführlich erläutert. Als einer der aufmerksameren Kommentatoren dieses Philosophen, bemerkt Zourabichvili, dass »die Implikation die fundamentale logische Bewegung in Deleuzes Philosophie ist« (1996: 86-87), und betont anderswo, dass der deleuzesche Pluralismus ein »Primat der Beziehung« voraussetzt (2003: 52 Fn. 1). Die Philosophie der Differenz ist eine Philosophie der Beziehung, eine Philosophie der Relation.

Aber es handelt sich nicht einfach um irgendeine Relation. Die Mannigfaltigkeit ist ein System, das durch eine Art relationale Synthese gebildet wird, die etwas anderes ist als eine Verbindung oder Konjunktion von Termen. Es handelt sich vielmehr um jenen Vorgang, den Deleuze als »*disjunktive Synthese*« oder »*inklusive Disjunktion*« bezeichnet, einen relationalen Modus, dessen (Form- oder Zweck-)Ursache weder in der Ähnlichkeit noch in der Identität liegt, sondern in der Divergenz oder in der Distanz; ein anderes Wort für diesen relationalen Modus ist »Werden«. Die disjunktive Synthese oder das Werden ist »der wichtigste Operator in Deleuzes Philosophie« (Zourabichvili 2003: 81), denn sie ist die Bewegung der Differenz als solcher: die Zentrifugalbewegung, durch die sich die Differenz dem Kreisattraktor des dialektischen Widerspruchs und der Aufhebung entzieht. Positive Differenz, nicht gegensätzliche, Ununterscheidbarkeit des Heterogenen, nicht Versöhnung von Gegensätzen – durch die disjunktive Synthese wird die Disjunktion zur »Natur der Relation selbst« (Zourabichvili 1996: 109), und die Relation wird zu einer Bewegung »reziproker asymmetrischer Implikation« (Zourabichvili 2003: 79) zwischen den durch die Synthese verbundenen Termen oder Perspektiven, die sich weder in einer Äquivalenz noch einer höheren Identität auflöst:

> Vielleicht ist Deleuzes tiefgreifendste Idee diese: dass die Differenz auch Kommunikation und Ansteckung des Heterogenen ist; dass eine Divergenz, anders gesagt, niemals ohne reziproke Kontamination der Standpunkte entsteht. [...] Verbinden heißt immer, auf beiden Seiten einer Distanz eine Kommunikation durch die Heterogenität der Terme selbst herzustellen. (Zourabichvili 1996: 107-108)

Erinnern wir uns, um zu den Parallelen zur zeitgenössischen anthropologischen Theorie zurückzukehren, dass das Thema einer in Beziehung setzenden Trennung in den Werken Roy Wagners und Marilyn Stratherns geradezu allgegenwärtig ist. Die Vorstellung der Beziehung oder Relation als »Disjunktion und Verbindung zugleich« (Strathern 1995: 165) ist die Grundlage einer Theorie, die davon ausgeht, dass »Relationen einen Unterschied zwischen Personen machen« (Strathern 1999: 126; 1996: 525; 1988: Kapitel 8). Man kann sagen, dass das »System M« (Gell 1999: 29-75), Stratherns grandiose Beschreibung melanesischer Sozialität als Perspektiventausch und als Prozess relationaler Implikation-Explikation, eine symmetrisch-anthropologische Theorie der disjunktiven Synthese ist.[76]

Vom metatheoretischen Standpunkt aus könnten wir wiederum sagen, dass die subtraktive und nicht additive Mannigfaltigkeit des Rhizoms es zu einer nicht-mereologischen und »post-pluralen« Figur macht, die auf diese Weise eine Fluchtlinie zu der höllischen Alternative zwischen dem Einen und dem Vielen indiziert, dem Verhältnis, das Marilyn Strathern mit gewohntem Scharfsinn als charakteristische Sackgasse der Anthropologie bezeichnet:

> Das liegt derweil an der sehr speziellen Art und Weise, wie Anthropologen im Großen und Ganzen nahegelegt wurde, sich Zahlen vorzustellen, nämlich so, dass die Alternative zu ›eins‹ ›viele‹ ist. Folglich haben wir es entweder mit Einsen, also mit singulären Gesellschaften oder Attributen, zu tun oder mit einer Vielzahl von Einsen, die aus irgendeinem Grund zusammengebracht wurden. [...] Eine Welt, die geradezu besessen ist von Einsen und ihren Multiplikationen und Divisionen, schafft Probleme bei der Konzeptualisierung von Beziehungen. (Strathern 1991: 52-53)

---

76 Diese Theorie beruft sich wiederum unter anderem auf Wagners fundamentalen Artikel (1977) über die »analogische Verwandtschaft« in Melanesien, dessen Sprache der »Ströme« und »Einschnitte« auf merkwürdige Weise an den *Anti-Ödipus* erinnert (den der Autor allerdings nicht zitiert und sehr wahrscheinlich nicht kannte). Unter den jüngsten Arbeiten, die in theoretischer Hinsicht an Wagner und Strathern anknüpfen, sticht besonders Rupert Staschs Monographie über die relationale Vorstellungskraft der Korowai in West-Papua-Neuguinea heraus (2009), eine Verteidigung und Veranschaulichung des Selbstproblematisierungsvermögens des wilden Denkens, in der auch die überraschende korowaische Theorie der Beziehung als disjunktive und heterogenetische Mannigfaltigkeit zur Darstellung kommt.

Es scheint, als wäre eine begriffliche Zwangsstörungstherapie nötig. Mannigfaltigkeiten zu vergleichen ist etwas anderes als Besonderheiten um Allgemeinheiten konvergieren zu lassen, wie es üblicherweise in anthropologischen Analysen geschieht, die unter den zufälligen Differenzen nach Wesensähnlichkeiten suchen: ›In jeder menschlichen Gesellschaft…‹ Man denke hier nur an eine punktuelle Beobachtung Albert Lautmans (Deleuzes Referenzautor im Bereich der Mathematik):

> Man muss wohl kaum daran erinnern, inwiefern die Begründung einer Differentialgeometrie durch Gauss und Riemann, die die intrinsischen Besonderheiten einer Mannigfaltigkeit unabhängig von einem jedem Raum untersucht, in dem sie sich womöglich befände, jegliche Referenz auf einen universellen Behälter oder ein privilegiertes Koordinatenzentrum eliminiert. (Lautman 2006: 151)

Läse man hier statt ›Geometrie‹ nun ›Anthropologie‹, wären die Implikationen wohl offensichtlich. Doch was könnte eine solche Mannigfaltigkeit in der Anthropologie leisten? Sich das vorzustellen, ist nicht besonders schwierig. All das, was für gewöhnlich und geradezu rituell als Widerspruch und Skandal verschrien ist, wird auf einen Schlag denkbar: Variationen beschreiben oder vergleichen, ohne dabei einen invariablen Grund vorauszusetzen? Wo bleiben denn da die Universalien? Was ist mit der biologischen Konstitution der Art, den Gesetzen des Symbolischen, den Prinzipien der politischen Ökonomie (gar nicht zu reden von der sogenannten ›äußeren Realität‹)? Potentiell vorstellbar, aber natürlich nicht in Wirklichkeit. Zumindest aber bekommt man das Recht, in diese Richtung zu spekulieren. Das soll nicht etwa heißen, dass die Anthropologie nun damit befasst wäre, heimlich exotische Intellektualwaren wie die Differentialgeometrie zu schmuggeln; diese Waren sind nicht exotischer als diejenigen, von denen sich die anthropologische Orthodoxie bei Vergleich und Verallgemeinerung ernährt, hängt die Disziplin doch von einer zweitausendjährigen Metaphysik ab – der gleichen Metaphysik, wohlgemerkt, die sich damit brüstete, in ihren Reihen niemanden zu akzeptieren, der nicht Geometer wäre.

Aber Mannigfaltigkeiten zu vergleichen ist vielleicht auch etwas anderes als anhand formaler Analogien zwischen extensiven Differenzen korrelationale Invarianten zu ermitteln, wie es im Falle klassischer strukturalistischer Vergleiche geschieht, in denen »*nicht die Ähnlichkeiten* [*sich*] *ähneln* [...], *sondern die Unterschiede*« (Lévi-Strauss 1965: 101). Mannigfaltigkeiten – die an sich und von sich selbst aus bereits Vergleichssysteme sind – zu vergleichen, heißt, ihre charakteristischen Weisen der Divergenz zu bestimmen, ihre internen und externen Distanzen; hier ist vergleichende Analyse gleich separative Synthese. Bei Mannigfaltigkeiten variieren nicht Relationen, vielmehr schaffen Variationen Relationen – die Differenzen differieren.[77] So schrieb vor mehr als einem Jahrhundert der Molekularsoziologe Gabriel Tarde:

> »Die Wahrheit ist, dass die Differenz durch die Differenzierung, die Veränderung durch das Verändern entsteht; und indem sie sich so den Unterschied und die Veränderung zum einzigen Ziel setzen, bezeugen beide ihren notwendigen und absoluten Charakter« (Tarde 2009: 67).

[77] Was übrigens eine durchaus akzeptable Zusammenfassung von Lévi-Strauss' »kanonischer Formel des Mythos« wäre.

Kwa vermerkte im bereits zitierten Artikel den »fundamentalen Unterschied zwischen der romantischen Vorstellung von Gesellschaft als Organismus und der barocken Vorstellung vom Organismus als Gesellschaft« (Kwa 2002: 26). Wenngleich er keine Namen nennt, wäre dies eine perfekte Beschreibung des Unterschieds zwischen den Soziologien Durkheims und Tardes. Gegen Durkheims Charakterisierung sozialer Tatbestände (oder Tatsachen) als Realitäten *sui generis* behauptet nämlich Tardes »universale soziologische Sichtweise«, »*dass jedes Ding eine Gesellschaft ist* und dass alle Phänomene soziale Tatsachen sind« (Tarde 2009: 63, 51). Diese Position weist jeglichen Gültigkeitsanspruch der Unterscheidung zwischen Individuum und Gesellschaft, zwischen Teil und Ganzem, zurück, gerade so, wie sie auch einer Differenz zwischen Mensch und Nicht-Mensch, Belebtem und Unbelebtem, Person und Ding keinerlei Bedeutung zumisst. Tardes fraktale Ontologie (»Existieren heißt differieren.«) und sein grenzenloser Soziologismus gehen mit einem »universalen Psychomorphismus« einher – überall Personen, »kleine *Personen*« (ebd.: 32, 30), Personen in Personen, *all the way down*.

Intensive Differenz, Differenz der Perspektive, Differenz der Differenzen. Nietzsche bemerkte, dass sich der Standpunkt der Gesundheit mit Blick auf die Krankheit vom Standpunkt der Krankheit mit Blick auf die Gesundheit unterscheidet.[78] Denn die Differenz ist nie die selbe, *in die beiden Richtungen ist der Weg nicht der selbe*:

---

78 Siehe Deleuze 1993d: 215-216. Gleichermaßen ist in der Dialektik von Herr und Knecht der Knecht dialektisch, nicht der Herr (Deleuze 1991: 14-15).

> »Eine Meditation über den nietzscheanischen Perspektivismus verleiht dem Begriff der Disjunktion seine positive Konsistenz: eine *Distanz* zwischen *Standpunkten*, zugleich unauflöslich und mit sich selbst nicht identisch, denn in die beiden Richtungen ist der Weg nicht der selbe« (Zourabichvili 2003: 79).

Der Vergleich von Mannigfaltigkeiten – oder, anders gesagt, der Vergleich als ›Mannigfaltigkeitsinvention‹ (Wagner mit Deleuze) – ist genau wie die Relationen, die er in Beziehung setzt, eine disjunktive Synthese.

♦♦♦

Die deleuzeschen Texte scheinen sich an der Multiplikation von Dyaden zu erfreuen: Differenz und Wiederholung, intensiv und extensiv, nomadisch und sesshaft, virtuell und aktual, Linien und Segmente, Ströme und Quanten, Code und Axiomatik, Deterritorialisierung und Reterritorialisierung, Minorität und Majorität, molekular und molar, glatt und gekerbt... Und so wurde Deleuze aufgrund dieser stilistischen Signatur schon als »dualistischer« Philosoph (Jameson 1997) klassifiziert, was, um es einmal freundlich auszudrücken, auf eine allzu eilige Lektüre schließen lässt.[79]

In den beiden Büchern von *Kapitalismus und Schizophrenie*, in denen all diese Dualitäten wuchern, wird die Darstellung immer wieder durch Adversativsätze, Modalisierungen, Spezifizierungen, Involutionen, Unterteilungen und andere argumentative

79 Eine interessantere Interpretation von Deleuze als Philosoph der »unmittelbaren Dualität« findet sich bei Lawlor 2003.

Verschiebungen genau jener dualen (oder sonstigen) Unterscheidungen unterbrochen, die die Autoren gerade erst selbst vorgeschlagen haben. Diese methodischen Unterbrechungen sind genau das, eine Frage der Methode und kein Ausdruck der Reue infolge der binären Sünde; sie sind gezielt platzierte Momente der begrifflichen Konstruktion.[80] Die deleuzeschen Dyaden sind weder Prinzipien noch Endzwecke, sondern immer Mittel, um irgendwo anders hinzukommen. Das Musterbeispiel ist hier wieder einmal die Unterscheidung zwischen Wurzel und Rhizom. Im vielleicht meistzitierten Abschnitt von *Tausend Plateaus* kann man dazu Folgendes lesen:

> Wichtig ist vor allem, daß der Wurzel-Baum und das Kanal-Rhizom einander nicht wie zwei Modelle gegenüberstehen. Der eine wirkt transzendent, als Modell und Kopie, selbst wenn er seine eigenen Fluchtlinien erzeugt; das andere wirkt als immanenter Prozeß, der das Modell umstößt und eine Karte verwischt, selbst wenn es seine eigenen Hierarchien aufbaut und einen despotischen Kanal erschafft. Es geht nicht um diesen oder jenen Ort auf der

---

80 Das gilt etwa für die Dualität zwischen Baumform und Rhizom (Deleuze und Guattari 1992: 24ff.), für die beiden Arten von Mannigfaltigkeiten, molare und molekulare (ebd.: 51f.), für die Unterscheidung zwischen Ausdrucksform und Inhaltsform (ebd.: 122), für den Gegensatz zwischen dem Segmentären und dem Zentralisierten (ebd.: 285ff., 290ff.); und schließlich auch für die glatten und die gekerbten Räume (ebd.: 658). Sofort nachdem sie zwei Pole, Prozesse oder Tendenzen unterschieden hat, zerlegt die deleuze-guattarische Analyse einerseits die Polarität in andere Polaritäten, die asymmetrisch in die erste eingefügt sind (und erzeugt so eine ›Mischung‹ *de jure*), weist aber andererseits auch auf die Mischung *de facto* der ursprünglichen Pole hin.

> Erde, auch nicht um einen bestimmten Moment in der Geschichte, und noch weniger um diese oder jene Kategorie des Geistes. Es geht um das Modell, das unaufhörlich entsteht und einstürzt, und um den Prozeß, der unaufhörlich fortgesetzt, unterbrochen und wieder aufgenommen wird. Nein, kein anderer oder neuer Dualismus. [...] Wir ziehen den einen Dualismus nur heran, um den anderen zu verwerfen. Wir benutzen den Dualismus von Modellen nur, um zu einem Prozeß zu gelangen, in dem jedes Modell verworfen wird. Wir brauchen immer wieder geistige Korrektoren, die die Dualismen auflösen, die wir im übrigen nicht festlegen wollten, durch die wir nur hindurchgehen. Um zu der Zauberformel zu kommen, die wir alle suchen: *Pluralismus = Monismus*, und dabei durch alle Dualismen hindurchzugehen, die der Feind sind, aber ein unbedingt notwendiger Feind, das Mobiliar, das wir immer wieder verschieben. (Deleuze und Guattari 1992: 35)

Abgesehen davon, dass sie mal eben nebenbei all die Lesarten abwehren, die ihre Philosophie auf nur eine weitere Theorie der Großen Teilung (baumförmiger Westen, rhizomatische Andere) reduzieren, illustrieren die Autoren hier zwei charakteristische Verfahren. Zunächst die Behandlung der Begriffe auf »mindere«, auf taktische Art und Weise, mehr als Werkzeuge, Brücken oder Vehikel denn als letzte Objekte, Bedeutungen oder Ziele – der Philosoph als *penseur sauvage*. Daher rührt auch der luzide Pragmatismus, mit dem Deleuze und Guattari die dualistischen Tendenzen des Denkens im trägen Zustand behandeln. Im *Anti-Ödipus* verteidigen sie eine monistische Vorstellung von Wunschproduktion, in *Tausend Plateaus* entwickeln sie eine post-pluralistische Theorie der Mannigfaltigkeiten – zwei streng nicht-dualistische Unterfangen. Sie nehmen deswegen allerdings nicht an, dass die Dualismen ein mit bloß ein bisschen gutem Willen schon verhandelbares Hindernis wären. Die Dualismen sind real, nicht imaginär; sie sind nicht einfach nur Effekte einer ›ideologischen Neigung‹, sondern das Ergebnis einer Funktionsweise oder eines bestimmten Zustands der abstrakten Maschine, der festen oder übercodierenden Segmentierung (und es gibt andere abstrakte Maschinen und andere Funktionsweisen). Gerade weil sie *real* gemacht wurden, ist es notwendig, die Dualismen aufzulösen. Aus demselben Grund, nämlich weil sie real *gemacht* wurden, ist es möglich sie aufzulösen; denn die Autoren glauben auch nicht, dass die Dualismen den Ereignishorizont der westlichen Metaphysik abstecken, die absolute Grenze, die von den in der Höhle Gefangenen nur aufgezeigt (dekonstruiert), aber niemals überschritten werden kann. Um sie jedoch aufzulösen, ist es wichtig, jene kreisförmige Falle zu umgehen, die darin bestünde, sie schlicht zu leugnen oder zurückzuweisen; man muss sie ›kalkuliert‹ hinter sich lassen, über eine Tangente – über eine Fluchtlinie. Und das wiederum führt uns zum zweiten Verfahren.

Die deleuzeschen Dualitäten werden nach einem wiederkehrenden Muster konstruiert und transformiert, das sie als *minimale Mannigfaltigkeiten* bestimmt. Danach beginnt jede begriffliche Unterscheidung mit der Festlegung eines aktual-extensiven und eines virtuell-intensiven Pols. Die anschließende Analyse besteht dann darin, zu zeigen, wie sich die Natur der Dualität abhängig davon verändert, ob man den Standpunkt des einen oder des anderen Pols einnimmt. Vom Standpunkt des extensiven (baumförmigen, molaren, festen, gekerbten und so weiter) Pols ist die Beziehung, die ihn vom anderen Pol unterscheidet, typischerweise ein Gegensatz: Sie ist eine exklusive Disjunktion und eine begrenzende Synthese, eine Beziehung also, die selbst extensiv, molar und aktual ist. Aus Perspektive des anderen (des intensiven, rhizomatischen, molekularen, elastischen, glatten) Pols gibt es jedoch keinen Gegensatz, sondern intensive Differenz, disjunktive Implikation oder Inklusion des extensiven Pols im intensiven oder virtuellen Pol; die vom ersten Pol gesetzte Dualität erweist sich so als molare Seite, als Phase oder als Echo einer am anderen Pol situierten molekularen Mannigfaltigkeit.[81] Es ist, als begriffe jeder Pol seine Beziehung zum jeweils anderen entsprechend seiner eigenen Natur; oder, anders gesagt, als gehöre die Beziehung zwischen den Polen notwendig und abwechselnd zur Ordnung des einen oder des anderen Pols, zur Ordnung des Widerspruchs oder zur Ordnung der Fluchtlinie (Deleuze und Guattari 1992: 294ff.); sie lässt sich nicht von einem dritten umfassenden Pol aus bestimmen. So ist der Perspektivismus – die Dualität als Mannigfaltigkeit – genau das, was

---

[81] »[E]ine Alternative, eine exklusive Disjunktion wird in Bezug auf ein Prinzip determiniert, das gleichwohl darin die beiden Terme oder Untermengen konstituiert und das selbst in die Alternative mit eingeht (ein Fall, der sich völlig von dem unterscheidet, was in einer inklusiven Disjunktion passiert)« (Deleuze und Guattari 1974: 102-103). Das Muster erscheint schon früh im deleuzeschen Korpus, wie etwa der Kommentar zu Bergsons Unterscheidung zwischen Dauer und Raum zeigt (Deleuze 1989): Sie kann nicht einfach als Wesensunterschied definiert werden, denn die Differenz ist vor allem die zwischen der Dauer, die alle Wesensunterschiede stützt und trägt, und dem Raum, der nur graduelle Unterschiede aufweist. »Zwischen den beiden unterschiedenen Seiten gibt es mithin keinen Wesensunterschied; dieser liegt ausschließlich auf der einen Seite« (ebd.: 46).

die Dialektik – die Dualität als Einheit – leugnen muss, um sich selbst als universelles Gesetz durchzusetzen.[82]

Man sagt, dass die beiden Pole oder Aspekte jedweder Dualität in jedem Phänomen oder Prozess stets präsent und aktiv sind. Ihre Beziehung wird im Allgemeinen als eine der »wechselseitigen Voraussetzung« verstanden, eine Vorstellung, die in *Tausend Plateaus* immer wieder an die Stelle von (linearer oder dialektischer) Kausalität, der Reduktion Makro → Mikro oder hylemorphistischer und expressiver Schemata tritt (Deleuze und Guattari 1992: 65-67, 93-94, 123, 290-291, 698). Aus anthropologischer Perspektive kann man sich der wechselseitigen Voraussetzung beispielsweise von Wagners doppelter Semiotik von Invention und Konvention her nähern, in der jeder Modus der Symbolisierung den je anderen nach einem Schema des Alternierens von Figur und Grund auslöst oder »gegenerfindet« (Wagner 1981: Kapitel 3; 1986).[83] Oder aber ausgehend von der

82 Einen amerikanistischen Anthropologen erinnert diese Dualität der Dualitäten unweigerlich an das zentrale Motiv von Lévi-Strauss' *Luchsgeschichte*, an die kontrastierenden Vorstellungen von Zwillingspaarigkeit in der Mythologie der Alten und der Neuen Welt. Man sieht wohl, worauf ich hinaus will…

83 Wagner bezeichnet die Beziehung wechselseitiger Produktion zwischen den Momenten der Konvention und der Invention als »kulturelle Dialektik« (1981: 53; der Begriff findet auch in Wagner 1986 wieder umfassend Verwendung). Aber diese Dialektik erinnert sogleich, zumal sie auch explizit als nicht-hegelianisch charakterisiert wird, an die wechselseitige Voraussetzung und die disjunktive Synthese: »eine Spannung oder ein dialogartiges dialektisches Alternieren zwischen zwei Vorstellungen oder Standpunkten, die einander zugleich widersprechen und stützen« (Wagner 1981: 52). Kurzum: Eine Dialektik ohne Auflösung oder Versöhnung, eher batesonsche Schismogenese als hegelsche Aufhebung. Das Werk von Gregory Bateson ist, das bemerken wir (zerstreut wie wir sind) jetzt, die gleichermaßen uner-

Funktionsweise einiger zentraler analytischer Polaritäten in Stratherns *The Gender of the Gift*, jenen etwa, die in Melanesien die logische Ökonomie der Geschlechter oder die Verbindung zwischen den Formen des Tausches beherrschen, wo immer ein Pol (männlich oder weiblich, gleiches oder entgegengesetztes Geschlecht, mittelbarer oder unmittelbarer Tausch) als Version oder Transformation des jeweils anderen beschrieben wird, »sodass jeder einen Kontext und eine Grundlage für den je anderen liefert«, wie Strathern in einem (eben) sehr anderen Kontext zusammenfasste (1991: 72).[84]

Es ist dabei wichtig, dass die wechselseitige Voraussetzung die beiden Pole jedweder Dualität, insofern sich diese gegenseitig bedingen, als gleichermaßen notwendig bestimmt, ohne sie deshalb jedoch zu symmetrischen oder äquipollenten Polen zu machen. Die ›Interpräsupposition‹ ist eine Beziehung der *asymmetrischen* wechselseitigen Implikation: »[I]n die beiden Richtungen ist der Weg nicht der selbe«… Wenn sie also rhizomatische Karten von baumförmigen Kopien unterscheiden, bemerken Deleuze und Guattari, dass die Karten durch die Kopien immerfort totalisiert, vereinheitlicht und stabilisiert werden, während letztere wiederum ihrerseits allen möglichen durch den rhizomatischen Prozess hervorgerufenen anarchischen Deformationen unterworfen sind. Letzten Endes aber muss man »*die Kopie immer auf die Karte zurückübertragen*. Und diese Vorgehensweise

---

wartete und offensichtliche transversale Verbindung zwischen den aparallelen Begriffsevolutionen bei Roy Wagner und Deleuze-Guattari.

84 Im melanesischen Universum der Verwandtschaft und des Geschlechts »kann jede Beziehung nur aus der anderen hervorgehen. [...] Ehe- und Eltern-Kind-Beziehungen sind Metaphern füreinander und so eine Quelle interner Reflexion« (Strathern 2001: 240).

verhält sich durchaus nicht symmetrisch zur vorhergehenden« (Deleuze und Guattari 1992: 25). Und die Vorgehensweisen verhalten sich nicht symmetrisch zueinander, weil die eine gegen das Werden arbeitet, das der Prozess des Begehrens ist (ebd.: 371), während die andere zu seinen Gunsten operiert.[85]

Diese asymmetrische Beziehung zwischen Prozessen und Modellen in einem Verhältnis wechselseitiger Voraussetzung (wobei das Rhizom Prozess ist, während der Baum Modell ist) erinnert an die in *Differenz und Wiederholung* entwickelte Unterscheidung zwischen Differenz und Negation: Die Negation ist real, aber ihre Realität ist rein negativ; sie ist nichts anderes als die invertierte, extensivierte, begrenzte und in einen Gegensatz gegossene Differenz (Deleuze 1992a: 297ff.). Deswegen bestehen, obwohl Deleuze und Guattari mehrfach warnen, dass es nicht um die Setzung eines axiologischen Gegensatzes zwischen Rhizom und Baum, zwischen geschmeidig-molekularen und hart-molaren Segmentaritäten und so weiter gehe (Deleuze und Guattari 1992: 35, 290-291), immer eine Tendenz und eine Gegentendenz, zwei vollkommen unterschiedliche Bewegungen: die Aktualisierung und die Gegenverwirklichung des Virtuellen. Die erste Bewegung besteht im Zerfall der Potenzial- oder Intensitätsdifferenzen, insoweit sich diese in der Ausdehnung

---

[85] Im in der vorangegangenen Fußnote zitierten Artikel bemerkt Strathern: »Gegengeschlechtliche Beziehungen stehen im Wechsel mit gleichgeschlechtlichen Beziehungen und beinhalten zugleich selbst eine inhärente Prämisse des Wechsels« (2001: 227). Das wäre ein Beispiel für die asymmetrische wechselseitige Voraussetzung: Die Beziehung zwischen gleichgeschlechtlichen und gegengeschlechtlichen Beziehungen ist selbst vom ›Typus‹ gegengeschlechtlich. Was noch einmal auf andere Weise die lévi-strausssche Prämisse illustriert, nach der Identität ein Sonderfall der Differenz ist.

explizieren und sich in empirischen Sachverhalten verkörpern. Die zweite Bewegung ist Schöpferin oder ›Implikatorin‹ der Differenz, was aber, auch wenn es sich um eine Bewegung der Wiederkehr oder der umgekehrten Kausalität (ebd.: 597), um eine »schöpferische Involution« handelt, nicht bedeutet, dass sie deshalb nicht mehr strikt zeitgleich mit der ersten abläuft, deren transzendentale und somit unauslöschliche Bedingung sie ist. Diese letztere Bewegung ist das *Ereignis* oder das *Werden*, ein reines Intensitätsreservoir; sie ist der Teil, der in allem, was geschieht, seiner eigenen Aktualisierung entgeht (Deleuze und Guattari 2000: 182).

Einmal mehr ist es unumgänglich, diese Asymmetrie interimplizierter Prozesse an bestimmte Aspekte der Semiotik Roy Wagners heranzurücken (1981: 42-45, 103-104, 116-120). Die »dialektische« oder »obviationale« Natur der Beziehung zwischen Wagners zwei Modi der Symbolisierung geht auf den *einen* dieser Modi zurück, die Differenzierungsinvention, wohingegen der kontrastierende Gegensatz zwischen den beiden Modi als solcher Resultat des Wirkens des *anderen* Modus ist, der Kollektivierung-Konventionalisierung. Außerdem besteht, obwohl die beiden Modi in jedem Symbolisierungsakt gleichzeitig und wechselseitig am Werk sind (sie wirken aufeinander, denn es gibt nichts außer ihnen, nichts außerhalb von ihnen), »ein himmelweiter Unterschied« zwischen den Kulturen, deren ›Kontrollkontext‹ – oder, in den Worten von *Tausend Plateaus*, Territorialisierungsvektor – der Modus der Konvention ist, und jenen, in denen die Kontrolle beim Modus der Differenzierung liegt. Auch wenn der Gegensatz zwischen den Modi an sich nicht axiologisch ist, orientiert sich eine Kultur, die die konventionale und kollektivierende Symbolisierung vorzieht – die Kultur, ›unsere‹, die die Theorie von Kultur als »kollektiver Repräsentation« hervorgebracht hat – in Richtung der Kopie und blockiert oder unterdrückt so die Dialektik der Invention, weshalb sie letzten Endes »auf die Karte zurückübertragen« werden muss. Gleichermaßen wird der in *The Gender of the Gift* vorgebrachte Gegensatz zwischen Sozialitäten der »Gabe« und Sozialitäten der »Ware« explizit als zur Welt der Ware gehörig verstanden (Strathern 1988: 18, 136, 343); gleichzeitig aber scheint es, sofern die Analyse einer Sozialität der Gabe uns als Anthropologen dazu verpflichtet, die Partikularität der kulturellen Vorannahmen der Anthropologie selbst zu erfassen und unsere eigenen kapitalistischen Metaphern auseinanderzunehmen, als wäre die Warenform eine Transformation (oder Deformation) der Gabenform und nicht umgekehrt (ebd.: 309). Der Standpunkt der Gabe mit Blick auf die Ware unterscheidet sich vom Standpunkt der Ware mit Blick auf die Gabe. Asymmetrische wechselseitige Implikation.[86]

---

86 Auch Latour bedient sich der Strategie, einen Dualismus nur zu dem Zweck aufzurufen, einen anderen zu verschieben, zum Beispiel in seinem antikritischen Büchlein über die *Faitiches*: »Das doppelte Repertoire der Modernen besteht nicht in ihrer Unterscheidung zwischen Fakten und Fetischen, sondern in der [...] subtileren Unterscheidung zwischen einerseits der Trennung zwischen Fakten und Fetischen, wie sie in der Theorie vollzogen wird, und andererseits den Abläufen der Praxis, die sich ganz anders gestalten« (Latour 1996b: 42-43).

7. Alles ist Produktion: Intensive Filiation

Wenn es tatsächlich eine implizierende Asymmetrie gibt, die im deleuzeschen begrifflichen System als vorrangig gelten kann, findet sie sich in der Unterscheidung zwischen dem Intensiven (oder Virtuellen) und dem Extensiven (oder Aktualen). Was mich hier interessiert, ist eine Bewertung der Relevanz dieser Unterscheidung mit Blick auf die Relektüre der beiden Schlüsselkategorien der klassischen Verwandtschaftstheorie, *Allianz* (oder Heiratsverbindung) und *Filiation*, die in *Kapitalismus und Schizophrenie* vorgeschlagen wird. Diese Auswahl rechtfertigt sich zuallererst dadurch, dass die Behandlung, die diese beiden Begriffe durch Deleuze und Guattari erfahren, mit besonderer Deutlichkeit eine wichtige Verschiebung zum Ausdruck bringt, die zwischen *Anti-Ödipus* und *Tausend Plateaus* stattfindet. Zudem deutet sie die Möglichkeit einer Transformation der Verwandtschaftsanthropologie an, durch die diese im Sinne der »nicht-humanistischen« (Jensen 2004) Entwicklungen, die sich heute in anderen Forschungsfeldern vollziehen, neu ausgerichtet würde. Denn die Frage ist tatsächlich die der Möglichkeit einer Konversion der Begriffe der Allianz und der Filiation, die klassisch als Grundkoordinaten der im Element der Verwandtschaft vollzogenen menschlichen Soziogenese verstanden werden, in Formen einer Öffnung oder Offenheit für das Außermenschliche. Welche Implikationen ergeben sich, wenn das Menschliche kein Wesen mehr ist – eine Art ontologisches Ausnahmegeschöpf –, für eine Verwandtschaftsanthropologie?

Nachdem sie zwischen den 1950ern und den 1970ern, als sie synekdochisch für zwei einander diametral entgegengesetzte theoretische Konzeptionen von Verwandtschaft standen (Dumont 1971), innerhalb der Disziplin quasi die Rolle eines Totems innehatten, verloren die Begriffe der Allianz und der Filiation, entsprechend dem allgemeinen Schicksal des morganschen Paradigmas, in das sie sich einfügten, plötzlich ihren synoptischen Wert und übernahmen fortan nur noch die deutlich bescheidenere Funktionen einfacher analytischer Konventionen, wobei sie ihre aktive Karriere durch den Übergang vom Gebrauch zur bloßen Erwähnung keineswegs beendeten. Die folgenden Seiten schlagen nun eine reflexive Unterbrechung dieser Bewegung vor, indem sie andeuten, dass einige Teile der klassischen Theorie doch recycelt werden können. Gewiss geht es hier nicht darum, einen Schritt zurück vorzuschlagen, weder durch die Wiederholung der etwas eitlen Formalismen der »präskriptiven Allianz«, die einiges zum Ruhm von Lévi-Strauss' *Elementaren Strukturen der Verwandtschaft* beigetragen haben, noch durch eine Rückkehr zur substantialistischen Metaphysik der »Abstammungsgruppen«, dem Markenzeichen der (von Durkheim inspirierten) britischen Schule von Radcliffe-Brown, Meyer Fortes und Jack Goody. Es geht, ganz im Gegenteil, darum, sich die groben Umrisse einer rhizomatischen Konzeption von Verwandtschaft vorzustellen, die dazu imstande wäre, alle Konsequenzen aus der Prämisse zu ziehen, dass »Personen in Beziehungen stehen, die für sie wesentlich sind« (Strathern 1992b: 101). Gründete sich die Theorie der Abstammungsgruppen auf die Ideen der *Substanz* und der *Identität* (die Gruppe als metaphysisches Individuum) und die Theorie der ehelichen Allianz auf die der *Opposition* und der *Totalisierung* (die Gesellschaft als dialektische Totalität), so entnimmt die hier vorgeschlagene Perspektive dem Werk Deleuze und Guattaris einige Elemente auf dem Weg zu einer Theorie der Verwandtschaft als *Differenz* und *Mannigfaltigkeit* (die Beziehung als inklusive Disjunktion).

♦♦♦

Die Sozialanthropologie nimmt in *Kapitalismus und Schizophrenie* eine besondere Stellung ein. Von Bachofen und Morgan, Engels und Freud bis hin zu Lévi-Strauss und Leach (wir befanden uns im Jahr 1972) schreibt das erste Buch des Diptychons die Theorie der primitiven Sozialität vollkommen neu. Sein wichtigster Gesprächspartner ist dabei Lévi-Strauss' Strukturalismus, in Bezug auf – und über weite Strecken auch gegen – den eine Vielzahl theoretischer und ethnographischer Referenzen mobilisiert wird, von Malinowskis Funktionalismus bis zu Fortes' Strukturfunktionalismus, von Griaule und Dieterlens ethnographischem Versuch bis zu Meillassouxs und Terrays Ethnomarxismus, von Evans-Pritchards relationaler Segmentarität bis zu Victor Turners sozialem Drama.[87] Die Lévi-Strauss'sche Konzeption von Verwandtschaft, die sich auf die transzendentale Deduktion des Inzestverbots als Bedingung von Sozialität gründet (Lévi-Strauss 1981), wird von Deleuze und Guattari verworfen, weil sie in ihr eine anthropologische Verallgemeinerung des Ödipus erkennen. Die Autoren vergleichen Mauss' Essay über die *Gabe* (Lévi-Strauss' wichtigste Referenz) zu dessen Nachteil mit Nietzsches

---

87 Deleuze und Guattaris ethnologische Bibliothek verfügt über eine gut ausgestattete ›Afrika‹-Abteilung, was in etwa den Zustand des französischen anthropologischen Milieus einer Zeit widerspiegelt, in der die Afrikanistik die mit Abstand verbreitetste und (aus Gründen, die bald klar werden dürften) für den Einfluss des Strukturalismus am wenigsten empfängliche Subspezialisierung war.

Genealogie der Moral; letztere sollte, so schlagen sie vor, die eigentliche Bettlektüre der Anthropologen sein (Deleuze und Guattari 1974: 244ff.).

> Diese Differenz zwischen Mauss und Nietzsche, so scheint es mir, wird im *Anti-Ödipus* zur Karikatur. Die Unterscheidung zwischen »Tausch« und »Schuld« entspricht keiner erkennbaren Mauss'schen Entwicklung und ist keineswegs so evident, wie es die Autoren erscheinen lassen.[88] Schließlich sind das, was im Potlatch wie im Kula ausgetauscht wird, Schulden; vor allem im Fall des ersteren ist es Ziel des agonistischen Gabentauschs, den Tauschpartner durch Verschuldung (zuweilen buchstäblich) zu »töten«. Im *Anti-Ödipus* wird der Begriff des »Tauschs« immer entweder dem kapitalistischen Warentausch (was es den Autoren gestattet, »Tausch« und »Gabe« als Gegensätze zu behandeln) oder dem Gesellschaftsvertrag zugerechnet; in Mauss' Essay sind diese Ideen zwar zweifelsohne präsent, sind aber, wie ich denke, der fundamentaleren Idee der *Verpflichtung* eindeutig untergeordnet, die Mauss weniger als transzendente Norm versteht, sondern vielmehr als innere Teilung des Subjekts, als dessen Abhängigkeit von einer immanenten Alterität. Überdies ist Nietzsches Theorie von einer vorhistorischen Verdrängung des »biologischen Gedächtnisses«, die für die Schaffung eines »gesellschaftlichen Gedächtnisses« unerlässlich ist, mit dem hominisierenden Paradigma, das die Mauss'sche und die strukturalistische

[88] Die Unterscheidung tauchte bereits in *Nietzsche und die Philosophie* (Deleuze 1991: 147f.) auf.

Theorie des Tausches teilen, gar nicht so unvereinbar. Ich denke, dass man erst ab dann von einer entscheidenden Änderung der Formulierung des Problems sprechen kann, wenn Deleuze und Guattari in *Tausend Plateaus* das Werden ganz klar als »Anti-Gedächtnis« definieren (400).

Der Mauss-Nietzsche-Gegensatz des *Anti-Ödipus* bezieht sich auf einen polemischen Hintergrund, der unter anderem auch die Namen Hegel, Kojève, Bataille, das Collège de Sociologie, sowie, uns näher, Lévi-Strauss, Lacan und Baudrillard umfasst. Die »allgemeine Ökonomie«, die Bataille aus einer nietzscheanischen Lektüre der *Gabe* herleitet, wird im *Anti-Ödipus* nur ganz selten erwähnt (Deleuze und Guattari 1974: 10, 244). Vielleicht lässt sich dieses Beinahe-Schweigen teils aus der (von Lyotard beobachteten) Geringschätzung heraus erklären, die Deleuze und Guattari der batailleschen Kategorie der Transgression entgegenbringen. Doch im in *Logik des Sinns* enthaltenen Essay über Klossowski entwirft Deleuze einen Gegensatz zwischen Tausch, Allgemeinheit (Äquivalenz) und falscher Wiederholung auf der einen Seite und Gabe, Singularität (Differenz) und echter Wiederholung auf der anderen. Wenngleich an dieser Stelle die im *Anti-Ödipus* vorgebrachten Thesen zum Tausch (wie übrigens auch am Anfang von *Differenz und Wiederholung* (Deleuze 1992a: 15)) vorweggenommen werden, bezieht sich der Gegensatz hier nur auf Bataille: Théodore, der Held in einem von Klossowskis Romanen, »weiß, daß die richtige Wiederholung in der Gabe besteht, in einer Ökonomie der Gabe, die der Handelsökonomie des Tauschens entgegensteht (…Hommage an Georges Bataille)« (Deleuze 1993c: 350).

Wie dem auch sei – der *Anti-Ödipus* stellt dem Thema des Tauschs als soziogenetischer Synthese sich widersprechender Interessen das Postulat entgegen, dass die soziale Maschine ›existiert, um‹ auf das Problem der Kodifizierung der Wunschströme (oder Begehrensströme) zu antworten. Deleuze und Guattari schlagen eine Konzeption vor, die zugleich einschreibend – »der *Sozius* ist [...] Beschrifter«, seine Aufgabe ist es, die Körper zu markieren, zu kennzeichnen; die Zirkulation, der Umlauf, ist eine zweitrangige Tätigkeit (1974: 236ff.) – und produktionistisch ist: »[A]lles [ist] Produktion« (ebd.: 10). Ganz im Stil der *Grundrisse* werden Produktion, Distribution und Konsumtion als Momente einer Produktion im Sinne eines universellen Prozesses gesetzt. Die Einschreibung ist das Moment der Aufzeichnung oder der Kodifizierung der Produktion, das einen als eine Instanz des natürlich oder göttlich Gegebenen fetischisierten *Sozius* gegenverwirklicht, magische Oberfläche der Einschreibung und Element der Anti-Produktion (der »Körper ohne Organe«).

Insgesamt aber wirkt die schizoanalytische Zertrümmerung der Verwandtschaft im *Anti-Ödipus* noch etwas zurückhaltend. Man denke nur an das geradezu parodistisch hyperkantische Vokabular in der Sprache dieses Buches: transzendentale Illusion, illegitimer Gebrauch der Synthesen des Unbewussten, die vier Paralogismen des Ödipus... So bleibt der Anti-Ödipus im Ödipus; er ist ein auf notwendige oder – noch schlimmer – dialektische Weise ödipales Buch.[89] Er bleibt an eine anthropozentrische Vorstellung von Sozialität gebunden; sein Problem ist noch immer das der Hominisation, des ›Übergangs‹ von Natur zu Kultur. Die Schwächen dieser Fokussierung zeigen sich selbstverständlich erst vom an-

89 »Der *Anti-Ödipus* war von Kant geprägt« (Deleuze und Guattari 1992: 11).

ödipalen Standpunkt des zweiten Bandes von *Kapitalismus und Schizophrenie* aus. Und tatsächlich läge es gar nicht so fern, sich vorzustellen, dass die Autoren von *Tausend Plateaus* beim Blick auf ihr vorheriges Buch sagen würden, dass eine jede anthropophilosophisch geführte Untersuchung über die Besonderheit der Spezies oder der *condition humaine*, ganz egal, was dabei nun als Zeichen oder Ursache der Auserwähltheit (oder der Verwünschung) gilt, unweigerlich dem Ödipus verpflichtet bleibt. Denn der Fehler liegt nicht in der Antwort, sondern in der Frage.

Die Fokussierung im ersten Band von *Kapitalismus und Schizophrenie* würde so die Interpretation der Allianz (oder Heiratsverbindung) exklusiv als Mittel zur Transmission des ödipalen Dreiecks erklären; das Argument stellt hier die Elternschaft der Ehegemeinschaft voran (erstere »verlängert sich« in letzterer) und die Allianz als bloßes Instrument der Filiation dar (ebd.: 91-92). Mit anderen Worten hängt die im *Anti-Ödipus* vorgebrachte Kritik an Partnertauschkonzeptionen von einer Gegentheorie des Ödipus ab, in der anstatt Allianz und Tausch Filiation und Produktion primordial sind. In diesem Sinn – wie auch in vielen anderen – ist der *Anti-Ödipus* ein durchaus antistrukturalistisches Buch. Während die Autoren so eine gewisse Distanz zur Lévi-Strauss'schen *Bewertung* der Struktur menschlicher Verwandtschaft wahren konnten, war es für sie zunächst notwendig, einige der *Rahmenbegriffe* zu akzeptieren, anhand derer Lévi-Strauss die Frage der Verwandtschaft formuliert hatte. So scheinen sie zum Beispiel zu glauben, dass es bei der Allianz um Verwandtschaft gehe, und bei der Verwandtschaft wiederum um Gesellschaft. Auf einmal erweisen sie sich als allzu vorsichtig.[90]

---

90 Ich vermute, dass das Beharren auf der Entwicklung einer Theorie als Alternative zu den *Elementaren Strukturen der Verwandtschaft*, der

♦♦♦

Das dritte Kapitel (»Wilde, Barbaren, Zivilisierte«), zentraler und längster Teil des *Anti-Ödipus*, beginnt mit einer Darstellung der Merkmale der »primitiven Territorialmaschine« und ihrer »Deklination« von Allianz und Filiation (Deleuze und Guattari 1974: 180ff.). Die zur Konstruktion einer Theorie als Alternative zum Strukturalismus fundamentale Hypothese besteht hierbei darin, die Filiation *zweimal* erscheinen zu lassen: beim ersten Mal als allgemeinen und intensiven Zustand der Verwandtschaft, beim zweiten Mal als besonderen und extensiven Zustand in komplementärem Gegensatz zur Allianz. Die Allianz erscheint nur im extensiven Moment; ihre Funktion ist eben genau die, die Verwandtschaft zu extensivieren und zu codieren, das heißt, den Übergang von der intensiven Verwandtschaft zur extensiven Verwandtschaft zu vollziehen.

Die Autoren postulieren dabei die primordiale Existenz einer intensiven, germinalen, disjunktiven, nächtlichen und ambigen präkosmologischen Filiation, eines »germinale[n] Implex« oder »germinale[n] Einwirken[s]« (ebd.: 207f.), das das erste Einschreibungsmerkmal ist, das den vollen und ungezeugten Körper der Erde markiert: »reine Kraft der Filiation oder Genealogie – Numen« (ebd.: 196). Diese Analyse stützt sich beinahe ausschließlich auf eine Interpretation der von Marcel Griaule und seiner Forschungsgruppe in Westafrika gesammelten Erzählun-

---

unbändige Antistrukturalismus des *Anti-Ödipus* – unbeschadet aller sonstigen intellektuellen Komplizenschaft mit Deleuze in den beiden Bänden von *Kapitalismus und Schizophrenie* – der Teil ist, in dem der (immer im Sinne Spinozas) *affektive* Beitrag Guattaris zum *Anti-Ödipus* am deutlichsten zum Vorschein kommt.

gen, insbesondere auf den in *Le Renard pâle* (Griaule & Dieterlen 1965) veröffentlichten großen Ursprungsmythos der Dogon: Ammas kosmisches Ei; die plazentare Erde; der inzestuöse Trickster Yurugu; die Nommo, hermaphroditische und anthropoophidiomorphe »Zwillinge«...

Die Rolle dieser Erzählung in der allgemeinen Argumentation ist von enormer theoretischer Bedeutung: Sie fungiert als so etwas wie der ›Referenz-Anti-Mythos‹ des *Anti-Ödipus*.[91] Im zweiten Kapitel (»Psychoanalyse und Familialismus«) hatten die Autoren einen Gegensatz zwischen einer theatralisch-expressiven und einer maschinisch-produktiven Konzeption des Unbewussten entwickelt, was sie schließlich mit Blick auf den emblematischen Gebrauch der alten griechischen Geschichte in der Psychoanalyse gleich mehrfach ungeduldig fragen ließ: »Warum zum Mythos zurückkehren?« (Deleuze und Guattari 1974: 73, 107-108, 145). Doch wenn die Autoren dann im darauffolgenden Kapitel ans Ende ihrer Rekonstruktion der Verwandtschaftsanthropologie gelangen (ebd.: 196-212), kann man feststellen, dass es schließlich gerade sie selbst sind, die zum Mythos zurückkehren. Denn die Einführung der Materialien zu den Dogon geht nicht ohne eine Neubewertung des Mythos-Begriffs durch Deleuze und Guattari vonstatten:

---

91 Die diesem ethnographischen Horizont beigemessene Wichtigkeit geht auf Michel Cartry und Alfred Adlers Artikel (1971) über den Mythos der Dogon zurück; dieser wird an entscheidenden Momenten der Analyse zitiert. Zusammen mit András Zempléni haben diese beiden Anthropologen außerdem den Entwurf für das dritte Kapitel des *Anti-Ödipus* aufmerksam gelesen (siehe Nadaud 2004: 20-21). Umgekehrt hatten Deleuze und Guattaris Ideen entscheidenden Einfluss auf die Studie von Cartry und Adlers (1971: 37 Fn. 1).

> Hierzu ist nun der Rekurs auf den Mythos unerläßlich. Nicht weil er eine transponierte oder gar inverse Repräsentation wirklicher extensiver Beziehungen darstellte, sondern weil allein er in Übereinstimmung mit dem Denken und der Praxis der Eingeborenen die intensiven Bedingungen des Systems (einschließlich des Produktionssystems) determiniert. (ebd.: 200-201)

Diese offenbar abweichenden Bewertungen des Rekurses auf den Mythos innerhalb des *Anti-Ödipus* selbst würden nach einer tiefergehenden Betrachtung verlangen als ich sie gerade leisten kann. Etwas spekulativ kann man sagen, dass das, was sich zwischen den Verweisen auf die Tragödie des Ödipus und den Blassfuchs-Zyklus feststellen lässt, weniger eine Differenz in der Haltung gegenüber einem gleichen Mythos ist, sondern vielmehr eine Differenz im Mythos selbst, eine Differenz, die dem, was wir ›Mythos‹ nennen, innerlich ist: Die Geschichte des Ödipus gehört zum barbarischen oder ›orientalischen‹ Regime des despotischen Signifikanten, wogegen die Dogon-Erzählung wohl eher dem wilden Regime der primitiven oder (im Sinne von Deleuze und Guattari 1992: 163ff.) »prä-signifikanten« Semiotik zuzurechnen wäre. Es handelt sich also nicht um ein und denselben Mythos, um ein gattungsgleiches anderes des *Logos*; es gibt Mythos und Mythos – im exakt gleichen Sinne, wie man sagen kann, dass es ›Figur‹ und ›Figur‹ gibt, um hier einen Schlüsselbegriff der Geophilosophie aufzurufen (die Figur als Begriff des Beinahe-Begriffs; siehe Deleuze und Guattari 2000: 97ff.). Die Frage nach dem gänzlich anderen Sinn, den die mythische Aussage annimmt, wenn wir die präphilosophische Welt der »Herren der Wahrheit« (Detienne 1981) und ihr monarchisches Aussageregime – die ›klassische‹ Welt des Hellenisten, des Philosophiehistorikers – verlassen, um stattdessen in die außerphilosophische Welt der »Gesellschaften gegen den Staat«, die Welt des wilden Denkens, der radikalen anthropologischen Alterität, einzutreten – nun ja, diese Frage hat bislang keine angemessene Entwicklung erfahren.[92]

Aber der Dogon-Metamythos ist nicht einfach irgendein ›Gedanke‹, der aus einem generischen wilden Denken hervorgegangen wäre. Er ist ein kosmogonischer Mythos einer Bevölkerungsgruppe des westlichen Afrikas, einer Region, in der eine Verwandtschaftskultur floriert, die von Vorstellungen der Vorfahrenschaft und Abstammung ebenso tief geprägt ist wie von der Präsenz politischer Gruppierungen, die auf der Grundlage eines gemeinsamen verwandtschaftlichen Ursprungs (Abstammungslinien) gebildet werden. Es dürfte also nicht überraschen, dass die Autoren des *Anti-Ödipus* mit Hilfe dieses Mythos schließlich zur Filiation als ursprünglicher Dimension der Relationalität der Verwandtschaft gelangen und die Allianz als später hinzukommende Dimension betrachten, deren Funktion in der Differenzierung der Abstammungsaffiliationen bestünde. Deleuze und Guattari bewegen sich im Inneren eines »struktur-funktionalistischen«, eines anthropologisch britischen, eines fortesianischen Verwandtschaftsuniversums (Fortes 1969, 1983). Intensiv und primordial sind dort nämlich die ambigen, die involuierten, implizierten und (prä)inzestuösen filiativen Abstammungslinien, die in

---

92 Die Debatte zwischen Lévi-Strauss und Ricœur über die strukturale Analyse der Mythen geht auf diese Differenz zurück (siehe *Esprit* 322 [1963] über *Das wilde Denken* und den Strukturalismus). Marc Richir (1994) liefert interessante Vorschläge zu den verschiedenen Regimen des Mythos. Siehe auch unten, S. 226.

dem Maße ihren inklusiven und nicht-limitativen Gebrauch verlieren, wie sie, als Gegenstand eines »nächtlichen und bio-kosmischen Gedächtnisses«, der von der Allianz bewirkten »Verdrängung anheimfallen« müssen, damit sie sich im physischen Raum des Sozius explizieren und aktualisieren können (Deleuze und Guattari 1974: 198).

All das geschieht jedoch so, als drückte das System der Dogon, die an diesem Punkt im *Anti-Ödipus* synekdochisch für die Wilden stehen, auf der virtuellen oder intensiven Ebene die Theorie der Filiation und auf der aktualen oder extensiven Ebene die Theorie der Allianz aus. Denn die Autoren übernehmen voll und ganz, von Leach bis Fortes, die Kritiken der »komplementären Filiation«, gerade so, wie sie auch aus einer entscheidenden Passage über die Logik der Kreuzkusinenheirat bei Lévi-Strauss (1981: 208-209) folgern, dass »[d]ie Heiratsverbindungen [Allianzen] [...] niemals den Filiationen [entspringen]«, und, dass es »innerhalb dieses extensiven Systems [...] keine primäre Filiation oder erste Generation [gibt], sondern immer schon daseiende Heiratsverbindungen« (Deleuze und Guattari 1974: 198, 200).[93] In der Ordnung des Extensiven nimmt die Filiation einen aposteriorischen, einen »administrativen und hierarchischen« Charakter an, während die Allianz, die in dieser Ordnung den Vorrang hat, »politisch und ökonomisch« ist (ebd.: 186). Der

---

93 Siehe hierzu auch die typisch strukturalistische Argumentation, die sich die Autoren ›unbewusst‹ angeeignet haben: »[Es] wird innerhalb der Verwandtschaftsstruktur mühsam nur der Eindruck vermieden, als würden die Heiratsverbindungen [Allianzen] den Filiationslinien und deren Verhältnissen entstammen, obgleich die lateralen Heiratsverbindungen und die Schuldblöcke die umfänglichen Filiationen im extensiven System bedingen und nicht umgekehrt« (Deleuze und Guattari 1974: 239).

Affine, der Heiratsverwandte, der Alliierte als soziopolitische Person, ist von Anfang an da, um zu gewährleisten, dass die familiären Beziehungen als Beziehungen stets koextensiv mit dem gesellschaftlichen Feld sind (ebd.: 212f.). Aber es gibt noch etwas vor diesem Anfang: In der Ordnung der metaphysischen Genese, das heißt vom mythischen Standpunkt aus gesehen (ebd.: 198), kommt die Allianz erst an zweiter Stelle. »Das extensive System erwächst aus es ermöglichenden intensiven Bedingungen, aber es reagiert auf sie, hebt sie auf, verdrängt sie und beläßt ihnen einen nur mehr mythischen Ausdruck« (ebd.: 204). Offen bleibt natürlich die Frage, was in einem nicht-trivialen Sinne ein »mythischer Ausdruck« wäre, da der Mythos ja »nicht expressiv [...]« ist, »sondern bedingend [...]« (ebd.: 201).

Das Feld der Verwandtschaft nach dem Inzestverbot wird also von Allianz und Filiation in einem Verhältnis wechselseitiger Voraussetzung organisiert, innerhalb derer aktual erstere und virtuell letztere bestimmend ist. Die intensive Ebene des Mythos wird von präinzestuösen Filiationen bevölkert, die von Allianzen nichts wissen. Die Vorstellung einer intensiven Affinität oder Verwandtschaft wäre in diesem Fall selbstwidersprüchlich (oder etwas Ähnliches). Der Mythos ist intensiv, weil er (prä)inzestuös ist, und umgekehrt: Die Allianz ist »wirklich« das Prinzip der Gesellschaft und das Ende des Mythos. Und so ist es schwierig, hier nicht an den letzten Absatz der *Elementaren Strukturen der Verwandtschaft* zu denken, in dem Lévi-Strauss feststellt, dass die Menschheit in ihren Mythen vom Goldenen Zeitalter und vom zukünftigen Leben »davon geträumt [hat], jenen flüchtigen Augenblick zu fassen und festzuhalten, da es erlaubt war zu glauben, man könne das Gesetz des Tauschs überlisten, man könne gewinnen, ohne zu verlieren, genießen, ohne zu teilen« und dass für sie also die »dem gesellschaftlichen Menschen auf ewig versagte« vollkommene Glückseligkeit im geizig zuhause eingeschlossenen *vivre entre soi*, im familiären Leben »unter sich« bestünde (1981: 663).[94]

Fassen wir das Problem nun im Rahmen der Begriffsökonomie des *Anti-Ödipus*, so scheint mir der entscheidende Aspekt der Analyse des Dogon-Mythos in der Bestimmung der (intensiven) Filiation als Operator der disjunktiven Synthese der Einschreibung zu liegen – der/die Nommo, der/die eine/r und zwei, Mann und Frau, Mensch und Schlangenartige/r ist/sind; der Blassfuchs, der zugleich Sohn, Bruder und Gatte der Erde ist und so weiter –, während die Allianz der Operator der konjunktiven Synthese ist:

> Das zweite Einschreibungsmerkmal, die Heiratsverbindung [Allianz], ist wie folgt: sie zwingt den produktiven Konnexionen die mit den Disjunktionen der Einschreibung vergleichbare extensive Form einer Konjugation von Personen auf, reagiert umgekehrt aber auf die Einschreibung, indem sie diesen selben Disjunktionen einen exklusiven und limitativen Gebrauch vorschreibt. Die Heiratsverbindung muß demnach im Mythos zwangsläufig so dargestellt werden, als sei sie unerwartet zu einem bestimmten Zeitpunkt innerhalb der Filiationslinie eingetreten (obgleich sie in einem anderen Sinne immer schon dagewesen sein muß). (Deleuze und Guattari 1974: 197)

Wir haben weiter oben gesehen, dass die disjunktive Synthese die charakteristische relationale Ordnung der Mannigfaltigkeiten

---

94 Wie es in einer – dem Playboy entnommenen – Überschrift in *Der nackte Mensch* heißt: »*Incest is fine, as long as it's kept in the family*«.

ist. Wie man kurz nach dem oben zitierten Abschnitt lesen kann, besteht das Problem nicht darin, von den Filiationen zu den Allianzen zu gelangen, sondern »im Übergang von einer energetischen intensiven Ordnung zu einem extensiven System«. In diesem Sinne tut es nichts zur Sache,

> [d]aß die primäre Energie der intensiven Ordnung [...] Filiationsenergie sein soll [...], da diese intensive Filiation noch keine Ausdehnung hat, noch keine Unterscheidung von Personen oder gar Geschlechtern zuläßt, sondern allein präpersonale Intensitätsvariationen (ebd.: 198-199).

Hier bliebe nur noch zu ergänzen, dass, wenn diese intensive Ordnung weder eine Unterscheidung zwischen Personen noch zwischen Geschlechtern kennt, sie auch keine Unterscheidung zwischen Spezies und besonders keine globale Unterscheidung zwischen Menschen und Nicht-Menschen kennt: Im Mythos besetzen alle Aktanten ein einziges interaktionales Feld, das zugleich ontologisch heterogen und soziologisch zusammenhängend ist (wo alle Dinge ›menschlich‹ sind, ist das Menschliche ›ein ganz anderes Ding‹).

Natürlich kommt dann die Frage auf, ob, wenn die Tatsache, dass die primäre Energie Filiationsenergie sein soll, *nichts zur Sache tut*, sich dann auch eine intensive Ordnung bestimmen ließe, in der Allianzenergie die primäre Energie wäre? Ist es wirklich *notwendig*, dass die Allianz immer nur dazu da ist, eine vorgängige präinzestuöse Filiation zu ordnen, zu unterscheiden, zu diskretisieren und zu kontrollieren? Oder wäre es *möglich*, eine intensive anödipale Allianz zu entwerfen, die auch ›präpersonale Intensitätsvariationen‹ einschließt? Kurz gesagt besteht das Problem also in der Frage, ob sich ein Begriff der Allianz als disjunktive Synthese konstruieren lässt.

Dazu müssten wir etwas mehr Abstand zu Lévi-Strauss' Soziokosmologie gewinnen als es der *Anti-Ödipus* tut, während wir zugleich den Begriff des Tausches einer deleuzianischen oder ›pervertierenden‹ Interpretation unterziehen. Hierfür wiederum muss man gleichzeitig auch beginnen, ein für alle Mal zuzugestehen, dass die Lévi-Strauss'sche Theorie des matrimonialen Tausches letztlich noch immer eine sehr viel ausgereiftere und stärkere anthropologische Konstruktion darstellt, als die juralistische Lehre von den Abstammungsgruppen es ist; zu Fortes und Goody bringt uns nichts zurück. Gewissermaßen waren *Die elementaren Strukturen der Verwandtschaft* der erste *Anti-Ödipus*, insofern das Buch bereits einen Bruch mit dem auf die Familie konzentrierten und von der Elternschaft dominierten Bild der Verwandtschaft markierte; oder anders gesagt: Die Beziehung des *Anti-Ödipus* zu den *Elementaren Strukturen* ist analog zur Beziehung des letzteren zu *Totem und Tabu*.

Eine Reprise des strukturalistischen Verwandtschaftsdiskurses in einer antiödipalen Tonart erfordert zumindest, dass wir die Beschreibung des »Verwandtschaftsatoms« im Sinne einer exklusiven Alternative – diese Frau entweder als meine Schwester oder meine Gattin, dieser Mann entweder als mein Vater oder mein Onkel mütterlicherseits – aufgeben und im Sinne einer inklusiven oder nicht-restriktiven Disjunktion neu formulieren: »sei es … sei es …«, »und/oder«. Die Differenz zwischen Schwester und Gattin, zwischen Bruder und Schwager, muss als eine *interne Differenz* verstanden werden, die »unzerlegbar und mit sich selbst nicht identisch« ist; was Deleuze und Guattari über den Schizophrenen und die Disjunktionen männlich/weiblich oder tot/lebendig sagen, die dieser umsetzt, wäre in diesem Fall ebenso gültig: Eine bestimmte Frau ist *de facto* meine Schwester oder meine Gattin, aber sie »ist eben von beiden Seiten«, Schwester auf der Seite der Schwestern (und Brüder), Gattin auf der Seite der Gattinnen (und Gatten) – nicht beides zugleich für mich, »aber am Grenzpunkt [an den Endpunkten] einer Distanz, die [sie] gleitend zurücklegt, jedes der beiden [...], das eine am Ende des anderen in einem unzerlegbaren Raum, gleich den zwei Enden eines Stocks« (Deleuze und Guattari 1974: 98).

Dieser Punkt lässt sich auch in einer Sprache reformulieren, die jeder Anthropologe wiedererkennen wird. Meine Schwester ist meine Schwester, *weil* sie für einen anderen Gattin ist: Schwestern werden nicht als Schwestern geboren, ohne zugleich auch als Gattinnen geboren zu werden; die Schwester existiert, *damit* es die Gattin gibt; jede ›Frau‹ ist ein Term – eine Metarelation –, der durch die asymmetrische Relation zwischen den Relationen ›Schwester‹ und ›Gattin‹ konstituiert wird (das Gleiche gilt selbstverständlich auch für ›Männer‹). Die Blutsverwandtschaft der Schwester ist, ebenso wie ihre molare sexuelle Affektierung, nicht einfach gegeben – eine »biologische Grundgegebenheit« (Héritier 1981) gab es nie –, sondern wird vielmehr instituiert, und zwar nicht nur auf die gleiche Weise wie die Verwandtschaft der Gattin, sondern auch durch ihre Vermittlung (umgekehrte Formursächlichkeit). Es ist die gegengeschlechtliche Beziehung zwischen mir und meiner Schwester/Gattin, die meine gleichgeschlechtliche Beziehung zu meinem Schwager erzeugt. Die gegengeschlechtlichen Beziehungen erzeugen nicht nur die gleichgeschlechtlichen Beziehungen, sondern kommunizieren diesen auch ihr eigenes internes differentielles Potential (Strathern 1988, 2001). Zwei Schwager stehen auf die selbe Weise zueinander in Beziehung wie die gegengeschlechtlichen Dyaden, die ihre Beziehung begründen (Schwester/Bruder, Gatte/Gattin): nicht trotz, sondern vielmehr aufgrund ihrer Differenz. Einer der Schwager sieht die uxorische Seite seiner Schwester in deren Gatten; der andere die schwesterliche Seite seiner Frau in deren Bruder. Der eine sieht den jeweils anderen als bestimmt durch die gegengeschlechtliche Verbindung, die sie voneinander unterscheidet: jeder versteht sich selbst im selben Maße als ›vom gleichen Geschlecht‹ wie der andere ›als‹ vom anderen Geschlecht angesehen wird und umgekehrt. Die beiden Seiten des in Beziehung setzenden Terms schaffen so eine Teilung, die den in Beziehung gesetzten Termen innerlich ist. Alle werden verdoppelt, ›Frauen‹ wie ›Männer‹; das In-Beziehung-Setzende und die In-Beziehung-Gesetzten erweisen sich als austauschbar, ohne aber dadurch überflüssig zu werden; jede Ecke des Dreiecks der Heiratsverwandtschaft schließt die anderen beiden Ecken als *Versionen ihrer selbst* mit ein.

Man vergleiche hierzu etwa Roy Wagners Analyse des matrimonialen Tausches bei den melanesischen Daribi (1977): Der frauengebende patrilineare Klan sieht die Frauen, die er abgibt, als einen Strom, der von seiner eigenen männlichen Substanz abgeht; der empfangende Klan hingegen wird den zugehenden Strom als einen aus weiblicher Substanz sehen; nehmen die Heiratsleistungen den entgegengesetzten Weg, kehrt sich die Perspektive um. Der Autor schließt: »Was man als Tausch oder Reziprozität beschreiben könnte, ist in Wirklichkeit eine [...] Verflechtung zweier Sichtweisen auf ein einziges Ding« (ebd.: 628). Die Interpretation des melanesischen

Gabentausches als intensional definierbar im Sinne eines Perspektiventauschs (bei dem wohlgemerkt die Vorstellung der Perspektive die Vorstellung des Tausches begrifflich bestimmt und nicht umgekehrt) wurde von Marilyn Strathern in *The Gender of the Gift* mit ebenjener Raffinesse entwickelt, die man von ihr gewohnt ist.[95]

Im Hinblick auf die Vorgängigkeit der Bestimmung ›Gattin‹ im Vergleich zu ›Schwester‹ verweise ich den Leser auf einen Abschnitt der Daktylographie von *Das Wilde Denken*, der in der Ausgabe von 1962 nicht erscheint, von Frédéric Keck aber für den kritischen Apparat zu Lévi-Strauss *Œuvres* bei La Pléiade wiederentdeckt wurde:

> Die spekulative Grundlage der Speiseverbote und Exogamieregeln besteht also in einem Widerwillen, Terme miteinander zu verbinden, die sich von einem allgemeinen Standpunkt besehen miteinander verbinden ließen (jede Frau ist ›heiratbar‹, wie auch jedes Nahrungsmittel ›essbar‹ ist), zwischen denen der Geist jedoch in einem bestimmten Fall eine Ähnlichkeitsbeziehung hergestellt hat (die Frau oder das Tier aus meinem Klan). [...] [W]arum wird diese Ansammlung von Verbindungen [...] als unheilvoll aufgefasst? Die einzige mögliche Antwort [...] ist, *dass die erste Ähnlichkeit nicht als Tatsache gegeben ist,*

---

95 Dieser Aspekt der Werke Wagners und Stratherns stellt also eine ›vorweggenommene Transformation‹ des Themas der Beziehung zwischen kosmologischem Perspektivismus und potenzieller Affinität oder Verwandtschaft dar, das zu jener Zeit erst langsam in der amazonistischen Ethnologie skizziert wurde. Die Synergie der Interpretationen ergab sich erst viel später (Strathern 1999: 246ff., 2005: 135-162; Viveiros de Castro 2008a, 2012).

sondern als Gesetz erlassen wird [...]. Das Ähnliche in ein neues Verhältnis zu setzen, stünde im Widerspruch zu dem Gesetz, das das Ähnliche [nur] als Mittel zur Schaffung von Verschiedenem akzeptiert. Tatsächlich ist die Ähnlichkeit das Mittel der Differenz und nichts anderes. (2008: 1834-1835 N14; unsere Hervorhebungen)

Gewiss wurde diese Passage damals nicht ausgelassen, weil sie der Idee widerspräche, die Lévi-Strauss im Allgemeinen von Ähnlichkeit und Differenz entwickelt; es handelt sich hier, ganz im Gegenteil, um eine Entwicklung, die jene Formel vorwegnimmt, die sich später in *Der nackte Mensch* wiederfindet – dass es »eine Ähnlichkeit an sich nicht gibt« und diese vielmehr »nur ein Sonderfall des Unterschieds [der Differenz] [ist], derjenige, wo der Unterschied [die Differenz] zu Null tendiert«, sich aber »niemals vollständig auf[hebt]« (Lévi-Strauss 1975a: 37) –, und die im Übrigen nichts anderes ist als eine abstraktere Formulierung der Argumentation zur unmöglichen amerindianischen Zwillingspaarigkeit in *Die Luchsgeschichte*. Der Abschnitt erscheint mir jedoch wesentlich, und zwar dank seines Unterscheidungswertes: Er erlaubt es, die Distanz zu vermessen, die den strukturalistischen Begriff des matrimonialen Tausches von Prinzipien wie dem von Françoise Héritier vorgeschlagenen »Verbot der Anhäufung des Identischen« trennt, einem Prinzip, das die Ähnlichkeit gemäß einer (im doppelten Sinne des Wortes) substantialistischen Voreingenommenheit, die der Lévi-Strauss'schen Ontologie der Differenz vollkommen fremd ist, aus sich selbst hervorgehen (oder sich auf sich selbst stützen) lässt. Tatsächlich ist eine Idee wie die des »Verbots der Anhäufung des Identischen« für den Strukturalismus ein Muster eines – man gestatte mir das Oxymoron – sekundären Prinzips.

Nun haben Deleuze und Guattari diese komplexe Verdopplung durch den Tausch (in der es, nebenbei bemerkt, zwei Dreiecke gibt, eines für jedes als ›in-Beziehung-setzend‹ verstandene Geschlecht) in einem Kommentar zur berühmten Analogie zwischen Homosexualität und pflanzlicher Vermehrung in Prousts *Sodom und Gomorrha* explizit beschrieben. Hier lässt sich so etwas wie ein ›Geschlechtsatom‹ erahnen:

> [D]as Pflanzenthema [...] [trägt] uns eine weitere Botschaft und einen weiteren Code zu [...]: jeder ist bisexuell, besitzt die beiden, aber in sich abgeschlossenen, nicht-kommunizierenden Geschlechter; der Mann ist nur jener, bei dem der männliche Anteil, die Frau jene, bei der der weibliche Anteil statistisch dominiert. So daß auf der Ebene elementarer Verbindungen mindestens zwei Männer und zwei Frauen eingebracht werden müssen, um jene Vielheit [Mannigfaltigkeit] zu konstituieren, in der transversale Kommunikationen [...] entstehen: eine Verbindung eingehen kann der männliche Teil eines Mannes mit dem weiblichen einer Frau ebenso wie mit deren männlichem Teil, und mit dem weiblichen Teil eines Mannes nicht minder als mit dessen männlichem Teil, usw. (Deleuze und Guattari 1974: 89)

»Mindestens zwei Männer und zwei Frauen.« Setzte man die durch einen ›Schwesterntausch‹ in Beziehung, das heißt durch ein Heiratsarrangement zwischen zwei gegengeschlechtlichen Geschwisterpaaren (zwei bisexuellen *Dividuen*), gelangte man zu einer – kanonisch-strukturalistischen – extensiven Version der Geschlechter-Mannigfaltigkeit. Aber offensichtlich muss alles »von der Intensität aus [...] interpretiert werden« (ebd.: 202). Das ist wohl die Arbeit, die das kleine »usw.« am Ende des oben zitierten Abschnitts zu leisten scheint. Vom Tausch zum Werden?

Dritter Teil

Gegen die himmlischen Filiationen: Die dämonische Allianz

Die auf den folgenden Seiten vorgeschlagene Lesart des Strukturalismus gegen den Strich erfordert einen kurzen Umweg über die autobiographische Erzählung, wofür ich den Leser um Nachsicht bitte, insofern diese Lesart ja empirisch auf meine persönliche Erfahrung als amerikanistischer Ethnologe zurückgeht.

In zwei Abschnitten der Schlüsselwerke von 1962, *Das Ende des Totemismus* und *Das Wilde Denken*, in denen der ›Prä-Strukturalismus‹ der *Elementaren Strukturen der Verwandtschaft* langsam dem ›Post-Strukturalismus‹ der *Mythologica* Platz machte (Viveiros de Castro 2008c), schuf Lévi-Strauss einen paradigmatischen Gegensatz zwischen »Totemismus« und »Opfer«, der für mich schließlich einen Wert annahm, den man im eigentlichen Sinne als mythisch bezeichnen könnte, und der es mir wiederum gestattete, klarer zu formulieren, was ich schon vorher auf verwirrte Weise als Grenzen der strukturalen Anthropologie wahrgenommen hatte. Grenzen im geometrischen Sinne – Zuständigkeitsbereich der Lévi-Strauss'schen Methode – wie auch im mathematisch-dynamischen Sinne – Attraktor, zu dem gewisse Virtualitäten dieser Methode tendieren. Dieser Gegensatz war insbesondere für eine Relektüre der amazonischen Ethnographie im Lichte meiner Forschung zusammen mit den Araweté, einem Tupi sprechenden Volk im östlichen Amazonien, wichtig (Viveiros de Castro 1986). Sie diente mir als unverzichtbare Stütze für den Versuch, den Sinn und die Funktion des kriegerischen Kannibalismus und des Schamanismus – zentraler (oder besser ›de-zentraler‹) kosmopolitischer Institutionen der Tupi und anderer amerindianischer Gesellschaften – neu zu denken.

♦♦♦

Die Frage der Existenz von Opferriten im indigenen Amazonien wirft das Problem der historischen und typologischen Beziehungen zwischen den Kulturen im Tiefland Südamerikas und den staatlichen Gebilden der Anden und Mesoamerikas auf, in denen das Opfer ein wesentliches theologisch-politisches Instrument darstellt. Über dieses Problem wiederum gelangt man zur sehr viel umfassenderen Frage der Entstehung des Staates in den sogenannten primitiven Gesellschaften. In Amazonien ist es dabei für gewöhnlich das Phänomen des Schamanismus, das die Aufmerksamkeit der an dieser Frage interessierten Fachleute auf sich zieht, sobald der Schamane erst einmal von Zeit zu Zeit im proto-priesterlichen Gewand eines Delegierten der Transzendenz in Erscheinung tritt. Der amerikanistische Konsens jedoch besteht in der Feststellung, dass die klassische franko-soziologische Definition des Opfers (Hubert und Mauss in Mauss 2012a), die der Disziplin auch weiterhin als allgemeine Referenz dient, dem Komplex des südamerikanischen Schamanismus nicht gerecht wird.

Dennoch drängte sich mir die Verbindung zwischen der Araweté-Ethnographie und dem Begriff des Opfers nicht direkt ausgehend von den schamanischen Praktiken dieses Volkes auf, sondern aus ihrem eschatologischen Diskurs heraus. Innerhalb der Kosmologie der Araweté besetzt der postume Kannibalismus einen Ehrenplatz: Die himmlischen Gottheiten (die *Maï*) verschlingen die Seelen der im Himmel angekommenen Toten in einer Art Präludium zu deren Verwandlung in unsterbliche, ihren Verschlingern gleichende Wesen. Wie ich in meiner Monographie gezeigt habe, stellt dieser mystisch-funeräre Kannibalismus der Araweté offenbar eine strukturale Transformation des kriegerisch-soziologischen Kannibalismus der Tupinambá dar, die im 16. Jahrhundert die brasilianische Küste bewohnten.

Vielleicht ist es an dieser Stelle hilfreich, sich die allgemeinen Züge des Kannibalismus der Tupinambá ins Gedächtnis zu rufen. Es handelte sich dabei um ein äußerst elaboriertes System aus Gefangennahme, Hinrichtung und zeremoniellem Verschlingen von Feinden. Die Kriegsgefangenen, die oft von Völkern stammten, die die gleiche Sprache wie ihre Entführer sprachen und die die gleichen Gebräuche kannten, durften bis zu ihrem Tod auf dem zentralen Dorfplatz noch recht lange zusammen mit diesen leben. Sie wurden allgemein gut behandelt und lebten während der langen Vorbereitungen für den großen Hinrichtungsritus in überwachter Freiheit; es war üblich, ihnen Frauen aus der Gruppe als Gattinnen zu geben – anders gesagt, wurden die Gefangenen in Schwager transformiert (für ›Feind‹ und ›Schwager‹ gibt es im alten Tupí-Guarani das gleiche Wort: *tovajar*, was wörtlich ›Gegensatz‹ oder ›Gegenüber‹ bedeutet). Schon hier sieht man, auf welche Weise die amerindianische Prädation auch, wie Lévi-Strauss beobachtete, die Frage der Affinität impliziert. Der rituelle Zyklus erreichte seinen Höhepunkt schließlich mit der feierlichen Hinrichtung des Gefangenen – einem Akt, der für den Offizianten initiatorischen Wert hatte, da dieser so einen neuen Namen erhielt und das Recht zu heiraten und Kinder zu bekommen, öffentlich zu sprechen und nach seinem Tod ins Paradies einzutreten erlangte – und dem Verschlingen seines Körpers durch alle Anwesenden, also durch die Gastgeber und die geladenen Gäste aus verbündeten Dörfern, mit alleiniger Ausnahme des Offizianten und Henkers, der nicht nur nicht vom Gefangenen aß, sondern auch selbst eine Art Funerärhaft antrat, eine Trauerperiode. Er trat also, anders gesagt, in einen Prozess der Identifikation mit jenem ›Gegensatz‹ ein, den er gerade eben hingerichtet hatte.

Die rituelle Anthropophagie der Tupinambá wurde häufig als eine Form des ›Menschenopfers‹ interpretiert, sei es im figurativen Sinne des Ausdrucks, wie er von einigen der ersten Chronisten und Missionare verwendet wurde, sei es in einem begrifflich präzisen Sinne wie bei Florestan Fernandes (1970), einem der Gründungsväter der Soziologie in Brasilien, der das analytische Schema von Hubert und Mauss auf die Materialien des 16. Jahrhunderts angewendet hat. Um das allerdings zu tun, musste Fernandes etwas postulieren, was sich in den dokumentarischen Quellen nicht finden lässt: einen Adressaten des Opfers, ein »übernatürliches Wesen«. Ihm zufolge richtete sich das Opfer an die Geister der Toten der Gruppe, die durch die Hinrichtung und das Verschlingen des Kriegsgefangenen gerächt und gefeiert wurden.

In meiner Monographie über die Araweté habe ich die Vorstellung infrage gestellt, dass irgendwelche übernatürlichen Wesen notwendig in den Kannibalismus der Tupi involviert seien und die Versöhnung mit ihnen letztlich den Grund für das Ritual darstelle. Es stimmt, dass sich, gerade im Fall der Araweté, »übernatürliche Wesen« in der Rolle des aktiven Pols der kannibalischen Beziehung finden ließen. Aber gemäß meiner Lektüre der Eschatologie dieses Volkes anhand der Soziologie der Tupinambá war einem solchen übernatürlichen Status der Verschlinger keine besonders große Bedeutung beizumessen. Mein Argument lautete, dass die *Maï* (die Gottheiten) der Araweté jenen Ort einnähmen, den im Ritus der Tupinambá die Gruppe in der Funktion des *Subjekts* innegehabt hatte – die Gruppe des Mörders und seiner Alliierten, die den Gefangenen verschlangen

–, während der Ort des *Objekts* der Opferung – der Gefangene im Ritus der Tupinambá – von den Toten der Araweté eingenommen würde. Die lebenden Araweté besetzten dann schließlich den Ort der *Ko-Subjekte*, den bei den Tupinambá die feindliche Gruppe innehatte, jene Gruppe also, aus der das Opfer stammte.[96] So betraf also zusammengefasst die Transformation, die der göttliche Kannibalismus der Araweté mit Blick auf den menschlichen Kannibalismus der Tupinambá bewirkte, nicht den symbolischen Gehalt dieser Praxis oder ihre gesellschaftliche Funktion, sondern bestand vielmehr in einer pragmatischen Verschiebung, einer Torsion oder Translation der Perspektive, die sich auf die Werte und Funktionen von ›Subjekt‹ und ›Objekt‹, von ›Mittel‹ und ›Zweck‹, von ›Selbst‹ und ›Anderem‹ auswirkte.

---

96 Insoweit der zeremonielle Tod als ›schöner Tod‹ verstanden wurde, als so etwas wie der homerische *kalós thánatos*, war die Beziehung zwischen den verfeindeten Gruppen von einer wesentlichen Positivität geprägt: Nicht nur gewährte sie Zugang zu individueller Unsterblichkeit, sie ermöglichte auch die kollektive Rache, die der Antrieb und das zentrale Motiv im Leben der Tupinambá war. Gabriel Soares de Sousa bringt es auf diese lapidare Formel: »Da die Tupinambá sehr kriegerisch sind, ist es für sie überhaupt grundlegend, zu wissen, wie sie gegen ihre Gegner Krieg führen können« (1971: 320). Zur Dialektik des Todes des Individuums und des Lebens der Gruppe siehe folgende Passage von Thevet: »Und glaubt nicht, dass der Gefangene von dieser Nachricht [dass er in Kürze hingerichtet und verschlungen wird] überrascht ist; er ist der Meinung, dass sein Tod ein ehrenhafter ist, und dass es für ihn viel mehr wert ist, so zu sterben, als zuhause irgendeinem ansteckenden Tod zu erliegen: Denn (so sagen sie) man kann sich nicht für den Tod rächen, der die Menschen brüskiert und tötet, aber man kann jene rächen, die im Krieg getötet und massakriert wurden« (1953: 196).

Von dieser Beobachtung ausgehend folgerte ich schließlich, dass die Idee eines koordinierten Wechsels von Standpunkten noch mehr vermochte als nur die Beziehung zwischen den Versionen des kannibalischen Motivs bei den Araweté und den Tupinambá zu beschreiben. Dieser Wechsel deutete nämlich mehr noch auf eine Eigenschaft des Tupi-Kannibalismus selbst als Aktantenmodell hin. Ich definierte ihn also schließlich als einen Prozess der Umwandlung von Perspektiven, in dem sich das ›Ich‹ durch den Akt der Einverleibung des anderen als ›anderer‹ bestimmt, der seinerseits ein ›Ich‹ wird, aber immer *im* anderen, wörtlich *durch* den anderen (›durch‹ auch im solipsistischen Sinne von ›mittels‹). Diese Definition sollte eine einfache, aber doch hartnäckige Frage beantworten: Was vom Feind wurde wirklich verschlungen? Seine Materie oder ›Substanz‹ konnte es nicht sein, da es sich ja um rituellen Kannibalismus handelte, bei dem der Verzehr des Fleisches des Opfers in quantitativer Hinsicht keinerlei Bedeutung hatte; außerdem sind in den uns bekannten Quellen die Hinweise auf irgendeine den Körpern der Feinde zugeschriebene physische oder metaphysische Tugend rar und kaum aufschlussreich. Das gegessene ›Ding‹ konnte demnach nicht eigentlich ein ›Ding‹ sein, was aber auch nicht heißen konnte, dass es – und das ist wesentlich – deshalb kein *Körper* mehr war. Nichtsdestotrotz war dieser Körper ein Zeichen, ein rein positionaler Wert; was gegessen wurde, war die *Beziehung* des Feindes zu seinem Verschlinger oder, anders gesagt, sein *Status als Feind*. Was man vom Opfer aufnahm, waren die Zeichen seiner Alterität, und das, worauf man es abzielte, war diese Alterität als Standpunkt mit Blick auf das Ich. Der Kannibalismus und die mit ihm verbundene indigene Art der Kriegsführung implizierten eine paradoxale Bewegung der wechselseitigen Selbstbestimmung vom Standpunkt des Feindes.

Mit dieser These schlug ich natürlich eine Gegeninterpretation einiger klassischer Grundsätze der Disziplin vor: Zielt die europäische multikulturalistische Anthropologie darauf ab, das gelebte menschliche Leben vom »Standpunkt des Eingeborenen« aus zu beschreiben, so versteht die indigene multinaturalistische Anthropologie das ›semiophysische‹ Erfassen – die Hinrichtung und das Verschlingen – des ›Standpunkts des Feindes‹ als vitale Bedingung der Selbstbeschreibung. Anthropophagie als Anthropologie.[97]

Die direkte ethnographische Anregung für diese Idee entstammt den Kriegsgesängen der Araweté, in denen der Krieger durch ein komplexes deiktisches und anaphorisches Spiel vom Standpunkt seines toten Feindes über sich selbst spricht: Das Opfer, das sowohl Subjekt als auch Gegenstand des Gesangs ist, spricht von den Araweté, die es getötet hat, und spricht von seinem Mörder – von dem, der hier ›spricht‹, der den Diskurs des toten Feindes singt – wie von einem kannibalischen Feind (obwohl man bei den Araweté nur Wörter isst). ›Durch‹ *seinen* Feind sieht oder positioniert sich der Mörder *wie* einen Feind, ›als‹ Feind. Er begreift sich von dem Moment an als Subjekt, in dem er sich selbst durch die Augen seines Opfers sieht, von dem Moment an, in dem er seine eigene Singularität mit der Stimme des anderen ausspricht. Perspektivismus.

Innerhalb der amerindianischen Landschaft war die kriegerische Semiophagie der Tupi beileibe keine außergewöhnliche Entwicklung. In groben Zügen ist das Thema der Existenz einer indigenen politischen Philosophie des Kannibalismus, die zu-

---

97 Oder, ganz im Stil des wilden Humors Oswald de Andrades, des Verfassers des *Anthropophagischen Manifests* von 1928: Odontologie als Ontologie…

gleich eine kannibalische Philosophie des Politischen ist, schon in der clastresschen Theorie des Krieges skizziert worden (P. Clastres 2008; siehe auch P. Clastres und Sebag 1963 und H. Clastres 1968 und 1972 für einige bahnbrechende Artikel). Dennoch begann man erst zu der Zeit, als auch ich mich mit dem Material zu den Tupi befasste, langsam und dank der Bemühungen verschiedener amazonistischer Kollegen, die Allgemeingültigkeit und die ethnographische Komplexität dieses Phänomens anzuerkennen.[98] Diese Arbeiten wiesen auf eine Ökonomie der prädatorischen Alterität hin, die die Grundordnung der amazonischen Sozialität konstituiert: Die Idee, dass die ›Interiorität‹ des gesellschaftlichen Körpers vollständig durch die Vereinnahmung symbolischer Ressourcen von außerhalb – Namen und Seelen, Personen und Trophäen, Wörter und Erinnerungen – konstituiert

98 Einige davon verdienen besondere Erwähnung: etwa Bruce Alberts bedeutende Dissertation zum bellico-funerären Komplex der Yanomami (Albert 1985); die Studien, die Patrick Menget (1985a) in einer Ausgabe des *Journal de la Société des Américanistes* zusammengetragen hat, darunter insbesondere der Artikel von Anne-Christine Taylor (1985) über die Kopfjagd der Jívaro als Instrument zur Vereinnahmung der Virtualitäten von Personen und der von Jean-Pierre Chaumeil (1985) zur kosmologischen Ökonomie des Krieges bei den Yagua; außerdem Mengets Arbeiten (1985b, 1988) zum System der ›Adoption‹ feindlicher Frauen und Kinder durch die Ikpeng; Philippe Eriksons Artikel (1986) zur kannibalischen Ethnosoziologie der panosprachigen Völker; und der Artikel von Joanna Overing (1984) zu den Bildern des Kannibalismus in der Kosmologie der Piaroa. In den darauffolgenden Jahrzehnten haben sich die Studien vervielfacht (neben vielen weiteren Arbeiten der bereits erwähnten Forscher seien hier noch die von Philippe Descola, Barbara Keifenheim, Isabelle Combès, Tânia Stolze Lima, Aparecida Vilaça, Alexandre Surrallès, Carlos Fausto, Dimitri Karadimas und Renato Sztutman genannt).

wird. Indem er als Prinzip der Bewegung die Einverleibung feindlicher Attribute wählt, gelangt der amerindianische *Sozius* dahin, sich eben nach diesen Attributen zu ›definieren‹, zu bestimmen. Das ist es, was man im großen rituellen Moment im Leben der Tupinambá, der Hinrichtung des Gefangenen, beobachten konnte, in jenem Moment, in dem der Ehrenplatz der Zwillingsfigur von Mörder und Opfer vorbehalten war, die sich bis ins Unendliche ineinander spiegeln und aufeinander zurückwerfen. Das also ist das Wesentliche jener »Metaphysik der Prädation«, von der Lévi-Strauss gesprochen hatte: die primitive Gesellschaft als Gesellschaft ohne Innen, die allein *außerhalb ihrer selbst ist*. Ihre Immanenz koinzidiert mit ihrer Transzendenz.

Es war also weniger über den Schamanismus als vielmehr über den Krieg und den Kannibalismus, dass ich zum ersten Mal darauf gebracht wurde, mich mit dem Problem des Opfers auseinanderzusetzen. Während mir nun aber die Mauss'sche Definition für den Fall der Tupi – in dem es wohl weder einen Empfänger noch etwas »Heiliges« gab – inadäquat vorkam, schien mir hingegen der Begriff, den Lévi-Strauss in seiner Diskussion des Totemismus vorgeschlagen hatte, ein ganz neues Licht auf die Anthropophagie zu werfen.

♦ ♦ ♦

Der Gegensatz zwischen ›Totemismus‹ und ›Opfer‹ (oder ›Opferung‹) zeigt sich zunächst einmal in der Form einer orthogonalen Gegenüberstellung des Systems »Totem« und des Systems »Manido« der Ojibwa, die im ersten Kapitel von *Das Ende des Totemismus* entworfen wird (Lévi-Strauss 1965: 33-35). Im siebten Kapitel von *Das wilde Denken* wird diese Gegenüberstellung dann auf folgende Weise verallgemeinert, in einem neuen Diagramm dargestellt (Lévi-Strauss 1968: 260) und systematisiert:

1. Der Totemismus postuliert die Existenz einer Homologie zwischen zwei parallelen Reihen (der der natürlichen Arten und der der sozialen Gruppen), indem er eine formale und umkehrbare Korrelation zwischen zwei insgesamt isomorphen Systemen von Unterschieden (Differenzen) herstellt.
2. Das Opfer postuliert die Existenz einer einzigen kontinuierlichen und in eine Richtung gehenden Reihe, in deren Verlauf eine wirkliche und nicht umkehrbare Vermittlung zwischen zwei polaren und nicht homologen Termen (Menschen und Gottheiten) stattfindet, deren Kontiguität durch sukzessive analogische Identifizierungen oder Annäherungen hergestellt werden muss.
3. Der Totemismus ist metaphorisch, das Opfer metonymisch; ersterer ist ein interpretatives »Bezugssystem«, letzteres ein technisches »Operationssystem«; ersterer gehört zur Ordnung der *langue*, letzterer zur Ordnung der *parole*.

Aus dieser Charakterisierung lässt sich schließen, dass durch das Opfer Prozesse aktualisiert werden, die auf den ersten Blick von ganz anderer Art sind als die im Totemismus und den übrigen in *Das Wilde Denken* analysierten »Transformationssysteme« wirkenden Proportionalitätsäquivalenzen. Die logischen Transformationen des Totemismus entstehen zwischen Termen, deren Positionen zueinander durch Permutationen, Inversionen, Kreuzungen und andere kombinatorische und extensive Neuverteilungen modifiziert werden – der ›Totemismus‹ ist eine Topik der Diskontinuität. Die Transformationen des Opfers hingegen bringen intensive Beziehungen hervor, die die Natur der Terme selbst modifizieren, da sie zwischen ihnen etwas ›passieren‹ lassen: Die Transformation ist hier weniger Permutation, sondern vielmehr *Transduktion* im Sinne Gilbert Simondons – sie bezieht sich auf eine Energetik des Kontinuums. Ist das Ziel des Totemismus, eine Ähnlichkeit zwischen zwei je für sich gegebenen Reihen von Differenzen herzustellen, so zielt das Opfer darauf ab, zwei als selbstgleich angesehene Pole intern zu differenzieren, wodurch die Differenz auf vollkommen andere Art und Weise funktioniert (von innen anstatt von außen, könnte man sagen). Auf eine mathematische Allegorie zurückgreifend könnten wir sagen, dass das Modell der strukturalen Transformationen des Totemismus die kombinatorische Analyse ist, wohingegen das zur Erforschung des von den intensiven Metamorphosen des Opfers errichteten »Bereichs der Kontinuität« (der Ausdruck stammt von Lévi-Strauss) erforderliche Instrument eher an so etwas wie die Differentialrechnung erinnerte: Man stelle sich den Tod des Opfers wie das Ziehen einer Tangente vor, bestmögliche Annäherung an die Kurve der Gottheit…

Die Lévi-Strauss'sche Definition des Totemismus begreift diesen also als System von *Formen*, während die Definition des Opfers Formulierungen verwendet, die auf so etwas wie ein System von *Kräften* hindeuten. Eine wahre Strömungsmechanik: Wenn er vom Opfer spricht, mobilisiert Lévi-Strauss ein ganzes Imaginarium voller miteinander kommunizierender Gefäße, spricht etwa von einer »Lösung der Kontinuität« zwischen »Kraftquellen [réservoirs]« oder einem »automatisch« ausgefüllten »Defizit an Kontiguität«, um hier nur einige von vielen ähnlichen Ausdrücken zu nennen. Jedenfalls lässt all das unweigerlich an die Schlüsselidee einer *Potentialdifferenz* als Prinzip des Opfers denken.

Die selbe hydraulisch-energetische Sprache erscheint wieder in der Analyse des Lachens und der ästhetischen Empfindung als Entladung angesammelter symbolischer Energie im »Finale« von *Der nackte Mensch*. Lévi-Strauss greift auf sie aber auch zurück, wenn er von Gesellschaften mit »warmer« oder »heißer« Geschichte spricht, die gegen die Entropie ankämpften, indem sie die in Klassenungleichheiten oder der Ausbeutung anderer Völker begriffenen Potentialdifferenzen zur Erzeugung von Werden und Energie nutzten (Lévi-Strauss und Charbonnier 1961: 44-48). Der Begriff der Potentialdifferenzen (oder der Differenzen des Potentials) spielt außerdem eine entscheidende, obgleich nur selten bemerkte Rolle in der Konstruktion des Begriffs des *mana* in Henri Hubert und Marcel Mauss' »Entwurf einer allgemeinen Theorie der Magie«. Hubert und Mauss vertreten dort die Auffassung, dass *mana* die Idee vom differentiellen Wert der Dinge und der Wesen ist (»Es handelt sich bei der Magie letztlich immer um aufeinander bezügliche Werte«), die Idee ihrer hierarchischen Anordnung also, und dass diese hierarchische Wertdifferenz (Mauss mit Nietzsche!) zu einer von J.N.B. Hewitt vorgeschlagenen Übersetzung der Begriffe *mana*, *orenda* und so weiter als »magische Potentialität« passt. Und so schließen sie: »Was wir relative Position oder aufeinander bezüglichen Wert der Dinge genannt haben, können wir ebensogut Differenzen des Potentials nennen, denn durch diese Differenzen wirken die Dinge aufeinander [...] [Die] Idee des *mana* ist nichts anderes als die Idee dieser Werte, also dieser Differenzen des Potentials. Damit ist dieser Begriff, der die Magie begründet, als Ganzes erfaßt und folglich auch das Ganze der Magie« (Hubert und Mauss in Mauss 2012b: 370-371). Lévi-Strauss' Interpretation des *mana* im Sinne einer Inadäquation zwischen Signifikant und Signifikat (Lévi-Strauss 1974: 39) wäre dann ein Kompromiss zwischen einer totemistischen Erklärung, insofern sie sich auf ein Modell korrelativer Differenzen zwischen einer bezeichnenden und einer bezeichneten Reihe beruft, und einer sakrifiziellen Erklärung, insofern sie sich auf die Feststellung einer ewigen Diskrepanz (es gibt keinen »Ausgleich«) zwischen den beiden Reihen stützt, ein Ungleichgewicht, das den »Differenzen des Potentials« bei Hubert und Mauss sehr ähnlich ist.

Kurz gesagt also zwei unterschiedliche Bilder der Differenz, ein extensives und ein intensives: Form und Kraft. Zwei Bilder, die, wie der Autor vorschlägt, so unterschiedlich sein mögen, dass sie gar »unvereinbar« sind (Lévi-Strauss 1968: 258), wobei ich mir die Freiheit nehme, dieses Urteil so zu deuten, dass damit *komplementäre* Bilder im Sinne des von Lévi-Strauss häufig zitierten Niels Bohr gemeint sind.[99] In diesem Fall bezeichneten ›Totemismus‹ und ›Opfer‹ dann nicht zwei »Systeme«, sondern vielmehr zwei gleichzeitig notwendige, sich aber gegenseitig ausschließende *Beschreibungen* eines selben allgemeinen Phänomens, des Sinns oder der Semiose als Artikulation heterogener Reihen.

---

99 Zu Niels Bohr siehe zum Beispiel: Lévi-Strauss 1967: 321, 389, 2008: 38-39; Lévi-Strauss und Charbonnier 1961: 18, 25.

Eine solche Komplementarität ist jedoch, zumindest was Lévi-Strauss angeht, ganz klar asymmetrisch. In seiner Antrittsvorlesung am Collège de France bemerkte der Autor, dass die strukturale Anthropologie, anders als die Geschichte, »eher eine *Transformations-* als eine *Fluktions*methode« (Lévi-Strauss 1975b: 28) gebrauchen solle, und schlug so eher eine Gruppenalgebra als eine Differentialdynamik vor. Erinnern wir uns, dass »Fluxionsmethode« Newtons Name für das war, was man später Differentialrechnung nannte. Und tatsächlich scheint es, als sei die strukturale Methode in der Anthropologie – oder vielleicht sollte man besser sagen: die übliche Interpretation dieser Methode – eher zur Abbildung der Form konzipiert worden als zur Abbildung der Kraft, eher für die Kombinatorik als für das Differential, eher für das Teilchen- als für das Wellenförmige, für die *langue* zum relativen Nachteil der *parole*, für die Kategorisierung und weniger für die Handlung.[100] Daher werden diese Aspekte, die der strukturalen Methode mal mehr, mal weniger stark zu widerstehen scheinen, von Lévi-Strauss für gewöhnlich als mindere semiotische (oder gar ontologische) Modi behandelt (nicht zufällig sprachen wir am Anfang dieses Buches von einer

---

[100] Andererseits bemerkte Deleuze schon 1972 über die Mathematik des Strukturalismus: »Es kommt vor, daß der Ursprung des Strukturalismus in der Axiomatik gesucht wird. Tatsächlich gebraucht Bourbaki zum Beispiel das Wort Struktur. Doch, wie uns scheint, in einem Sinne, der sich weit vom Strukturalismus unterscheidet. [...] Der mathematische Ursprung des Strukturalismus muß vielmehr auf der Seite der Differentialrechnung gesucht werden und gerade in ihrer Interpretation durch Weierstrass und Russell, eine *statische* und *ordinale* Interpretation, welche die Differentialrechnung endgültig von jeder Bezugnahme auf das unendlich Kleine befreit und sie in eine reine Logik der Relationen integriert« (1992b: 21-22).

minderen Anthropologie), sei es, weil sie von den Grenzen des Denkbaren zeugten, sei es, weil sie in den Bereich des Asignifikanten gehörten, oder sei es schließlich, weil sie Ausdruck der Mächte der Illusion wären. So wurde das Opfer bekanntlich für imaginär und falsch gehalten, während der Totemismus als objektiv und wahr angesehen wurde (1968: 263) – ein Urteil, das im vertieften Gegensatz zwischen Mythos und Ritus in *Der nackte Mensch* wiederholt wird (Lévi-Strauss 1975a: 783-793), aber auch ein Urteil, so sind wir zu sagen versucht, das uns mehr über bestimmte Aspekte der Kosmologie Lévi-Strauss' lehrt als über die Kosmologie der von ihm erforschten Völker.[101]

Heute ist der Totemismus in der allgemeinen klassifikatorischen Tätigkeit des wilden Denkens aufgelöst;[102] das Opfer wartet noch immer auf eine vergleichbare konstruktive Auflösung. Wie Lévi-Strauss den Totemismus aufgelöst hat, ist bekannt: Er hat für ihn aufgehört, Institution zu sein, und ist zu einer Methode der Klassifikation und zu einem Bedeutungssystem geworden, in dem die Referenz auf die Reihe der natürlichen Arten kontingent ist. Wäre es möglich, das Opfer entlang ähnlicher Linien neu zu denken? Wäre es, kurz gesagt, möglich, die Gottheiten, die als

---

[101] Dieser Gegensatz zwischen Mythos und Ritus in *Der nackte Mensch* stellte für die strukturalistische Nachwelt ein großes Hindernis dar, wie die zahlreichen Versuche, ihn zu modalisieren, zu reformulieren oder ganz einfach zu verwerfen (und mit ihm zuweilen ganze Teile von Lévi-Strauss' Fragestellung) bezeugen. Insbesondere die amerikanistische Ethnologie hatte mit diesem Gegensatz in mindestens zwei grundlegenden Studien über amazonische Ritualsysteme zu kämpfen (Hugh-Jones 1979, Albert 1985).

[102] Eine wichtige Ausnahme bildet die bereits erwähnte Theorie Descolas, in der der Begriff eine spezifische »Ontologie« bezeichnet, die sich besonders häufig im indigenen Australien findet.

Terme der Opferbeziehung fungieren, als ebenso kontingent zu betrachten wie die natürlichen Arten des Totemismus? Wie sähe ein generisches Schema des Opfers aus, von dem die typischen institutionellen Kristallisationen nur besondere Fälle wären? Oder, um das Problem eher in einer Sprache des Opfers als des Totemismus zu formulieren: Wie sähe das Feld dynamischer Virtualitäten aus, von denen das Opfer eine singuläre Aktualisierung ist? Welche Kräfte mobilisiert das Opfer?

Abgesehen von Lévi-Strauss' Werturteilen erschienen mir die Gegensätze zwischen metaphorischer Diskontinuität und metonymischer Kontinuität, zwischen positioneller Quantität und vektorieller Qualität, zwischen paradigmatischem Bezug und syntagmatischer Operation äußerst erhellend, führten sie mich doch schließlich dahin, den rituellen Kannibalismus der Tupi in die Spalte (das Paradigma!) des Opfers einzutragen. Als wahrhaft antitotemistischer Operator würde der Kannibalismus eine potentiell wechselseitige (der Imperativ der Rache, der ihn in der Gesellschaft der Tupinambá motivierte), in Wirklichkeit aber unumkehrbare Transformation zwischen den verbundenen Termen verwirklichen, und zwar durch Akte höchster Kontiguität und ›Diskontiguität‹ (der gewaltsame physische Kontakt der Hinrichtung, das Zerlegen und Verschlingen des Körpers des Opfers), die eine Bewegung der Unbestimmung und der Schaffung einer Zone der Ununterscheidbarkeit zwischen Mördern und Opfern, Verschlingen und Verschlungenen implizieren. Es ist überhaupt nicht notwendig, übernatürliche Wesen zu postulieren, um festzustellen, dass wir uns also im Element des Opfers befinden. In der tripolaren Interpretation des rituellen Schemas der Tupinambá, die ich in meiner Monographie über die Araweté entwickelt habe, sind die Aktanten: die Gruppe der Verschlinger, die duale Person

Henker-Opfer und die feindliche Gruppe; der ›Tote‹ stellt eine Stellvertreter-Position, die abwechselnd oder nacheinander von diesen Polen des Rituals eingenommen wird; und diese Position ist es, die die im Prozess zirkulierenden Kräfte leitet.

Alles schön und gut. Aber kann der Begriff des ›Opfers‹ in diesem neuen Lévi-Strauss'schen Sinne dem, was im kannibalischen Ritual passiert, wirklich Rechnung tragen? Im Kannibalismus der Tupi gibt es nichts Imaginäres oder gar Falsches. Nicht einmal die Rache, obgleich streng genommen ›unmöglich‹ (ein Tod wird vergolten, aber er erlischt nicht), war imaginär; sie war vor allem ein Schematismus der gesellschaftlichen Praxis – wir sollten wohl sagen: *poiesis* –, ein ritueller Mechanismus zur Produktion kollektiver Zeitlichkeit (der unendliche Kreislauf der Rache) durch die Errichtung eines ewigen Ungleichgewichts zwischen den verfeindeten Gruppen.[103] Jedenfalls war es, wenn es immer nötig war, sich den Feind vorzustellen – den anderen als solchen zu konstruieren –, immer das Ziel, ihn wirklich zu verspeisen – um das Ich als anderes zu konstruieren. Auch wenn er viel mehr kann als der Begriff des Totemismus, gibt es doch noch etwas, was der Begriff des Opfers nicht vermag.

103 Das »ewige Ungleichgewicht« ist ein Schlüsselbegriff in *Die Luchsgeschichte*, der – wie es der Zufall will – ausgehend von einer Analyse des von Thevet um 1554 niedergeschriebenen Zwillingsmythos der Tupinambá (Thevet 1953) entwickelt wird.

9. Transversaler Schamanismus

Wir kehren also zurück zum Schamanismus, von dem wir oben schon in der Zusammenfassung der perspektivistischen Theorie gesprochen haben. Weil sie imstande sind, die anderen Spezies, die anderen Arten, so zu sehen, wie diese sich selbst sehen – nämlich als menschlich –, spielen die amazonischen Schamanen in einer Arena, in der sich die unterschiedlichen Interessen der Seienden gegenüberstehen, die Rolle der kosmopolitischen Diplomaten. In diesem Sinne unterscheidet sich die Funktion des Schamanen nicht wesentlich von der Funktion des Kriegers. Beide sind Perspektivenkommutatoren oder Perspektivenleiter; dabei operiert ersterer in der Zone zwischen Arten (interspezifisch), letzterer in der zwischen Menschen (interhuman) oder Gesellschaften (intersozietär).[104] Diese Zonen ordnen sich nicht extensiv in einem Verhältnis horizontaler Nähe oder vertikaler Umschließung an, sondern überlagern sich vielmehr intensiv. Der amazonische Schamanismus ist, wie bereits gesagt, die Fortsetzung des Krieges mit anderen Mitteln. Dies hat allerdings nichts mit Gewalt an sich zu tun,[105] wohl aber mit Kommunikation – einer transversalen Kommunikation zwischen Unkommunizierbaren, einem delikaten und gefährlichen Vergleich zwischen Perspektiven, in dem die Position des Menschlichen immerzu umstritten bleibt. *Wer ist hier der Mensch?* – das ist die

---

[104] Vergessen wir nicht, dass jede Spezies über ihre eigenen Schamanen verfügt, und dass die Beziehung der menschlichen Schamanen zu den anderen Arten vor allem über die Schamanen dieser anderen Art hergestellt wird, mit denen sie in einen Bund eintreten.

[105] Obwohl Schamanen oft unverzichtbare Helfer im Krieg sind, ob als Orakel oder als Krieger des Unsichtbaren.

Frage, die sich immer dann stellt, wenn ein Individuum auf ein fremdes Bündel von Affekten und Handlungsmacht trifft, sei es ein Tier oder eine unbekannte Person im Wald, ein Verwandter, der lange abwesend war und nun ins Dorf zurückkehrt, oder das Bild eines Toten, das im Traum erscheint. Die universelle Menschlichkeit der Wesen – die kosmische Grundmenschlichkeit, die jede Art von Seienden zu einer reflexiv menschlichen Gattung macht – ist dem Komplementaritätsprinzip unterworfen, insofern sie sich über die Tatsache definiert, dass zwei unterschiedliche, in ihren eigenen Augen je notwendigerweise menschliche Spezies füreinander niemals zur gleichen Zeit menschlich sein können.

Es wäre gleichermaßen korrekt, zu sagen, dass der Krieg die Fortsetzung des Schamanismus mit anderen Mitteln ist: In Amazonien ist der Schamanismus ebenso gewalttätig wie der Krieg übernatürlich ist. Beide unterhalten einen Bezug zur Jagd als Modell des perspektivischen Agonismus und konfigurieren so ein transhumanes Ethogramm, das eine metaphysische Anziehung durch Gefahr zum Ausdruck bringt (Rodgers 2002) und von der tiefgreifenden (und ernsten) Überzeugung gekennzeichnet ist, dass jede vitale Aktivität eine Form prädatorischer Expansion darstellt.[106]

Im strikten Sinne des Lévi-Strauss'schen Gegensatzes befindet sich der Schamanismus eindeutig auf der Seite des Opfers.

---

106 Das ist der Grund, warum mir die Wichtigkeit, die die Amerindianer angeblich den süßen Werten der ›Konvivialität‹ und der ›Ruhe‹ beimessen, und über die in der neueren amazonistischen Literatur noch immer viel bittere Tinte fließt, zwar nicht unbedingt als *falsche*, aber als komisch *äquivoke* Interpretation der ambigen Mächte jener prädatorischen Alterität erscheint, die den universellen Horizont des indigenen Denkens bildet.

Es ist wahr, dass die Aktivität der Schamanen darin besteht, Korrelationen oder Übersetzungen zwischen den jeweiligen Welten der natürlichen Arten zu etablieren, indem sie nach aktiven Homologien und Äquivalenzen zwischen den verschiedenen sich gegenüberstehenden Standpunkten suchen (Carneiro da Cunha 2009). Aber der Schamane selbst ist ein wirklicher ›Berichterstatter [relator]‹, kein formaler Korrelator: Er muss von einem Standpunkt zu einem anderen übergehen, sich in ein Tier verwandeln, damit er das Tier in einen Menschen verwandeln kann und umgekehrt. Der Schamane nutzt – ›substantiiert‹ und verkörpert, verbindet und berichtet – die Potentialdifferenzen, die den Divergenzen zwischen den Perspektiven innewohnen, die den Kosmos konstituieren; seine Macht geht ebenso wie die Grenzen seiner Macht auf diese Differenzen zurück.

An dieser Stelle kann man endlich doch noch einen gewissen Nutzen aus der Mauss'schen Theorie des Opfers ziehen. Man stelle sich das klassische Opferschema als eine gesättigte oder vollständige vermittelnde Struktur vor, die durch die doppelte Vermittlung des Opferers (des Offizianten) und des Opfers die verbindende Polarität zwischen dem Opfernden (der das Opfer darbringt und davon profitiert) und dem Adressaten herstellt. Man stelle sich die beiden amazonischen ›sakrifiziellen‹ Figuren, den rituellen Kannibalismus und den Schamanismus, als Reduktionen oder Degenerationen des Mauss'schen Schemas vor, und zwar im gleichen Sinne, in dem Lévi-Strauss sagte, dass der eingeschränkte Tausch ein mathematisch degenerierter Fall des verallgemeinerten Tausches sei.

Ein entscheidendes Merkmal des amazonischen Schamanismus besteht darin, dass der Schamane *zugleich* der Offiziant und das Medium, der Opfernde und der Übermittler des Opfers ist. In ihm realisiert sich das »Defizit an Kontiguität« – die durch die Trennung zwischen Körper und Seele geschaffene Leere, die subtraktive Externalisierung von Teilen der Person des Schamanen –, das imstande ist, einen günstigen semiotisch-materiellen Strom zwischen Menschen und Nicht-Menschen verlaufen zu lassen. Es ist der Schamane selbst, der auf die andere Seite des Spiegels tritt; er schickt keine Delegierten oder Repräsentanten in Form von Opfern, er selbst ist das Opfer: ein schon im Voraus Gestorbener, so wie der Schamane der Araweté, der bei seinen Reisen in den Himmel von den kannibalischen Gottheiten dieses Volkes als ›unser zukünftiges Essen‹ angesprochen wird – mit demselben Ausdruck also, den die Tupinambá fünf Jahrhunderte zuvor scherzhaft für ihre Kriegsgefangenen verwendet hatten.[107] Wenn der Schamane aber beginnt, andere zu opfern, dann übertreten wir die Schwelle zu einer anderen kosmologischen und soziopolitischen Ordnung – wenn er etwa selbst zum Henker von Menschenopfern wird oder zum Verwalter fremder Opfer oder auch nur zu einem, der Bewegungen sanktioniert, die er nicht ausführt, sondern lediglich überwacht. Hierin liegt, so scheint uns, ein entscheidender Unterschied zwischen der Figur des *Schamanen* und der des *Priesters*.

---

[107] Über die Araweté begegnen wir nun dem Kannibalismus wieder, dieser noch dramatischeren Reduktion des Opferschemas, in der sich nicht nur der Opferer-Henker mit seinem Opfer identifiziert (Trauer, symbolischer Tod, Verbot des Verzehrs des Feindes), sondern auch der Opfernde, die Gruppe der Verschlinger, mit dem Adressaten des Opfers zusammenfällt. Dabei entfaltet sich das Schema in einer charakteristischen Torsion: Die zur rituellen Rache verpflichtete Gruppe des Feindes wird einerseits zu einer Art Mitopferndem, da sie das Opfer gewissermaßen ›darbringt‹, definiert sich andererseits aber auch als zukünftiger Adressat, als berechtigt zu jener kriegerischen Rache, die sie unweigerlich gegen die Gruppe der Verschlinger üben wird.

Gewiss handelt es sich hier nicht um einen absoluten Gegensatz. Innerhalb dessen, was im indigenen Amazonien allgemein als ›Schamanismus‹ bezeichnet wird, besteht ein wichtiger, von Stephen Hugh-Jones (1996) aufgezeigter Unterschied zwischen einem »horizontalen« Schamanismus und einem »vertikalen« Schamanismus. Ein solcher Gegensatz sticht besonders bei Völkern wie den Bororo in Zentralbrasilien oder den Gruppen der Tukano und der Arawak am Rio Negro hervor, wo es zwei klar voneinander unterschiedene Kategorien von mystischen Vermittlern gibt. Die Schamanen, die Hugh-Jones als »horizontal« klassifiziert, sind Spezialisten, deren Kräfte auf Inspiration und Charisma zurückgehen, und deren auf das Außen des *Sozius* gerichtetes Handeln nicht frei von Aggressivität und moralischer Ambiguität ist. Ihre wichtigsten Gesprächspartner sind Tiergeister, die im indigenen Amazonien vielleicht häufigste Ursache für Krankheiten (denn Krankheiten gelten dort oft als Fälle von kannibalischer Rache vonseiten gegessener Tiere). Die Kategorie der »vertikalen« Schamanen wiederum umfasst die Meistersänger und die Zeremonienmeister, friedliche Hüter eines Geheimwissens, das für den erfolgreichen Ablauf von Prozessen zur Reproduktion der Beziehungen innerhalb der Gruppe – Geburt, Initiation, Namensgebung, Beerdigungen – unentbehrlich ist.

Der Schamane, den ich als »Opferer-Opfer« bezeichnet habe, ist der horizontale Schamane; diese Art von Spezialist ist, wie Hugh-Jones feststellt, typisch für eher egalitär und kriegerisch geprägte amazonische Gesellschaften. Der vertikale Schamane hingegen, der nur in eher hierarchisierten und friedlichen Gesellschaften vorkommt, käme der Figur des Priesters näher. Es sei noch bemerkt, dass es keine amazonische Gesellschaft gibt, in der allein vertikale Schamanen existieren; wo man nur eine Art von Schamanen kennt, tendiert diese dazu, die Funktionen der beiden Schamanen der Bororo oder Tukano zu vereinen, wobei jedoch die Attribute und Verantwortlichkeiten des horizontalen Schamanismus deutlich vorherrschen.

Der von Hugh-Jones aufgestellte Gegensatz wurde explizit als Gegensatz zwischen stark vereinfachten und schematischen Idealtypen entworfen. Dadurch wird jedoch keineswegs die analytische Relevanz der meines Erachtens von der Ethnographie vollkommen gerechtfertigten Unterscheidung zwischen den Schamanismen in Frage gestellt. Die Aufteilung der kosmopolitischen Vermittlungsarbeit auf die beiden Schamanentypen erhält eine wichtige komparative Bedeutung, wenn wir sie in die Reihe der von Lévi-Strauss in »Die Struktur der Mythen« gelisteten vermittelnden Unterteilungen einfügen: »Erlöser > Dioskuren > *trickster* > zweigeschlechtliche Wesen > Paar von Blutsverwandten > [...] > Triade« (Lévi-Strauss 1967: 250). In diesem Sinne verwiese die asymmetrische Dualität der Schamanen auf eine wesentliche Eigenschaft amerindianischer kosmologischer Strukturen, auf den in *Die Luchsgeschichte* dargestellten »in ewigem Ungleichgewicht schwankenden Dualismus«. Halten wir aber zunächst einmal fest, dass der Erlöser, der Messias, der erste Begriff in der oben aufgeführten Reihe, ein zentrales Element des Problems ist, das Hugh-Jones ausgehend von der Unterscheidung zwischen den beiden Schamanen bedenkt. Der Autor betont nämlich, dass die zahlreichen messianischen und millenaristischen Bewegungen, die seit Mitte des 19. Jahrhunderts im Nordosten Amazoniens aufkamen, allesamt von Schamanen-Propheten mit »horizontalem« Profil angeführt wurden. Das deutet darauf hin, dass eine Unterscheidung nicht so sehr zwischen zwei Typen von Spezialisten zu treffen wäre, zwischen dem Schamanen im engeren Sinne (oder »Krieger-Schamanen«) und dem Priester-Schamanen, sondern zwischen zwei möglichen *Trajektorien* der schamanistischen Funktion: zwischen der *priesterlichen* und der *prophetischen* Transformation. Der Prophetismus wäre in diesem Fall das Ergebnis eines Prozesses der historischen Erwärmung des Schamanismus, wogegen die Emergenz einer wohldefinierten priesterlichen Funktion auf seine politische Abkühlung zurückzuführen wäre, also seine Subsumtion unter die gesellschaftliche Macht.

Diese Hypothese ließe sich auch so formulieren, dass die priesterliche Transformation, ihre Differenzierung ausgehend von der schamanistischen Grundfunktion, mit einem Prozess der Konstitution gesellschaftlicher Interiorität zusammenhängt, das heißt, mit dem Aufkommen von Werten wie dem *Ahnenkult*, der die diachrone Kontinuität zwischen Lebenden und Toten ausdrückt, und der *soziopolitischen Hierarchie*, die die synchronen Diskontinuitäten zwischen den Lebenden heiligspricht. Wenn das archetypische Andere, dem sich der horizontale Schamane gegenübersieht, in der Tat theriomorph ist, tendiert das Andere des vertikalen Schamanismus dazu, die anthropomorphen Züge der Ahnen anzunehmen.

Der amerindianische horizontale Schamanismus fügt sich in eine kosmologische Ökonomie ein, in der der Unterschied zwischen lebendigen Menschen und toten Menschen mindestens so groß ist wie die Ähnlichkeit zwischen toten Menschen und lebendigen Nicht-Menschen. In der Welt der Toten, bemerkte Conklin (2001) über die Eschatologie der Wari im westlichen Amazonien, gibt es keine Tiere, und zwar weil die Toten selbst Tiere sind – die Tiere selbst, in ihrer Version als Jagdwild: Sie sind Pekaris, Beutetiere schlechthin. Andere Tote, von anderen

Völkern, werden zu Jaguaren, am anderen Pol der Animalität, in ihrer jagenden oder kannibalischen Version.[108] Genau wie alle Tiere am Anfang Menschen waren, werden alle Menschen an ihrem Ende Tiere sein: Die Eschatologie der (Des)Individuation trifft auf die Mythologie der (Prä)Speziation. Die Geister der Toten sind in der Ordnung der Ontogenese wie die Tiere in der Ordnung der Phylogenese: ›Am Anfang waren alle Tiere Menschen…‹. Es ist also nicht überraschend, dass die Toten, als durch ihre Disjunktion von einem menschlichen Körper definierte Bilder, von tierischen Körpern angezogen werden. Das ist der Grund, warum ›sterben‹ in Amazonien heißt, sich in ein Tier zu verwandeln: Wenn man annimmt, dass die Seelen der Tiere eine ursprüngliche menschliche körperliche Form haben, dann ist es nur logisch, auch davon auszugehen, dass die Seelen der Menschen über einen postumen tierischen Körper verfügen oder in einen tierischen Körper einfahren, der womöglich irgendwann von den Lebenden getötet und gegessen wird.

Das Aufkommen des vertikalen Schamanismus hinge also mit der Trennung zwischen diesen beiden Alteritätspositionen, den Toten und den Tieren, zusammen. Von einem gewissen Zeitpunkt an – wann genau weiß ich zugegebenermaßen nicht (vielleicht könnte die Archäologie hier mehr Licht ins Dunkel bringen) – werden die menschlichen Toten eher als Menschen denn als Tote angesehen, was wiederum die symmetrische Möglichkeit einer

---

108 Erinnern wir uns an das »Rondo des Caetetu« in *Das Rohe und das Gekochte*, in dem die Schweine und die Jaguare als zwei polare tierische Archetypen der Affinalität (des schlechten beziehungsweise des guten Anverwandten) präsentiert werden, das heißt der durch Alterität strukturierten Menschlichkeit; und erinnern wir uns mit Carneiro da Cunha (1978) daran, dass Tote und Anverwandte letztlich ein und dasselbe sind.

vollständigeren ›Objektivierung‹ der Nicht-Menschen eröffnet. Zusammengefasst hängt so die Trennung zwischen Menschen und Nicht-Menschen, die Projektion einer generischen Figur des Tieres als Anderem der Menschlichkeit, von der vorherigen Trennung zwischen Toten und Tieren ab, der Projektion einer generischen Figur der Menschlichkeit in der Form des Ahnen. Die grundlegende eschatologische Tatsache, dass nämlich die Toten zu Tieren wurden, war etwas, das zugleich die Tiere humanisierte und die Toten ›veränderte‹; nach der Scheidung zwischen Toten und Tieren bleiben erstere menschlich oder werden gar zu Übermenschen, während letztere aufhören es zu sein und fortan der Unter- oder Anti-Menschlichkeit zugeordnet werden.

Um die vielen verschiedenen Aspekte des Gegensatzes, die Hugh-Jones untersucht hat, zusammenzufassen, können wir sagen, dass der horizontale Schamanismus exopraktisch, der vertikale hingegen endopraktisch ist. Ich möchte vorschlagen, dass im indigenen Amazonien die Exopraxis der Endopraxis – logisch, chronologisch und kosmologisch – vorausgeht, und dass sie, selbst in den stärker hierarchisch geprägten Gebilden wie etwa im amazonischen Nordwesten, immer wirksam bleibt, als eine Art Rückstand, der die Errichtung von Stammesfürstentümern oder Staaten mit stabiler metaphysischer Interiorität verhindert. Die Toten hören niemals auf, teilweise Tiere zu sein, denn jeder Tote erzeugt, insoweit er einen Körper hat, einen Geist; und auch wenn man als Aristokrat geboren werden kann, stirbt man so doch niemals direkt als Ahne; es gibt keine reinen Ahnen, außer im *espace du dedans* der absoluten Vergangenheit, der präkosmologischen und vorkörperlichen Ebene des Mythos – aber dort kommunizierten Menschen und Tiere direkt miteinander. Auf der anderen Seite hören Tiere, Pflanzen und andere amazonische Kategorien von Wesen niemals auf, vollständig menschlich zu sein; ihre postmythische Transformation in Tiere (und so weiter) gegenverwirklicht ihre originäre Menschlichkeit, die Grundlage des schamanistischen Zugangs zu ihren aktuellen Repräsentanten. Jeder Tote ist auch weiterhin ein bisschen tierisch; jedes Tier ist auch weiterhin ein bisschen menschlich. Die Menschlichkeit bleibt immanent, indem sie den Großteil der Transzendenzfoki, die im weiten dichten, üppigen und vielfältigen Wald des amazonischen *Sozius* unaufhörlich aufflammen, wieder absorbiert.

Durch seine Omnipräsenz in der Region zeigt der amazonische horizontale Schamane die Unmöglichkeit eines perfekten Zusammenfalls von politischer Macht [poder] und kosmischem Vermögen [potência] und erschwert so die Ausgestaltung eines klassischen Opfersystems. Die Institution des Opfers in den sogenannten ›Hochkulturen‹ der Anden und Mesoamerikas kennzeichnet in diesem Fall die Vereinnahmung des Schamanismus durch den Staat – das Ende der kosmologischen Bricolage des Schamanen und der Beginn des theologischen Ingenieurwesens des Priesters.[109]

---

[109] Die Akte zum Thema Schamanismus und Prophetismus in Amazonien wurde durch die Arbeit von Renato Sztutman (2012) wieder geöffnet und erneuert. Der Gegensatz, den ich mit Lévi-Strauss' Vokabular des *bricoleurs* (Schamane) und des Ingenieurs (Priester) ausdrücke, entspricht dem zwischen präsignifikanter oder primitiver Semiotik – segmentär, multidimensional, anthropophagisch – und signifikanter oder despotischer Semiotik – Interpretationswahn, unendliche Schuld, Gesichthaftigkeit – in *Tausend Plateaus* (Deleuze und Guattari 1992: 155ff.). In den Begriffen Descolas (2011) handelte es sich hier eher um einen Gegensatz zwischen »Animismus« und »Analogismus«.

Die Gegenüberstellung von Schamanismen vertikalen und horizontalen Typs ist zuweilen mit einem Gegensatz zwischen Transzendenz und Immanenz in Verbindung gebracht worden (Pedersen 2001, Holbraad und Willerslev 2007). In der Tat ist der amazonische Schamanismus, genau wie der Perspektivismus, der ihm als Hintergrund dient, eine Praxis der Immanenz. Ich möchte lediglich bemerken, dass das keinerlei Statusgleichheit der durch den Schamanismus verbundenen Menschen und Außer-Menschen impliziert – ganz im Gegenteil (die Verwechslung von Immanenz und Gleichheit kommt in der amazonischen Ethnologie häufig vor). Aber es besteht auch keine feste Hierarchie der Standpunkte unter den Wesen. Der amazonische Perspektivismus lässt sich weder als Skala von Perspektiven interpretieren, die einander gemäß einer Kette der ontologischen Dignität fortschreitend einschließen,[110] noch – und noch viel weniger – als Projektion irgendeines ›Standpunkts auf Alles‹. Die Unterschiede zwischen den Wesen im Hinblick auf ihr transformatives Potential sind die Daseinsberechtigung des Schamanismus, aber kein Standpunkt enthält auf unilaterale Weise einen anderen. Jeder Standpunkt ist ›total‹, keiner ist einem anderen äquivalent; der horizontale Schamanismus ist folglich nicht

---

110 Ich schlage damit auch vor, dass Eduardo Kohns (2002, 2005) abweichende Beobachtungen im Falle der Runa von Ávila als Anzeichen einer der Kosmologie dieser Quechua der Wälder eigenen (und vielleicht alten) Tendenz zur ›Vertikalisierung‹ interpretiert werden müssen. Vergleiche in diesem Sinne auch was Taylor über die Jívaro Achuar sagt: »Weder die Klassen der Geisterwesen noch die Formen der Interaktion, die die Menschen mit ihnen entwickeln, sind entsprechend einer Skala der Dignität oder der Macht angeordnet, und keines der Geschlechter profitiert hinsichtlich der Fähigkeit, eine Verbindung mit Nicht-Menschen einzugehen, von einer Exklusivität« (2008).

eigentlich horizontal, sondern *transversal.* Die Beziehung zwischen Standpunkten – die Beziehung, die der Standpunkt als Mannigfaltigkeit ist – ist eine disjunktive Synthese oder eine immanente Exklusion, keine transzendente Inklusion. Kurz gesagt befindet sich das perspektivistische System, um hier noch einmal auf den von Lévi-Strauss auf die amerindianischen Kosmologien angewendeten Ausdruck zurückzukommen, in »ewigem Ungleichgewicht«.

Wenn das aber so ist, dann erweist sich die Interpretation des (horizontalen) amazonischen Schamanismus als strukturale Reduktion des Mauss'schen Schemas letztlich als inadäquat. Der Schamanismus entzieht sich der zunächst für erschöpfend gehaltenen Aufteilung zwischen Logik des Totems und Praxis des Opfers. Der Schamane ist kein Priester im Larven- oder Anfangsstadium; der Schamanismus ist eher ein Prophetismus von geringer Intensität denn eine Proto-Priesterreligion. Auch geht es den schamanistischen Praktiken, wenn sie sich nicht auf ein symbolisches Spiel totemistischer Klassifikationen reduzieren lassen, nicht um das verbindende Kontinuum, nach dem die imaginäre Interserialität des Opfers strebt. Sie veranschaulichen vielmehr eine dritte Form von Beziehung, nämlich die Kommunikation zwischen heterogenen Termen, die präindividuelle, intensive oder rhizomatische Mannigfaltigkeiten konstituiert – etwa das Blut | Bier, das Teil eines jeden Jaguar-Werdens ist, um noch einmal an unser Beispiel zu erinnern.

Auf diesem Wege – über das Werden – kehren wir zurück zum Werk Deleuze und Guattaris. Und natürlich ist es kein Zufall, dass wir dabei genau zu der Stelle in *Tausend Plateaus* zurückkehren, an der die Autoren eine Relektüre des Gegensatzes zwischen Totemismus und Opfer vorschlagen.

10. Produktion ist nicht alles: Werden

Etwas weiter oben haben wir bemerkt, dass der Doppelautor des *Anti-Ödipus* die Position vertrat, dass die Tatsache, dass die primäre Energie Filiationsenergie sei, »nichts zur Sache« täte – dass sie, mit anderen Worten, eine kontingente Tatsache sei. Wir haben uns also gefragt, ob es dann nicht legitim wäre, eine *andere* intensive Ordnung zu entwerfen, in der die primäre Energie ›Allianzenergie‹ wäre. Das Problem, so schlossen wir, bestünde darin, die Bedingungen der Konstruktion eines Begriffs der Allianz als disjunktive Synthese zu bestimmen.

Die Möglichkeit einer intensiven Interpretation der Allianz wird erst mit *Tausend Plateaus* und dem darin enthaltenen langen Kapitel über das Werden verständlich. Der Begriff des Werdens ist bei Deleuze seit seinen Studien über Bergson und Nietzsche zentral und nimmt dann in *Logik des Sinns* den bekannten Platz ein; doch ab dem vierhändigen Essay über Kafka (Deleuze und Guattari 1975) wird ihm eine singuläre Beugung und Intensität verliehen, die im Plateau »1730: Intensiv-werden, Tier-werden, Unwahrnehmbar-werden...«, dem zehnten Kapitel des 1980 erschienenen Buches, ihre begriffliche Fluchtgeschwindigkeit erreichen wird. Werden ist das, was buchstäblich ausbricht, flieht, sich *Mimesis* und *Mimikry*, also Imitation und Reproduktion (»[d]er Begriff ›Mimikry‹ [ist] wenig geeignet...« (Deleuze und Guattari 1992: 22)), genauso entzieht wie der ›*Memesis*‹, also Gedächtnis und Geschichte. Das Werden ist amnesisch, prähistorisch, bilderlos und steril; es ist Differenz in der Praxis.

♦♦♦

Das zehnte Kapitel von *Tausend Plateaus* beginnt mit einer Darstellung des von Lévi-Strauss eingeführten Gegensatzes zwischen sakrifiziell-seriellen und totemistisch-strukturalen Logiken: auf der einen Seite die imaginäre Identifikation von Mensch und Tier, auf der anderen die symbolische Korrelation von gesellschaftlichen und natürlichen Differenzen. Zwischen diesen beiden analogischen Modellen, der Reihe (oder Serie) und der Struktur, führen Deleuze und Guattari das bergsonsche Motiv des Werdens ein, eine Art von Beziehung, die sich ebenso wenig auf serielle Ähnlichkeiten reduzieren lässt wie auf strukturale Entsprechungen. Der Begriff des Werdens beschreibt eine Beziehung, die innerhalb des analytischen Rahmens des Strukturalismus, in dem Beziehungen wie im Wesentlichen in Extension verstandene molare logische Objekte funktionieren würden (Gegensätze, Widersprüche, Vermittlungen), auf den ersten Blick schwer verständlich ist. Werden ist eine reale, molekulare und intensive Beziehung, die in einem anderen Register operiert als dem der noch allzu morphologischen Relationalität des Strukturalismus. Die disjunktive Synthese des Werdens ist nach den Regeln der kombinatorischen Spiele der formalen Strukturen nicht möglich; sie operiert in den von realen Mannigfaltigkeiten bewohnten Regionen fern des Gleichgewichts (De Landa 2002: 75). »Werden und Mannigfaltigkeit sind ein und dasselbe« (Deleuze und Guattari 1992: 340).

Sind die seriellen Ähnlichkeiten imaginär und die strukturalen Entsprechungen symbolisch, dann ist das Werden real. Weder Metapher noch Metamorphose, ist Werden eine Bewegung, die die beiden Terme der von ihr geschaffenen Beziehung deterritorialisiert, indem sie sie aus den Beziehungen, durch die sie sich zuvor definierten, herauslöst, um sie durch eine neue – mit

Strathern gesprochen – »partielle Verbindung« zu verknüpfen. Das Verb ›werden‹ bezeichnet in diesem Sinne keine prädikative Operation oder transitive Handlung – Teil eines Jaguar-Werdens zu sein ist nicht das Gleiche, wie zu einem Jaguar zu werden. Der ›totemistische‹ Jaguar, in den sich ein Mensch ›sakrifiziell‹ transformiert, ist imaginär, *aber die Transformation ist real.* Das Werden selbst ist katzenartig: In einem Jaguar-Werden ist ›Jaguar‹ ein immanenter Aspekt des Vorgangs, nicht dessen transzendenter Gegenstand, denn ›werden‹ ist ein intransitives Verb.[111] Im Moment, in dem der Mensch zum Jaguar wird, ist der Jaguar nicht mehr da (deshalb haben wir oben die Formel ›Mensch | Jaguar‹ zur Bezeichnung dieser disjunktiven Mannigfaltigkeit des Werdens verwendet). Wie die Autoren mit vielsagendem Verweis auf die amerindianischen Mythen sagen, ist

> Lévi-Strauss bei seinen Mythenforschungen immer wieder auf jene spontanen Handlungen gestoßen, durch die der Mensch zum Tier wird, während das Tier zugleich zum… (ja, zu was wird? Wird es zum Menschen oder zu etwas anderem?). (Deleuze und Guattari 1992: 324)

›Werden‹, so erklären sie weiter, ist ein Verb mit einer ganz eigenen Konsistenz; nicht imitieren, nicht erscheinen, nicht sein, nicht entsprechen. Und – Überraschung – »es bedeutet auch nicht, zu produzieren, eine Abstammung [d. h. Filiation] zu produzieren oder durch Abstammung zu produzieren« (ebd.: 326). *Weder Filiation noch Produktion.* Wie Dorothy zu Toto sagen würde: ›Ich glaube wir sind nicht mehr im *Anti-Ödipus.*‹

---

111 Und hyperdefektiv, da sein einziger Modus der Infinitiv ist, der Modus der außerhistorischen Augenblicklichkeit.

»Beim intensiven Denken geht es allgemein um Produktion«, erklärt De Landa (2003). Na gut, vielleicht nicht so »allgemein«. Tatsächlich spielt in *Tausend Plateaus* der Begriff des Werdens die gleiche axiale kosmologische Rolle wie der Begriff der Produktion im *Anti-Ödipus*. Nicht, weil ›alles Werden ist‹ – das wäre ein Solözismus –, und auch nicht, weil es keine anderen interessanten Ideen im Buch gäbe, sondern weil das antirepräsentative Dispositiv der *Tausend Plateaus* schlechthin, das Dispositiv, mit dem sich die Arbeit der Repräsentation blockieren lässt, eben der Begriff des Werdens ist, gerade so, wie die Produktion das antirepräsentative Dispositiv des *Anti-Ödipus* war. Produktion und Werden – zwei zu unterscheidende Bewegungen also. Beide haben mit Natur zu tun, beide sind intensiv und prä-repräsentativ; in gewissem Sinne sind sie zwei Namen für eine einzige Bewegung, denn Werden ist der Prozess des Wunsches (oder Begehrens), der Wunsch ist die Produktion des Realen, Werden und Mannigfaltigkeit sind ein und dasselbe, das Werden ist ein Rhizom und das Rhizom ist der Prozess der Produktion des Unbewussten. Aber in einem anderen Sinne handelt es sich definitiv nicht um die gleiche Bewegung: Zwischen Produktion und Werden »ist der Weg in die beiden Richtungen nicht der selbe«. Die Produktion ist ein Prozess, in dem sich die *Identität* von Mensch und Natur verwirklicht, in dem sich die Natur als Produktionsprozess zu erkennen gibt (»das menschliche Wesen der Natur und das natürliche Wesen des Menschen werden in der Natur als Produktion oder Industrie [...] identisch« (Deleuze und Guattari 1974: 10)). Werden hingegen ist eine »widernatürliche [contre-nature] Anteilnahme« zwischen Mensch und Natur; es ist eine augenblickliche Bewegung der Vereinnahmung, der Symbiose, der transversalen Verbindung zwischen Heterogenem

(Deleuze und Guattari 1992: 327-28, 330). »[A]ber nur so geht die Natur vor, sogar gegen sich selber. Wir sind weit entfernt von der Produktion durch Filiation, von der Fortpflanzung durch Vererbung« (ebd.: 330). Das Werden ist die andere Seite des »Spiegels der Produktion« (meine Hommage an Baudrillard): die Rückseite einer Identität. Eine Identität im und mit dem Gegensatz, um uns hier noch einmal an das Wort für den ›Feind‹ bei den Tupinambá zu erinnern.

»Das Universum wird nicht durch Abstammung [Filiation] zusammengehalten« (ebd.) – womit gemeint ist: das Universum in all seinen Zuständen, im intensiv-virtuellen ebenso wie im extensiv-aktualen. Wenn es aber gerade nicht durch *Filiation* – und nicht irgendetwas anderes – zusammengehalten wird, sind wir geneigt, zu vermuten, dass es möglich ist, dass es durch *Allianz* zusammengehalten wird. Und tatsächlich haben wir im ersten Plateau gelesen, dass »der Baum […] Filiation« ist, »aber das Rhizom ist Allianz, einzig und allein Allianz« (ebd.: 41). Und jetzt lesen wir:

> Das Werden ist […] keine Evolution, zumindest keine Evolution durch Herkunft und Abstammung [Filiation]. Das Werden produziert nichts durch Abstammung; jede Abstammung ist imaginär. Das Werden gehört immer zu einer anderen Ordnung als der der Abstammung. Es kommt durch Bündnisse [Allianzen] zustande. (ebd.: 325)

Sehr schön. Aber was ist geschehen zwischen der Analyse, die im *Anti-Ödipus* die intensive, ambige, nächtliche Filiation des Dogon-Mythos affirmierte, und der Weigerung, diesem Modus der Beziehung in *Tausend Plateaus* irgendeine positive Rolle zuzuerkennen? Wie konnte die vormals *intensive* Filiation *imaginär* werden?

Mir scheint, dass diese Veränderung eine wichtige Verlagerung des Blickwinkels bei Deleuze und Guattari spiegelt, von einem intraspezifischen zu einem interspezifischen Horizont: von einer menschlichen Ökonomie des Wunsches – kein Zweifel: eines historisch-globalen Wunsches; eines rassischen, eines soziopolitischen Wunsches, nicht eines familiären, personologischen, ödipalen Wunsches; und doch eines *menschlichen* Wunsches – hin zu einer Ökonomie transspezifischer Affekte, die die natürliche Ordnung der Arten und ihre limitativen Synthesen außer Acht lassen und uns durch inklusive Disjunktion mit der Immanenzebene verbinden. Vom Standpunkt der Wunschökonomie des *Anti-Ödipus* aus betrachtet begrenzte die extensive Allianz die intensive und molekulare Filiation, indem sie sie in der molaren Form der Abstammungsgruppe aktualisierte; aber vom Standpunkt der kosmischen Ökonomie des Affekts aus – des Wunsches (oder Begehrens) als *inhumaner Kraft* – ist es die Filiation, die nun mit ihren imaginären Identifikationen eine – je widernatürlichere desto realere – Allianz zwischen völlig heterogenen Wesen begrenzt: »Wenn die Evolution wirkliche Arten des Werdens umfaßt, so im weiten Bereich von *Symbiosen*, in dem Geschöpfe völlig unterschiedlicher Entwicklungsstufen und Tier- oder Pflanzenreiche zusammenkommen, ohne daß irgendeine Abstammung vorliegt« (Deleuze und Guattari 1992: 325).

An dieser Stelle folgt das Lieblingsbeispiel von der Wespe und der Orchidee, einem Gefüge, »aus dem [...] keine Wespen-Orchidee hervorgehen kann« – ohne das aber, auch das sei hinzugefügt, genau genommen keine Wespe und keine Orchidee, so wie wir sie kennen, Deszendenz haben könnte, da die natürliche Filiation innerhalb jeder Art von dieser widernatürlichen Allianz zwischen den Arten abhängt.

Die im *Anti-Ödipus* begonnene begriffliche Deterritorialisierung der Sexualität findet hier zu ihrer Vollendung; die binäre Organisation der Geschlechter, einschließlich Bisexualität (vgl. das »Geschlechtsatom«, S. 165), überlässt das Feld »n Geschlechtern«, die sich auf molekularer Ebene mit »n Spezies« verbinden: »*Die Sexualität vollzieht sich durch das Frau-Werden des Mannes und das Tier-Werden des Menschlichen*: das Aussenden von Partikeln« (ebd.: 379-80). Und wenn jedes Tier, das Teil eines Tier-Werdens ist, eine Mannigfaltigkeit ist (»Wir meinen, daß jedes Tier zuallererst eine Bande, eine Meute ist« (ebd.: 327)), dann liegt das daran, dass es eine multiple, laterale, heterogenetische, extrafiliative und extrareproduktive Sozialität definiert, die die menschliche Sozialität mit in eine universelle dämonische Metonymie reißt:

> Wir stellen die Epidemie der Abstammung gegenüber, die Ansteckung der Vererbung, die Bevölkerung durch Ansteckung der geschlechtlichen Fortpflanzung [...]. Widernatürliche Anteilnahmen oder Vereinigungen sind die wahre *Natur*, die die Tier- und Pflanzen-Reiche durchzieht (ebd.: 329).

Allianz also. Aber nicht jede beliebige Allianz. Wie wir gesehen haben, postulierte der erste Band von *Kapitalismus und Schizophrenie zwei Filiationen*, die eine intensiv und germinal, die andere extensiv und somatisch, wobei letzterer die Allianz zur Seite gestellt wurde – die Allianz als extensives Prinzip, das die Rolle der »verdrängenden Repräsentation« des Repräsentanten des Wunsches, des germinalen Einwirkens, spielte. In *Tausend Plateaus* sehen wir nun zwei Allianzen auftreten: jene, die im

Anti-Ödipus seziert wurde, und die dem *Sozius* und sogar dem männlichen Geschlecht (primäre kollektive Homosexualität) intern ist; und eine andere, die dem Werden immanent ist und sich ebenso wenig auf imaginäre Produktion und imaginäre Metamorphose (Himmelsgenealogie, Tierfiliation) reduzieren lässt wie auf symbolischen Tausch und symbolische Klassifikation (exogame Allianz, Totemismus).

Jedes Werden ist eine Allianz. Das heißt allerdings nicht, ich sage es noch einmal, dass jede Allianz ein Werden ist. Es gibt die extensive, kulturelle, soziopolitische Allianz und es gibt die intensive, widernatürliche, kosmopolitische Allianz. Unterscheidet erstere Filiationen, so bringt letztere die Arten durcheinander, oder, besser noch, gegenverwirklicht durch eine implikative Synthese die kontinuierlichen Differenzen, die in der anderen Richtung (»der Weg ist nicht der selbe...«) durch die limitative Synthese der diskontinuierlichen Artbildung aktualisiert werden. Wenn ein Schamane ein Jaguar-Werden in Gang setzt, ›produziert‹ er keinen Jaguar und ›tritt‹ ebenso wenig in die Deszendenz der Jaguare ›ein‹: Er *adoptiert* einen Jaguar; er *kooptiert* einen Jaguar – und begründet eine katzenartige Allianz:

> Man könnte besser sagen, daß sich eine Undeutlichkeits-, Ununterscheidbarkeits-, eine Ambiguitätszone zwischen zwei Termen bildet, so als hätten sie den Punkt erreicht, der unmittelbar ihrer wechselseitigen Differenzierung vorausliegt: keine Ähnlichkeit, sondern ein Gleiten, eine extreme Nähe; eine absolute Kontiguität; keine natürliche Abstammung [Filiation], sondern ein widernatürliches Bündnis [Allianz]. (Deleuze 1994: 30-31)

Man beachte, wie sich diese Definition des Werdens (denn darum geht es) transversal zum Dualismus zwischen Filiation, metonymischer Kontinuität und serieller Ähnlichkeit einerseits, und Allianz, metaphorischer Diskontinuität und gegensätzlicher Differenz andererseits positioniert. Die von der widernatürlichen Allianz geschaffene tangential-differentielle »absolute Kontiguität« ist ganz gewiss etwas anderes als die von der symbolisch-kulturellen Allianz hergestellte absolute kontrastive ›Diskontiguität‹ zwischen filiativen Abstammungsgruppen (Exogamie). Aber sie beschränkt sich auch nicht, das müssen wir wohl kaum hinzufügen (Deleuze und Guattari 1974: 142-143), auf die imaginäre Identifikation oder Undifferenziertheit von ›zwei Termen‹. Es geht nicht darum, die natürliche Filiation wie in der klassischen strukturalistischen Theorie der kulturellen Allianz gegenüberzustellen. Die Widernatürlichkeit der intensiven Allianz ist gleichermaßen widerkulturell oder widergesellschaftlich.[112] Wir sprechen hier von einem eingeschlossenen Dritten, von einer anderen Beziehung – von einer »neuen Allianz:

> ›Allianz‹ ist ein gutes und ein schlechtes Wort. Jedes Wort ist gut, wenn es sich nutzen lässt, um die Grenze zwischen Personen und Dingen zu überqueren. Allianz ist also ein gutes Wort, wenn man es für eine Mikrobe verwendet. Kraft ist ein gutes Wort, wenn man es für einen Menschen verwendet. (Latour 1993)

---

112 Widergesellschaftlich insoweit, wie wir auch sagen könnten, dass menschliche Sozialität notwendigerweise widerintensiv ist, sobald sie als Extensivierung der »primären Energie intensiver Ordnung« erzeugt wird.

♦ ♦ ♦

Es ist nicht nötig, die afrikanistische Landschaft zu verlassen, um ein erstes Beispiel für diese grenzübergreifende Allianz, diese Affinität (das portugiesische Wort *afim* ist, wie schon bemerkt, mit dem lateinischen *ad finis* verwandt) zwischen Menschen und Nicht-Menschen zu finden. Im Abschnitt »Erinnerungen eines Zauberers, II«, im zehnten Plateau, erinnern die Autoren an Tier-Männer vom Typus der von Pierre Gordon untersuchten »heiligen Defloratoren« oder der von Geneviève Calame-Griaule beschriebenen Hyänen-Männer einiger sudanesischer Traditionen. Letztere liefern auch den Anlass für einen in unseren Augen entscheidenden Kommentar:

> Der Hyänen-Mann lebt am Rand des Dorfes oder zwischen zwei Dörfern und überwacht beide Richtungen. Ein Held oder zwei Helden, die jeder eine Verlobte im Dorf des anderen haben, besiegen den Tier-Mann. Dabei muß man offenbar zwei sehr verschiedene Bündnisarten unterscheiden: ein dämonisches Bündnis, das von außen aufgezwungen wird und sein Gesetz allen Abstammungslinien aufzwingt (ein erzwungenes Bündnis mit dem Ungeheuer, dem Tier-Mann); und dann ein freiwilliges Bündnis, wenn die Männer des Dorfes das Ungeheuer besiegt haben und ihre eigenen Beziehungen aufbauen, ein Bündnis, das mit den Abstammungslinien im Einklang steht. Dabei kann die Frage des Inzests verändert werden. Denn es genügt nicht, zu sagen, daß das Inzestverbot aus positiven Ansprüchen des Bündnisses im allgemeinen herrührt. Es gibt vielmehr ein Bündnis, das der

> Abstammung gegenüber derartig fremd und feindlich ist, daß es zwangsläufig eine Inzestposition einnimmt (der Tier-Mann hat immer etwas mit Inzest zu tun). Das zweite Bündnis verbietet den Inzest, weil es sich den Rechten der Abstammung nur unterordnen kann, wenn es genau zwischen unterschiedlichen Abstammungslinien zustande kommt. Der Inzest taucht zweimal auf, als monströse Macht des Bündnisses, wenn dieses die Abstammung umkehrt, aber auch als verbotene Macht der Abstammungslinie, wenn diese sich das Bündnis unterordnet und es auf verschiedene Linien verteilen muß. (Deleuze und Guattari 1992: 338, Fn. 18)

»Dabei kann die Frage des Inzests verändert werden«, schließen die Autoren. Sie scheinen hier auf die Theorie der *Elementaren Strukturen der Verwandtschaft* anzuspielen; aber die Beobachtung lässt sich ebenso gut auf die Art und Weise anwenden, wie die Frage im *Anti-Ödipus* verhandelt wurde. Denn jetzt ist es die Vorstellung der Allianz, die doppelt auftritt; sie reguliert nicht mehr nur die »Sexualität als Fortpflanzung [Filiation]«, sondern auch »als Bündnismacht [Allianz]«, die »zu unstatthaften Verbindungen oder abscheulichen Liebschaften führt«. Ihr Zweck ist nicht mehr nur die Fortpflanzung zu verwalten, sondern zuweilen auch »zu verhindern« (ebd.: 335-36): eine antifiliative Allianz, eine Allianz gegen die Filiation. Selbst die im *Anti-Ödipus* dargestellte verdrängende, Filiationen produzierende Allianz des ›Tausches‹, *échangiste*, offenbart in diesem Moment nun gewisse dunkle und wilde Mächte – als wäre sie von der anderen Allianz, der Allianz *démonique*, wortwörtlich ›demônica‹, die ich aus guten Gründen mit ›dämonisch‹ übersetzt habe, angesteckt worden.[113] »Es ist richtig, daß Bündnis [Allianz] und Abstammung [Filiation] durch Ehegesetze geregelt werden, aber trotzdem behält das Bündnis eine gefährliche und ansteckende Macht. Leach hat gezeigt...« (ebd.: 336).[114] Dabei ist bemerkenswert, wie das Wort ›Macht‹, *puissance*, in diesem entscheidenden Kapitel von *Tausend Plateaus* immer wieder dazu dient, die Allianz *im Allgemeinen* zu beschreiben und zu bestimmen; der Begriff der Allianz bezeichnet nun nicht mehr eine Institution – eine Struktur – und beginnt stattdessen, als Macht und Potential zu fungieren: als Werden. Von der Allianz als Form mit einem Sprung über die Filiation als Substanz zur Allianz als Kraft? Wir sind hier nicht mehr im mystisch-seriellen Element des Opfers und auch nicht im mythisch-strukturalen Element des Totemismus, sondern im magisch-realen Element des Werdens.

Wir sind auch nicht im Element des Gesellschaftsvertrags. »Der Wunsch ignoriert den Tausch, *er kennt nur den Diebstahl und die Gabe*« (Deleuze und Guattari 1974: 238). Aber wie im Falle der Allianz gibt es Tausch und Tausch. Es gibt einen Tausch, den man im auf den kapitalistischen Handel bezogenen

---

113 »[Das] potentielle wilde Tier [ist] auf der Ebene des sozialen Lebens stets ein Schwager [...], der einem die Schwester geraubt hat« (Lévi-Strauss 1975a: 566). Der Autor selbst weist darauf hin, dass diese »mythischen« Äquivalenzen *wörtlich* zu nehmen sind, in einem Sinne, »der den Unterschied von Wirklichem und Imaginärem transzendiert: eine[m] vollen Sinne [...], von dem wir auf der reduzierten Bühne der Bildersprache fast nur noch ein Fantom beschwören können« (Lévi-Strauss 1968: 305).

114 Der Verweis bezieht sich auf den Essay »Rethinking Anthropology«, in dem Leach die allgemeine Tatsache eines »metaphysischen Einflusses« beobachtet, der zwischen durch Heirat Verbündeten wirke (1971: 21). Ein neuerer Kommentar dazu findet sich in Viveiros de Castro 2008a.

Sinne des Wortes nicht als ›*échangiste*‹, ›tauschförmig‹ bezeichnen kann, weil er vielmehr in die Kategorie des Diebstahls und der Gabe gehört, nämlich den charakteristischen Tausch der ›Gabenökonomien‹ – die Allianz, die durch den Austausch von Gaben zustandekommt, eine ewige Wechselbewegung der doppelten Vereinnahmung, in der die Partner durch die Zirkulation sichtbarer Gegenstände unsichtbare Perspektiven austauschen (gegen-veräußern): Es ist der »Diebstahl«, der die unmittelbare disjunktive Synthese der drei »Momente« des Gebens, Nehmens und Erwiderns realisiert.[115] Denn die Gaben mögen zwar reziprok sein, aber das macht ihren Tausch noch nicht zu einer weniger gewalttätigen Bewegung; die ganze Absicht beim Akt des Gebens ist, den Partner zum Handeln zu zwingen, dem anderen eine Geste abzuverlangen, eine Antwort zu provozieren – kurz gesagt, ihm seine Seele zu rauben (die Allianz als wechselseitiger Seelenraub). In diesem Sinne gibt es kein gesellschaftliches Handeln, das kein ›Gabentausch‹ wäre, denn alles Handeln ist einzig und allein dann gesellschaftlich, wenn es auf Handeln gerichtetes Handeln ist, Reaktion auf eine Reaktion. *Reziprozität* heißt hier einfach nur *Rekursion*. Es wird keine Soziabilität unterstellt; und Altruismus schon gar nicht. Leben ist Diebstahl, Leben ist Raub.[116]

---

115 Zu Tausch und Perspektive siehe Strathern 1988: 230, 271, 327; 1991: *passim*; 1992a: 96-100; 1999: 249-56; Munn 1992: 16; Gregory 1982: 19. Zum Begriff der »doppelten Vereinnahmung« oder des »zweiseitigen Einfangens« siehe Deleuze und Parnet 2019: 9-11; Stengers 1997: 64-65, Fn. 11.

116 »Sprache kann gegen ihre Nutzer arbeiten. […] Sozialität wird oft so verstanden als impliziere sie Soziabilität, Reziprozität als Altruismus und Beziehung als Solidarität« (Strathern 1999: 18). »[A]uf Handeln gerichtetes Handeln« ist eine der Formeln, auf die bekanntlich

♦ ♦ ♦

Die Anspielung auf die afrikanischen Zauberer kommt natürlich nicht von ungefähr. Deleuze und Guattari verbinden das Werden mit der Zauberei als Praxis und Diskurs (die magischen Erzählungen) im Gegensatz zur klaren und distinkten Welt der Mythen und der totemistischen Institutionen auf der einen Seite und der dunklen und verworrenen Welt des Priesters und der Opfertechniken auf der anderen. Diese Feststellung ist wesentlich (M. Goldman 2005), denn der transversale Schamanismus Amazoniens gehört dieser »dunklen und distinkten« Welt der Magie, der Zauberei und des Werdens an.

Hier fände sich Stoff für eine spätere Überlegung, zu der ich an dieser Stelle bloß einige vom soeben zitierten Artikel Goldmanns inspirierte Richtungen andeuten kann. Im Werk von Mauss wäre es natürlich die Studie über die Magie, und nicht der Text über das Opfer, die man wiederbeleben müsste, um den Schamanismus zu denken – jener alte, gemeinsam mit Henri Hubert verfasste und recht gering geschätzte »Entwurf einer allgemeinen Theorie der Magie«, der potenziell den gesamten berühmten Essay über die *Gabe* enthält, insofern das *hau* des Essay, auf das das »Prinzip der Reziprozität« der *Elementaren Strukturen*

Foucault zurückgriff, um Macht zu beschreiben (auf Kräfte gerichtete Kräfte, wie Deleuzes Nietzsche sagen würde); und »Reaktionen auf Reaktionen« ist eine der Arten, wie Bateson (1958) den Begriff der Schismogenese erklärte, der für die lévi-strauss'sche strukturale Analyse wie für die deleuzo-guattarische Schizoanalyse von großer Bedeutung ist. Zum Diebstahl oder Raub, der das Leben ist, vergleiche Alfred North Whitehead: »Leben ist Raub« und »der Räuber muß sich rechtfertigen« (zitiert in: Stengers 2002: 349). Nennen wir diese Rechtfertigung ›Gabe‹?

zurückgeht, nur eine tauschförmige Version des *mana* im »Entwurf« ist, das seinerseits den Protobegriff für Lévi-Strauss' »flottierenden Signifikanten« darstellt (Lévi-Strauss 1974). Im Werk von Lévi-Strauss wiederum wäre es weniger der bekannte Aufsatz »Der Zauberer und seine Magie« als vielmehr ein recht mysteriöser Kommentar im dritten Band der *Mythologica* (1973: 118-125), an dem man festhalten müsste. Direkt nach der Zusammenfassung von M_{60}, »Mißgeschicke von Cimidyuë«, erwähnt Lévi-Strauss dort im selben Atemzug die Existenz von mythischen Erzählungen, die serielle Formen im Stil eines Fortsetzungsromans annehmen; die einzigartige traumartige Atmosphäre, die diese Erzählungen – voller Begegnungen mit trügerischen Geistern, die Begriffsverfälschungen und Sinnestäuschungen hervorrufen – kennzeichnet; die kryptischen Anspielungen auf die Praktiken der Zauberei und ihre Verbindung zur rituellen Einnahme halluzinogener Drogen, die Prozesse der ›Identifikation‹ mit Tieren einleiten.

Dieser Kommentar lässt für einen kurzen Augenblick eine ganz *andere* amerindianische Mythopraxis erahnen, die neben, aber manchmal auch – wie in den in zwei Richtungen fließenden Flüssen, von denen im gleichen Band der *Mythologica* die Rede ist – gegen den Strom der von Lévi-Strauss bevorzugt thematisierten ätiologischen Mythologie verläuft. Die Rede ist von den Transformationserzählungen, vom Genre der ›Zauberei-Erzählungen‹, wie Deleuze und Guattari sie nennen würden, in denen die Variationen der Perspektive, die die Personen durchlaufen – »jene spontanen Handlungen…« – Gegenstand einer starken narrativen Topikalisierung sind. *Der Perspektivismus verweist auf dieses Zauberer-Werden der amerindianischen Mythologie.*

Eher als um eine lineare historische Involution des Mythos zum Roman, wie sie sich Lévi-Strauss in diesem Kapitel von *Der Ursprung der Tischsitten* vorstellt, handelte es sich hier um ein laterales Werden innerhalb des Mythos, das ihn ins Reich der Mannigfaltigkeit eintreten lässt, zersprungen in Fragmente einer gleichermaßen unendlichen wie auf *Quasi-Ereignisse*[117] verstreuten Rhapsodie: Anekdoten, Gerüchte, Klatsch, Familien- und Dorf-Folklore – Robert Redfields »kleine Tradition« –, lustige Geschichten, Vorfälle bei der Jagd, Besuch von Geistern, Albträume, plötzliche Schrecken, Omen... Dies ist das Element eines *minderen Mythos*, des Mythos als Register und als Instrument des Simulacrums, der Halluzination und der Lüge. Und wenn der Mythos der »großen Tradition«, der in den Philosophien und Religionen der Welt hauptsächlich gebrauchte Mythos (der von Ricœur gegen Lévi-Strauss ausgespielte biblische Mythos), im Besitz des Dogmas und des Glaubens ist, des *credo quia absurdum*, dann veranschaulicht Lévi-Strauss' minderer Mythos (der amerindianische Mythos in seinem Zauberer-Werden) Henri Michauxs doppelt invertierte Maxime: »Es ist falsch, selbst wenn es wahr ist«.[118] Wie wir noch heute im Zusammen-

---

[117] Zum Begriff der »Quasi-Ereignisse« siehe Rodgers 2004 und Viveiros de Castro 2008b.

[118] Die *Mythologica* weisen uns wiederholt darauf hin, dass sie Mythen im Zusammenhang mit Geheimlehren, Bruderschaften von Weisen oder theologischen Ausarbeitungen nicht aufnehmen (so schließen sie die Mythologie der kontinentalen Hochebene ebenso aus wie Teile der Mythologie des amazonischen Nordwestens und des nordamerikanischen Südwestens). Als stünde der amerindianische Mythos – der ätiologische strukturale Mythos – stets vor einer Gabelung seines Weges: auf der einen Seite das Zauberer-Werden des minderen Mythos, das ihn in eine Transformationserzählung verwandelt – der Mythos als rhizomatische Mannigfaltigkeit –, auf der anderen

hang mit den *Science Wars* bezeugen können, ist der Abstand zwischen Religion und Magie sehr viel größer als der zwischen Religion und Wissenschaft.

Also weder Opfer noch Totemismus. »Man sagt ›eines von beiden‹, und dann ist es doch immer das dritte« (Lévi-Strauss und Eribon 1989: 182). Und so muss man schließen, dass der Begriff des Opfers in *Das Wilde Denken* zwei ›falsche Freunde‹ durcheinanderwirft und zwei Operationen, die interserielle Ähnlichkeit und das extraserielle Werden, zu einer einzigen verschmelzen lässt. Mehr noch müsste man schlussfolgern, dass die andere Operation auf den wilden Reihen, der Totemismus, letztlich nicht das beste Modell für die Differenz darstellt; oder vielmehr ist sie eben gerade ein *Modell*, das uns nicht den ganzen *Prozess* der Differenz liefert: Man darf sich von den Analogien der Proportionalität, den Klein'schen Vierergruppen und den Permutationstabellen nicht einlullen lassen; man muss wissen, wie man von der korrelationalen Homologie zur transformationellen Verschiebung kommt (Maniglier 2000: N26).

So, wie er in den Büchern von 1962 konstruiert wurde, ist der Totemismus ein System klassifikatorischer Beziehungen, in dem zwischen den korrelierten Reihen ›nichts passiert‹, in dem nichts von der einen in die andere hinübertritt – ein Modell, so scheint es, des vollkommenen Gleichgewichts. Die totemistischen »Potentialdifferenzen« bestehen innerhalb einer jeden Reihe und

---

Seite die ›baumförmige‹ Drift in Richtung der Kosmogonie und der Teleologie, des monarchischen *logos* – der Staatsmythos. Bestünde hier irgendeine Analogie zum doppelten Trajektorium des amazonischen Schamanismus zu Prophetismus und Priestertum? Denn es stimmt, dass, vom Standpunkt etwa eines Ricœur, die *gesamte* von Lévi-Strauss analysierte amerindianische Mythologie zum minderen Mythos gehört.

sind nicht imstande, irgendeine Wirkung auf die andere Reihe auszuüben. Das Werden dagegen affirmiert die Beziehung als reine Äußerlichkeit, als Extraktion der Terme aus den Reihen, denen sie angehören, ihren Eingang in ein Rhizom: Es verlangt keine Theorie der in den Termen eingeschlossenen Beziehungen, sondern eine Theorie der für Beziehungen offenen Terme. Genau genommen konstituiert das Werden also keinen dritten *Typus* von Beziehung, wie wir es oben beschrieben haben, sondern vielmehr einen dritten *Begriff* der Beziehung, durch den man sowohl den Totemismus als auch das Opfer als sekundäre Reterritorialisierungen einer primären in Beziehung setzenden Differenz lesen muss, als alternative Aktualisierungen des Werdens als universelle intensive Mannigfaltigkeit. Aktualisiert in den totemistischen Trennungen ebenso wie in den Vermischungen des Opfers (Reinigung und Vermittlung – Latour), wird das Werden unablässig an den Rändern der Opferapparate und in den Zwischenräumen der totemistischen Taxonomien gegenverwirklicht, in der Peripherie der ›Religion‹ und an den Grenzen der ›Wissenschaft‹.

> Nichtsdestotrotz wären die Konsequenzen aus der Tatsache zu ziehen, dass das analogische Schema des Totemismus mit seiner symmetrischen Entsprechung zwischen natürlichen und gesellschaftlichen Differenzen auf einer Asymmetrie basiert, die überhaupt seine Daseinsberechtigung darstellt: Gerade die Tatsache, dass die totemistischen Arten endopraktisch sind – Bären heiraten Bären, Luchse heiraten Luchse –, macht sie geeignet, für exopraktische gesellschaftliche Arten zu stehen – Mitglieder des Bären-Clans heiraten Mitglieder des Luchs-

Clans. Aus äußerlichen Differenzen werden innerliche Differenzen, aus Unterscheidungen werden Beziehungen, aus Termen werden Funktionen. Am Grunde des Totemismus lauert eine kanonische Formel – jene nämlich, die das totemistische Dispositiv in ein Kastendispositiv verwandelt, wie wir im vierten Kapitel von *Das Wilde Denken* sehen können. Es erscheint uns bedeutsam, dass Lévi-Strauss gerade hier, beim Aufzeigen der Grenzen der Symmetrie zwischen der funktionellen Spezialisierung der endogamen Kasten und der funktionellen Homogenität der exogamen Clans (Lévi-Strauss 1968: 148-149), Wörter wie »imaginär«, »Illusion«, »leere Form«, »lügenhafte Usurpation« und so weiter auf den Totemismus anwendet. Wird der Totemismus später im selben Buch, anders als das Opfer, diese reine Macht des Falschen, für fundamental wahr erklärt, so zeugt er hier, in der Gegenüberstellung mit der Kaste, davon, dass die Verteilung von Illusion und Wahrheit nicht so einfach ist: »Die Kasten naturalisieren fälschlich eine wirkliche Kultur, die totemistischen Gruppen kulturalisieren wirklich eine falsche Natur« (ebd.: 150). Das heißt: Es ist als befänden sich Natur und Kultur in ewigem Ungleichgewicht; als könne es zwischen den beiden keine Parität geben; als wäre die ›Wahrheit‹ der einen Reihe die ›Illusion‹ der anderen. Dieses Motiv – das man als ›Komplementaritätsprinzip des Sinns‹ bezeichnen könnte – begleitet Lévi-Strauss' gesamtes Denken, von der »Einführung in das Werk von Marcel Mauss« bis hin zur *Luchsgeschichte*.

Zusammengefasst ist unser bescheidener Eindruck, dass die Zukunft des Leitbegriffs (oder Herrenbegriffs) der Anthropologie, des Begriffs der Beziehung oder der Relation, von der Aufmerksamkeit abhängt, die die Disziplin den Begriffen der Differenz und der Mannigfaltigkeit, des Werdens und der disjunktiven Synthese entgegenzubringen vermag. Eine poststrukturalistische Theorie der Relationalität, eine Theorie also, die den ›grundlosen‹ [›infundamental‹] Kompromiss des Strukturalismus mit einer relationalen Ontologie wahrt, kann die von der Philosophie Gilles Deleuzes konstruierte Reihe, jene von Figuren wie Leibniz, Spinoza, Hume, Nietzsche, Butler, Whitehead, Bergson und Tarde bevölkerte Landschaft, ebenso wenig ignorieren wie die Ideen der Perspektive, der Kraft, des Affekts, der Gewohnheit, des Ereignisses, des Prozesses, des Erfassens, der Transversalität, des Werdens und der Differenz. Das ist die Abstammungslinie eines minderen Strukturalismus, von dem ein Scharnier oder ein wesentlicher Vermittler, eine strategisch noch wichtigere Person als das von Lévi-Strauss eliminierte transzendentale Subjekt, subtrahiert worden ist. Ein Strukturalismus mit noch ein bisschen weniger; ein Strukturalismus also – aber das sagen wir wohl besser mit aller gebotenen Vorsicht –, der nicht ganz so obsessiv um Kant kreist.

Mit Vorsicht und, das sollten wir hinzufügen, einem guten Orientierungssinn. Denn es geht nicht darum, noch einmal zurückzutreten und eine kantianische Anthropologie zu verwerfen, nur um dann einer ›cartesianischen Anthropologie‹ mit oder ohne Dualismen (oder Anführungszeichen) in die Arme zu fallen; und es geht auch nicht darum, den Kantianismus ohne transzendentales Subjekt gegen einen ›Kantianismus‹ mit empirischem Subjekt zu tauschen, gegen einen kognitiven Innatismus mit oder ohne Modularität. Es geht vielmehr auch darum, über die deleuzianische projektive Tangente einem weiteren Prästrukturalismus zu widerstehen, der sich manchmal als Zukunft der Disziplin präsentiert – einer seltsamen Bewegung der Reaktion auf die Beziehung, die das Wiederaufleben von Identitäten und Substanzen, Wesen und Transzendenzen, *agencies* und Bewusstseinen begünstigt. Selbst die ›Materialität‹ der Körper und der Zeichen ist ein Stück weit von allen Seiten für die undankbare Aufgabe rekrutiert worden, das *mysterium incarnationis* zu reinkarnieren und das Wunder der *agency* zu feiern. All das aber auch nur, wenn man nicht gleich zur ›Substanz‹ übergelaufen ist, wie die französische Verwandtschaftsanthropologie, die die vergangenen zwanzig Jahre eifrig damit zugebracht hat, die tauschförmigen und also relationalen Fundamente des Strukturalismus zu untergraben, um an seine Stelle Körperflüssigkeiten betreffende Innatismen zu setzen. Und man nehme: Substantialismus.

Wir kehren zu der auf diesen Seiten bereits viel zitierten Passage von Lévi-Strauss zurück, in der der Amerikanistendekan die von brasilianischen Ethnologen[119] durchgeführten »kritischen Analysen« des Begriffs der Affinalität mit der Aufdeckung einer indigenen philosophischen Problematik verbindet. All das kommt in letzter Instanz von Lévi-Strauss selbst, und ich denke, dass ihm das völlig bewusst war. Dass die südamerindianische Affinalität nämlich tatsächlich keine soziologische Kategorie, sondern eine philosophische Idee ist, hatte Lévi-Strauss selbst schon in einer seiner ersten Arbeiten bemerkt, bevor er diese Idee der kosmologischen Vernunft einige Jahre später mit *Die elementaren Strukturen der Verwandtschaft* in eine Kategorie des soziologischen Verstandes zurückverwandelte, und diese wiederum in den Urschematismus der menschlichen Verwandtschaft – allerdings nicht ohne dass im Prozess ein Teil des deterritorialisierenden Vermögens der Idee erhalten geblieben wäre. Jedenfalls bemerkte er in einem Artikel im *American Anthropologist*, in dem er die alten Tupinambá mit den Nambikwara verglich, die er einige Jahre zuvor kennen gelernt hatte, dass

> ein bestimmtes verwandtschaftliches Band, nämlich die Schwager-Beziehung, bei vielen südamerikanischen Stämmen einmal eine Bedeutung besaß, die über einen

[119] Wohlgemerkt mit der mehr als entscheidenden Hilfe vieler Kollegen anderer Nationalitäten, insbesondere von Peter Rivière, Joanna Overing, Bruce Albert, Anne-Christine Taylor und Peter Gow.

einfachen Ausdruck von Verwandtschaft weit hinausging. (Lévi-Strauss 1943: 398)

Alles ist schon da. Es war vielleicht nur noch zu unterstreichen, dass das gewählte Verb auf die eigentlich transzendentale und nicht transzendente Natur dieses Sinns der amerindianischen kosmopolitischen Affinalität verweist: Sie ist die Bedingung der Verwandtschaft und als solche ihre Dimension immanenter Äußerlichkeit.

♦♦♦

Die in *Tausend Plateaus* vorgeschlagene Unterscheidung zwischen den beiden Allianzen scheint sich, ethnologisch gesprochen, mit der Kraft eines charakteristischen Merkmals geradezu aufzudrängen, wenn wir die Landschaft Westafrikas verlassen, um uns in die des indigenen Amazoniens zu begeben. Sie entspricht nahezu exakt einem von Ethnographen dieser Region herausgearbeiteten Gegensatz zwischen einer intensiven oder ›potentiellen‹, kosmologischen, mythisch-rituellen Affinalität auf der einen Seite, die man klar als ›ambig, disjunktiv, nächtlich und dämonisch‹ bezeichnen könnte, und einer extensiven oder aktuellen Affinalität auf der anderen Seite, die der Blutsverwandtschaft untergeordnet ist. Angesichts der Tatsache, dass ich dieses Thema schon in diversen Studien über die amazonische Verwandtschaft behandelt habe, möchte ich mich hier auf einige knappe Hinweise beschränken.[120]

---

120 Beispielsweise in Viveiros de Castro 1986, 2001b, 2002b, 2008a. Was ich fast immer ›potentielle Affinalität‹ genannt habe, müsste eigentlich, wie übrigens Taylor (2000: 312 Fn. 6) vorschlägt, in ›vir-

In der Regel wird die matrimoniale Affinalität in den amazonischen Gesellschaften als in jedem Sinne des Adjektivs zutiefst *delikate* Beziehung verstanden – gefährlich, zerbrechlich, unangenehm, beschämend und wertvoll zugleich. Sie ist moralisch ambivalent, affektiv angespannt, politisch von strategischer Bedeutung, ökonomisch fundamental. Entsprechend sind Affinalitätsverbindungen einer kollektiven Anstrengung zur Unsichtbarmachung unterworfen, die durch ihre Verkleidung in Beziehungen der Blutsverwandtschaft (Geschwisterschaft und Filiation) erreicht wird. Die im eigentlichen Sinne Anverwandten (jene *a priori* Anverwandten, die die »elementaren Systeme« auszeichnen) werden als Arten von Blutsverwandten – etwa als Kreuzcousins oder -onkel – aufgefasst, nicht als Anverwandte; in Wirklichkeit Anverwandte werden in Bezugnahme und Anrede blutsverwandt gemacht (aus ›mein Schwiegervater‹ wird ›mein Mutteronkel‹ und so weiter); die spezifischen Terme der Affinalität werden durch blutsverwandte Euphemismen oder Teknonyme, die eine transitive Blutsverwandtschaft ausdrücken, vermieden (eher ›Mutterbruder meines Kindes‹ als ›Schwager‹ und so weiter); Eheleute werden durch Geschlechtsverkehr und alltägliche Kommensalität *una caro*, ein Fleisch; und so weiter und so fort. Wie Peter Rivière für den recht typischen Fall Guayanas beobachtete, wo ein starkes Ideal der dörflichen und kognatischen Endogamie gilt, gibt es »in der idealen Siedlung [...] keine Affinalität« (1984: 70).

---

tuelle Affinalität‹ umgetauft werden, was auch die Annäherung an Deleuzes Theorie des Virtuellen konsistenter werden ließe. Siehe dazu Viveiros de Castro 2016b: 352-353 und Taylor 2008. Die direkten Quellen für den Begriff der potentiellen Affinalität sind: Overing 1983, 1984; Albert 1985; Taylor 1993; sowie auch meine eigenen Arbeiten zu den Tupi (Viveiros de Castro 1986).

Aber wenn es in der idealen Siedlung keine Affinalität gibt, muss es sie außerhalb geben. Zunächst einmal in jeder realen Siedlung; vor allem aber außerhalb der idealen Siedlung: im idealen Außen der Siedlung als Idee der Affinalität, mit anderen Worten, als intensive oder virtuelle Affinalität. Denn sobald man die Siedlung verlässt, sei sie nun real oder ideal, invertiert sich die Verkleidung, und die Affinalität wird zur unmarkierten Form der gesellschaftlichen Beziehung, umso stärker, je allgemeiner sie ist, umso expliziter, je weniger aktuell sie ist: der perfekte Schwager ist derjenige, dessen Schwester ich *nicht* geheiratet habe, oder der, der nicht meine Schwester geheiratet hat.[121] Die Anverwandten sind Feinde, und somit sind die Feinde Anverwandte. Wenn die Anverwandten keine Feinde sind, wenn sie Verwandte und Dorfbewohner sind – im ›Idealfall‹ –, dürfen sie also *nicht* wie Anverwandte behandelt werden; wenn die Feinde keine Anverwandten sind, dann aus dem Grund, dass sie Feinde sind, also *wie* Anverwandte behandelt werden müssen.

Demnach neigen supralokale Beziehungen in Amazonien stark dazu, affinal konnotiert zu sein. Die lokal exogamen ehelichen Allianzen sind, gerade weil sie so selten sind, politisch von großer strategischer Bedeutung; die ritualisierten zwischenmenschlichen Bande der Freundschaft oder der Handelspartnerschaft, die ihren Ausdruck in einem ganzen Imaginarium der Affinalität finden, bilden das induktive Substrat der beiden regiona-

[121] Das galt beispielsweise für den Gefangenen der Tupinambá, also den dem zeremoniellen Tod auf dem zentralen Dorfplatz geweihten Feind/Schwager (siehe oben), der für die Zeit seiner Gefangenschaft eine Frau aus der Gruppe erhielt, in einem Simulacrum der Affinalität, das umso realer erschien als diese Frau idealerweise eine Schwester des künftigen Vollstreckers war.

len ökonomischen Systeme; und die ambivalente zwischengemeinschaftliche Zeremonialität, Rückseite eines permanenten physischen oder spirituellen, latenten oder manifesten Kriegszustandes zwischen den lokalen Gruppen, definiert so etwas wie einen einheitlichen kulturellen Horizont, dessen Zentrum paradoxerweise in der außenstehenden Figur des Anverwandten-Fremden-Feindes liegt. Und diese intensive Affinalität geht, das ist ein wichtiger Aspekt, über die Grenzen zwischen den Arten hinaus: Tiere, Pflanzen, Geister, andere Völker und Ethnien, deren Menschlichkeit ungewiss ist – sie alle sind letztlich Teil solcher synthetisch-disjunktiver Beziehungen zu ›Menschen‹.[122] Bis auf Weiteres, und in den meisten Fällen bis zum Ende, sind die anderen allesamt Anverwandte, obligatorische Partner im kosmischen Spiel von Diebstahl und Gabe – oder Partner eines ›Tausches‹, der als Sonderfall von Diebstahl und Gabe zu verstehen ist, derjenige Fall, in dem die Potentialdifferenz zwischen den Partnern gegen Null tendiert, ›sich aber nie vollständig aufhebt‹. Selbst im idealen endogamen Dorf der guayanischen Gesellschaften bedarf es eines gewissen Koeffizienten der Alterität

---

122 Es sei hier noch einmal wiederholt, dass diese *apriorische* Affinalisierung des anderen stattfindet, obwohl die tatsächlichen ehelichen Allianzen in den meisten amazonischen Ordnungen innerhalb der lokalen Gruppe entstehen. In Wahrheit können sich die Allianzen nicht *nicht* auf die lokale Gruppe konzentrieren, da es genau diese Konzentration ist, die die ›lokale‹ Dimension *definiert* – das Dorf, den Zusammenhang oder den Verbund. An der Situation ändert sich entsprechend nicht viel, wenn man jene amazonischen Ordnungen betrachtet, die in Bezug auf das Dorf oder die Abstammungsgruppe Exogamie befürworten oder vorschreiben. Die potentielle Affinalität und ihre kosmologischen Harmonien geben für die generischen Beziehungen zu nicht-alliierten Gruppen, zu Weißen, Feinden, Tieren, Geistern, weiterhin den Ton an.

zwischen den Partnern einer ehelichen Vereinigung, da die (unmittelbare oder klassifikatorische) Schwester auch hier nicht geheiratet werden darf. Die Vereinigung eines Mannes mit seiner uterinen Nichte, der Tochter seiner Schwester mit einem anderen Mann, kommt diesem inzestuösen Ideal am nächsten – eine Vereinigung, die in vielen amazonischen Gesellschaften wohlgemerkt bevorzugt wird. Das heißt, dass wir, wenn wir die Analyse nur weit genug treiben, selbst im idealen Dorf jene Affinalität finden werden, die es dort »nicht gibt«. In jedem Fall ist der Inzest, wie wir wissen, unmöglich;[123] jede aktuelle Endogamie ist der kleinste Häufungspunkt einer virtuellen Exogamie. Wie Lévi-Strauss sagte, ist die Ähnlichkeit nur ein Sonderfall des Unterschieds, und die Soziabilität ist nur der kleinste Häufungspunkt der Prädation.

Die Beziehung der reinen virtuellen Affinalität oder auch Meta-Affinalität, der generische Schematismus der Alterität in Amazonien, gehört zweifelsohne zum ›zweiten Typ von Allianz‹, von dem in *Tausend Plateaus* die Rede ist. Sie ist der Filiation feindlich gesinnt, insofern sie da auftaucht, wo die Heirat keine Option ist, oder verschwindet, wo sie sich verwirklicht. Ihre Produktivität ist nicht fortpflanzend, prokreativ; oder vielmehr ordnet sie jede innere Prokreativität einer dämonischen Allianz mit dem Außen unter. Keine *Produktionsweise* (der homogenetischen Filiation), sondern eine *Prädationsweise* (der heterogenetischen

123 Zum tautologischen Charakter des Begriffs des Inzestverbots siehe Wagner 1972 – eine Schwester wird nicht verboten, weil sie Schwester ist, sie wird vielmehr Schwester *im selben Moment, in dem* sie verboten wird (das Verbot ist ›konstitutiv‹, nicht ›regulativ‹). Siehe dazu auch eine sehr ähnliche Argumentation von Deleuze und Guattari zur Unmöglichkeit, »Name und Person gleichzeitig und gemeinsam aus[zu]kosten« (1974: 207).

Kooptation), eine »Reproduktionsweise« durch symbiotische Vereinnahmung und ontologische ›Reprädation‹: Die – buchstäbliche oder bildliche – kannibalische Verinnerlichung des anderen ist die Bedingung für die Veräußerlichung eines jeden Ich, eines Ich, das sich auf diese Weise als *durch den* Feind ›selbstbestimmt‹ sieht, das heißt *als* Feind (siehe S. 173). Dies ist das der amazonischen Kosmopraxis intrinsische Anderer-Werden. Die virtuelle Affinalität gehört eher zum Krieg als zur Verwandtschaft; sie ist buchstäblich Teil einer der Verwandtschaft als solcher vorausgehenden und äußerlichen Kriegsmaschine. Eine Allianz gegen die Filiation also: nicht, weil sie die verdrängende Repräsentation einer primordialen intensiven Filiation ist, sondern weil sie verhindert, dass die Filiation als Keim einer Transzendenz fungiert (göttlicher Ursprung, Gründer-Vorfahre, identitäre Filiationsgruppe). Jede Filiation ist imaginär, sagten die Autoren von *Tausend Plateaus*. Wir könnten ergänzen: Jede Filiation projiziert einen Staat, ist Staatsfiliation. Die amazonische intensive Allianz ist eine Allianz gegen den Staat (Hommage an Pierre Clastres).

Die intensive oder primordiale Affinalität ist also eines der Kennzeichen der amazonischen Sozialität, vielleicht sogar des Kontinents als Ganzem; wir stoßen hier auf das »Urgestein der amerikanischen Mythologie« (Lévi-Strauss 1993: 244). Betrachten wir den kontinentalen Komplex, den die *Mythologica* durchlaufen: Wenn wir die amerindianischen Mythen mit unserer eigenen Mythologie der Kultur vergleichen, ist einer der Unterschiede, die hervortreten, die Dominanz von Beziehungen der Affinalität in den ersteren und Beziehungen der Elternschaft in letzterer. Die zentralen Figuren der amerindianischen Mythen sind kanonisch als Anverwandte verbunden; eine berühmte Person aus diesen

Erzählungen ist, um ein Beispiel zu nehmen, der kannibalische Schwiegervater, nicht-menschlicher Herr über alle kulturellen Güter, der seinen Schwiegersohn in der Absicht, ihn zu töten, einer Reihe von Prüfungen unterzieht; der junge Mann bewältigt sie alle (oft dank der Fertigkeiten anderer Nicht-Menschen, die Mitleid mit ihm haben) und kehrt mit der wertvollen Beute der Kultur in den Schoß der menschlichen Gemeinschaft zurück. Der Inhalt dieses Arche-Mythos (Lévi-Strauss 1975a: 656ff.) unterscheidet sich nicht allzu sehr vom Plot des Prometheus: Es gibt Himmel und Erde, es gibt einen Helden, der zwischen beiden gefangen ist; es gibt das Feuer, das die Zivilisation bringt und es gibt die ›Gabe‹ der Frauen und den Ursprung der menschlichen Sterblichkeit. Aber die Antagonisten im amerindianischen Mythos sind Schwiegerväter oder Schwäger, nicht Vater- oder Sohn-Figuren wie die, die die Mythologien der Alten Welt beherrschen, seien sie mediterran, afrikanisch oder freudianisch. Um es kurz zu machen, sagen wir, dass die Menschen in der Alten Welt einem göttlichen Vater das ›Feuer‹ entwenden mussten, während die Amerindianer es einem Schwiegervater abspenstig machen oder als Geschenk von einem Schwager bekommen mussten; dabei waren beide, Schwiegervater und Vater, Tiere.

Was wir ›Mythologie‹ nennen, ist der Diskurs – in der Regel der Diskurs der anderen – über das Gegebene (Wagner 1978): In den Mythen wird ein für alle Mal das dargeboten, was von da an als gegeben gelten wird, die Grundbedingungen, von denen aus und gegen die sich die Menschen definieren oder konstruieren; dieser Diskurs legt die Bestimmungen und Grenzen der ontologischen Schuld fest. Ist dies der Fall, betrifft die amerindianische Schuld also nicht Filiation und Elternschaft – das ›grundlegend genealogisch Gegebene‹ –, sondern Heirat und Affinalität; der Andere ist, wie wir gesehen haben, in erster Linie Anverwandter. Man bemerke allerdings, dass es uns hier nicht um die triviale Tatsache geht, dass die indigenen Mythen die Beziehung der Affinalität als immer schon da behandeln – das tun sie auch mit Beziehungen der Blutsverwandtschaft, oder sie stellen sich Welten vor, in denen die Vormenschen von ehelichen Verboten und so weiter nichts wussten –, sondern um die Tatsache, dass die Affinalität das »Gerüst« (im Sinne der *Mythologica*) des Mythos konstituiert. Dieses Gerüst oder dieser Rahmen enthält verschiedenste Personen. Insbesondere aber wird es von tierischen Anverwandten bevölkert. Es ist dabei unabdingbar, dass diese Anverwandten tierisch oder, allgemein gefasst, nichtmenschlich sind – pflanzlich, astral, meteorologisch, artefaktisch... (Genau genommen sind diese Personen *zukünftige* Nicht-Menschen; im Mythos ist jeder teilweise menschlich, auch die aktuellen Menschen, wenngleich der Weg in die beiden Richtungen nicht der selbe ist.) Es ist genau diese Allianz mit dem Nicht-Menschlichen, die in Amazonien die ›intensiven Bedingungen des Systems‹ definiert.

Natürlich enthalten die amerindianischen Mythen ödipale Inzeste, Konflikte zwischen Vätern und Söhnen, alles was das Herz begehrt und noch ein bisschen mehr. *Die eifersüchtige Töpferin* hält sich, mit den bekannten Absichten, mit einem »*Totem und Tabu* in der Jivaro-Version« auf (Lévi-Strauss 1987: Kapitel XIV). Aber es ist ziemlich klar, dass sich die Mythologie des Kontinents, und insbesondere die, die vom Ursprung der Kultur handelt, für Lévi-Strauss um Affinalität und Tausch dreht, und nicht um Elternschaft und Fortpflanzung, gerade so, wie der für die amerindianische Vorstellungswelt charakteristische Inzest eben genau der ist, den Lévi-Strauss zur Grundlage der *Elemen-*

taren Strukturen der Verwandtschaft gemacht hat, der Inzest zwischen Bruder und Schwester oder der ›Allianzinzest‹, nicht der ›Filiationsinzest‹, der freudsche Inzest zwischen Eltern und Kindern. Erinnern wir uns daran, dass »von allen Mythen der Neuen Welt [...] wohl keiner so weit verbreitet« ist wie der, der den Ursprung von Sonne und Mond als Folge eines Inzests zwischen Bruder und Schwester erklärt (Lévi-Strauss 1973: 91-92, 414-415; 1975a: 266-267); es ist diese Erzählung, die der Autor als »amerikanische Vulgata« (ders. 1977: 197, 217) bezeichnen wird, und die die Kernzelle von M_1 bildet, dem Referenzmythos der Bororo, in dem Lévi-Strauss den archetypisch-›ödipalen‹ Inzest zwischen Mutter und Sohn und den anschließenden tödlichen Kampf mit dem Vater – in einem Anflug strukturalistischen Humors – noch einmal als Inzest zwischen ›Geschwistern‹ und Konflikt zwischen ›Anverwandten‹ arrangiert. Eigentlich gehört in der in exogamen matrilinearen Klans organisierten Gesellschaft der Bororo jedes Individuum dem Klan seiner Mutter an, während sein Vater ein Anverwandter ist, Mitglied eines durch Heirat alliierten Klans; vom Standpunkt des Vaters aus ist der Sohn wie ein Bruder der Frau. Diese Lévi-Strauss'sche Verschiebung der Inzestproblematik macht sich der *Anti-Ödipus* im Kommentar zum Dogon-Mythos zunutze: »[D]er Inzest mit der Schwester bildet keinen Ersatz für den Inzest mit der Mutter, sondern gibt das intensive Modell des Inzest als Manifestation der Keimlinie ab« (Deleuze und Guattari 1974: 203).

♦♦♦

Aber auf dieser intensiven Ebene kann es streng genommen keinen klaren – notwendigerweise extensiven – Gegensatz zwischen Allianz und Filiation geben. Anders gesagt gibt es, wenn es zwei Allianzen gibt, auch zwei Filiationen. Wenn alle Produktion filiativ ist, heißt das noch nicht, dass alle Filiation (re)produktiv ist; wenn es reproduktive und administrative (repräsentative, Staats-) Filiationen gibt, dann gibt es ebenso auch ansteckende und monströse Filiationen, Filiationen, die aus Allianzen und Werden wider die Natur hervorgehen, aus inzestuösen oder transspezifischen Vereinigungen.[124]

Endogamie und Exofiliation, die elementaren Strukturen der *Anti*-Verwandtschaft. Wenn es im idealen guayanischen Dorf keine exogame Affinalität gibt, dann ist das, was es in anderen amerindianischen idealen Dörfern ›nicht gibt‹, die endofiliative Blutsverwandtschaft – denn die Kinder der Gruppe sind mehrheitlich feindlichen Ursprungs, wie im ›Idealfall‹ der in *Traurige Tropen* beschriebenen Kadiweu:

> Diese Gesellschaft zeigte sich allen Gefühlen abhold, die wir für natürlich halten; so empfanden sie einen tiefen Abscheu vor dem Zeugen von Kindern. Abtreibung und Kindsmord waren an der Tagesordnung, so daß das Überleben der Gruppe weit mehr durch Adoption als durch Fortpflanzung gesichert wurde […]. (Lévi-Strauss 1978: 170)

---

124 Es gibt amazonische Mythologien, die ein präkosmisches Szenario entwerfen, das der von Deleuze und Guattari im Mythos der Dogon erkannten Situation der »intensiven Filiation« ähnelt. Hier sind insbesondere die Mythen der Völker der Tukano und der Arawak im amazonischen Nordwesten zu nennen (S. Hugh-Jones 1979, 1996), obwohl diese, wie Geraldo Andrello (2006) argumentiert, auf jenes Schema der intensiven Affinalität verweisen, das auch den Grundzustand – die Immanenzebene – des amazonischen Präkosmos darstellt.

Ein anderes Beispiel für eine perverse Umleitung der strukturalistischen Doktrin – deren Bruch mehr ehrt, wie man im Englischen sagt –,[125] sind die Tupinambá, die sich, während sie vorzugsweise die Töchter ihrer Schwestern heirateten, nach außen hin zugleich voller Enthusiasmus der Gefangennahme von Schwägern widmeten, von feindlichen Männern, denen sie ihre eigenen Schwestern zeitweilig zur Frau gaben, bevor sie erstere zeremoniell hinrichteten und verspeisten. Eine beinahe inzestuöse Hyperendogamie wurde durch eine kannibalische Hyperexogamie bekräftigt. Im übertriebenen Schematismus der Mythen: mit der Schwester schlafen, ein Tierjunges adoptieren... Oder auch, in einer doppelten Torsion des vorigen Schemas: einen Stern heiraten, den Schlangen-Geliebten im Muttermund tragen...

Die Frage ist letzten Endes weniger, ob es eine Allianz gibt oder zwei, eine Filiation oder zwei, ob die Mythen eine primordiale Filiation kennen oder nicht (und so weiter), sondern vielmehr *wo die Intensität herkommt*. Die Frage ist, ob das Außen aus dem Innen geboren wird – ob die Allianz von der Filiation abstammt und abhängt –, oder ob, im Gegenteil, das Innen die Wiederholung des Außen ist – ob Filiation und Blutsverwandtschaft ein Sonderfall der Allianz und der Affinalität sind, derjenige, in dem die Differenz als intensive Disjunktion gegen Null tendiert, ohne aber natürlich je...[126]

Es ist genau diese »Undeutlichkeits-, Ununterscheidbarkeits-, Ambiguitätszone« zwischen Affinalität und Blutsverwandt-

---

[125] Die Formulierung stammt aus Shakespeares *Hamlet* – »a custom / More honor'd in the breach than the observance«.

[126] Wie wir wissen »steht die intensive Quantität [...] in einer Beziehung zur Null, die ihr konsubstantiell ist« (Deleuze 1983).

schaft,[127] weniger eine Nicht-Differenzierung zwischen ihnen als ihr unendlicher Widerhall, ihre innere Verdopplung, die fraktale Involution, die sie ineinander fügt – es ist diese interimplikative Disjunktion, geprägt von der Bedeutung, die in der amerindianischen Mythologie der Figur der Zwillingshaftigkeit zukommt, die, nachdem sie in »Die Struktur der Mythen« nur kurz angeschnitten wurde, durch die *Mythologica* hindurch (vor allem durch die Mythen von Sonne und Mond) Gestalt annimmt, um sich schließlich in *Die Luchsgeschichte* in den »Schlüssel des ganzen Systems« zu verwandeln (Lévi-Strauss 1993: 244). Weit davon entfernt, den Prototypen blutsverwandtschaftlicher Ähnlichkeit oder Identität darzustellen, ist die – provisorische, unvollständige, halbvermittelnde, divergente, unausgeglichene, durch einen inzestuösen Antagonismus gefärbte – amerindianische Geschwisterschaft demnach eine innere Wiederholung der potentiellen Affinalität; die ungleichen Zwillinge sind die mythische Personifikation des »unausweichlichen Mangels an Symmetrie« (Lévi-Strauss 1973: 525), der die Bedingung der Welt bildet. Blutsverwandtschaft als Metonymie der Affinalität, Geschwisterschaft als Metapher der Differenz – man muss ein bisschen Leibnizianer sein, um die Ironie zu genießen.

Die differentielle Geschwisterschaft beginnt mit der Trennung der Person von sich selbst, wodurch sie sich als intensive Kategorie offenbart: Wie es das Kapitel über den »prophetischen Ausspruch« in *Die Luchsgeschichte* so schön ausdrückt (›Wenn es ein Mädchen/Junge wird, ziehe ich sie/ihn groß; wenn es aber ein Junge/Mädchen wird, töte ich ihn/sie‹), ist ein Kind, das sich noch im Bauch der Mutter befindet, »[v]on sich aus zwillingshaft«

127 Und innerhalb dieser letzteren, zwischen Filiation und Geschwisterschaft – vergleiche die Mutter-Schwester aus M_1.

(Lévi-Strauss 1993: 71ff.), weil es ein virtuelles Double des anderen Geschlechts in sich trägt, das verschwindet, wenn das eingeschlechtliche Individuum schließlich das Licht der Welt erblickt. Man kann das Paradoxon von »Schrödingers Katze« als Transformation dieses mythischen Themas verstehen – eines Themas, das vielleicht für Lévi-Strauss selbst durch die Quantenkatze, die schon vorher in *Die Luchsgeschichte* (1993: 10) Erwähnung fand, umso deutlicher hervortreten konnte. Wir sollten dabei festhalten, dass dieses letzte Mythologie-Buch von Lévi-Strauss seinen Fokus auf die in der amerikanischen Mythologie auffälligeren männlichen Zwillingspaare legt (auch, um sie den Dioskuren besser gegenüberstellen zu können); doch in *Der nackte Mensch* bringt der Autor das faszinierende Argument vor, dass die gleichgeschlechtlichen Zwillinge einen »abgeleiteten« und »ergänzenden« transformationellen Zustand eines von (inzestuösen) gegengeschlechtlichen Zwillingen gebildeten Gerüsts darstellen (Lévi-Strauss 1975a: 246). Somit würde sich die Unähnlichkeit der amerindianischen Zwillinge gleichen Geschlechts unter anderem aus ihrem ›Ursprung‹ in einem gegengeschlechtlichen Zwillingspaar ableiten. Das bedeutet nicht, dass sich jede Differenz aus der Differenz zwischen Geschlechtern ableitet, wie Françoise Héritier (1981: 39) behauptet, sondern eben genau das Gegenteil: dass nämlich alle Geschlechtlichkeit differentiell ist – wie überhaupt jedes Zeichensystem (Maniglier 2000, Viveiros de Castro 1990). Um noch einmal Lévi-Strauss zu paraphrasieren, kann man wohl sagen, dass die konstitutive Erfahrung der Verwandtschaft nicht die eines Gegensatzes zwischen den Geschlechtern, sondern die des als Gegensatz begriffenen anderen Geschlechts ist (1975a: 706).

Wir schließen diesen kurzen Abriss, indem wir noch einmal darauf hinweisen, dass sich die Idee einer potentiellen Affinalität als kosmologische Grundkategorie im indigenen Amazonien, vom Standpunkt des theoretischen und ethnographischen Referenzrahmens betrachtet, im *Bruch* mit dem ›tauschförmigen‹ Bild des *Sozius* konstituiert. Daher rührt die Bedeutung der Begriffe der Prädation und des Erfassens – der Diebstahl, der Raub und die Gabe, der Kannibalismus und das Feind-Werden –, die schon immer mit dieser Idee verbunden waren. Sie strebten danach, die Bewegung eines Vermögens der Allianz zu erfassen, die so etwas wie der Grundzustand der indigenen Metaphysik wäre, ein kosmopolitisches Vermögen, das sich nicht auf die juristisch-theologische Affinalität der klassischen Verwandtschaftstheorien, ob strukturfunktionalistisch, strukturalistisch oder marxistisch, reduzieren lässt (›Haushalt‹, ›Öffentlichkeit‹, ...). Der Diebstahl oder Raub, die Gabe, die Ansteckung, die Ausgabe oder Verausgabung und das Werden: *Um diesen* Tausch ging es. Die potenzielle Allianz ist das Anders-Werden, das die amazonische Verwandtschaft begrenzt und unterordnet. Durch sie konnte die Ethnologie dieser Völker, die zuallererst den *Mythologica* treu bleibt und erst dann (um das überhaupt zu können) den *Elementaren Strukturen der Verwandtschaft*, die so treffende Beobachtung des Philosophen Patrice Maniglier vorwegnehmen:

> Verwandtschaft ist kein wesentlich soziales Phänomen, [...] es geht nicht ausschließlich oder vornehmlich darum, durch sie die Beziehungen der menschlichen Wesen untereinander zu regeln und zu determinieren, sondern darum, das zu achten, was man als politische Ökonomie des Universums bezeichnen könnte, als Zirkulation der Dinge dieser Welt, deren Teil wir sind. (2005b: 768).

Vierter Teil

Das kannibalische Cogito

Der Philosoph muss Nicht-Philosoph werden, damit die Nicht-Philosophie zur Erde und zum Volk der Philosophie wird. [...] Das Volk dem Denker innerlich, weil dies ein »Volk-Werden« ist, insoweit der Denker dem Volk innerlich ist [...].

Deleuze und Guattari, *Was ist Philosophie?*

Der *Anti-Narziss*, das Buch, das wir gerne geschrieben hätten, von dem hier aber bloß der Plan zu einigen Kapiteln vorgestellt werden konnte, wäre ein Gedankenexperiment und eine Übung in anthropologischer Fiktion.[128] Allerdings hat der Ausdruck ›Gedankenexperiment‹ hier nicht den gewöhnlichen Sinn eines imaginären Zugangs zu einem Experiment, also einer Erfahrung, auf dem Wege des Denkens, sondern den eines Zugangs zum Denken auf dem Wege wirklicher Erfahrung. Es geht nicht darum, sich eine Erfahrung vorzustellen, sondern darum, eine Vorstellung zu erfahren, sie auszuprobieren, darum, »das Denken selbst zu erproben«.[129] Im vorliegenden Fall ist die Erfahrung die von Generationen von Ethnographen des indigenen Amazoniens, und das zu wagende Experiment ist eine durch diese Erfahrung kontrollierte Fiktion. Die Fiktion wäre also anthropologisch, aber ihre Anthropologie ist nicht fiktiv.

Die Fiktion besteht darin, die indigenen Ideen als Begriffe zu fassen und aus dieser Entscheidung die Konsequenzen zu ziehen: den vorbegrifflichen Boden zu definieren, oder die Immanenzebene, die von solchen Begriffen vorausgesetzt wird, die Begriffspersonen, die sie herbeirufen, und die durch sie gesetzte Materie des Wirklichen. Diese Ideen *als* Begriffe zu behandeln, bedeutet nicht, sie objektiv als etwas anderes, als aktuelles

---

128 A.d.Ü.: Wie bereits an anderer Stelle mobilisiert der Autor hier die Homonymie – oder Äquivokation – des Wortes *experiência* / *expérience*, das sowohl Erfahrung als auch Experiment bedeuten kann.

129 Diese Lesart des Begriffs des *Gedankenexperiments* wendet Thierry Marchaisse auf François Julliens Arbeiten über China an (Jullien und Marchaisse 2000: 71).

Objekt eines anderen Typus zu bestimmen. Denn sie als individuelle Kognitionen, als kollektive Repräsentationen, als propositionale Einstellungen, als kosmologische Überzeugungen, als inkonsistente Schemata, als relationale Konfigurationen, als Textkomplexe, als verkörperte Dispositionen (und so weiter) zu behandeln, hieße lediglich, sie zu anderen theoretischen Fiktionen zu machen.

Der *Anti-Narziss* ist somit weder eine Untersuchung »primitiver Mentalität« noch eine Analyse indigener »kognitiver Prozesse«: Sein Gegenstand ist weniger der indigene Modus des Denkens als vielmehr die Gegenstände dieses Denkens, die mögliche Welt, die von seinen Begriffen projiziert wird. Auch handelt es sich nicht um einen ethnosoziologischen Essay über eine bestimmte Weltanschauung. Zunächst einmal, weil es keine Welt gibt, die einfach so bereitstünde, um angeschaut zu werden, um gesehen zu werden, keine Welt vor dem Sehen, oder vielmehr vor der Trennung zwischen ›Sichtbarem‹ und ›Unsichtbarem‹, die den Horizont eines Denkens bildet. Weiter aber auch, weil die Ideen als Begriffe zu fassen bedeutet, ihre Erklärung anhand des transzendenten Begriffs des (ökologischen, ökonomischen, politischen und so weiter) Kontexts zugunsten des immanenten Begriffs des Problems zurückzuweisen. Schlussendlich geht es nicht darum, eine *Interpretation* des amerindianischen Denkens vorzuschlagen, sondern ein *Experiment* mit ihm und somit auch mit unserem eigenen Denken durchzuführen: »*Jedes Verstehen einer anderen Kultur ist ein Experiment mit unserer eigenen*« (Wagner 1981: 12).

Stellen wir also klar: Ich denke nicht, dass der ›Geist‹ der amerikanischen Índios (notwendigerweise...) das Theater ›kognitiver Prozesse‹ wäre, die sich von denen anderer menschlicher

Tiere unterschieden. Es geht nicht darum, sich vorzustellen, dass die Índios über eine besondere Neurophysiologie verfügten, die das Diverse auf andere Weise prozessierte als (zum Beispiel) ›wir‹. Was mich anbelangt, so denke ich, dass sie genauso denken ›*wie* wir‹; aber ich denke auch, dass das *was* sie denken, also die Begriffe, die sie sich geben, sehr anders sind als unsere – und dass entsprechend auch die mit diesen Begriffen beschriebene Welt sehr anders ist als unsere.[130] Was wiederum die Índios anbelangt, denke ich, dass *sie* denken, dass alle Menschen und darüber hinaus auch viele andere nicht-menschliche Subjekte genauso denken ›wie sie‹, das dies aber keineswegs eine universelle referentielle Konvergenz erzeugt (oder auf eine solche zurückgeht), sondern gerade der *Grund* für die Divergenzen der Perspektive ist.

Das Bild des wilden Denkens, das wir hier zu bestimmen bemüht sind, zielt also weder auf das indigene Wissen und seine mehr oder weniger richtigen Repräsentationen des Realen – das auf dem globalen Markt der Repräsentationen heute so heftig umstrittene ›traditionelle Wissen‹ – noch auf die indigenen mentalen Kategorien, über deren Repräsentativität im Hinblick auf die Vermögen der Art die Geisteswissenschaften unablässig debattieren. Es zielt auch nicht auf – individuelle oder kollektive, rationale oder zumindest vernünftige – Repräsentationen, die zum Teil ihnen selbst vorausgehende oder äußerliche Sachverhalte ausdrückten; und auch nicht auf kognitive Kategorien und Prozesse, ob universell oder partikular, angeboren oder erworben,

130 Siehe François Jullien zum Unterschied zwischen der Affirmation der Existenz verschiedener »Weisen der Orientierung im Denken« und der Affirmation der Operation einer »anderen Logik« (Jullien und Marchaisse 2000: 205-07).

die die Eigenschaften eines Dings der Welt manifestierten, sei es nun Geist oder Gesellschaft. Der Gegenstand, dessen Existenz hier behauptet wird, sind die indigenen *Begriffe*, die *Welten*, die diese Begriffe konstituieren (Welten, die sie also ausdrücken), der virtuelle Grund, aus dem sie hervorgehen.

Die indigenen Ideen als Begriffe zu fassen bedeutet, sie als mit einer philosophischen Bedeutung versehen zu verstehen, oder als potentiell zu einem philosophischen Gebrauch geeignet. Eine unverantwortliche Entscheidung, wird man sagen, und das umso mehr, da nicht nur die Índios keine Philosophen sind, sondern, das möchte ich deutlich betonen, der hier schreibende Autor noch viel weniger. Wie etwa soll man den Begriff des Begriffs auf ein Denken anwenden, das es allem Anschein nach nie für nötig erachtet hat, sich mit sich selbst zu befassen, und das eher auf den fließenden und vielfarbigen Schematismus des Symbols, der Figur und der kollektiven Repräsentation verweist als auf die strenge Architektur der begrifflichen Vernunft? Liegt nicht eine weithin bekannte historische und psychologische Kluft, ein ›entscheidender Bruch‹, zwischen der Bricolage und ihren Zeichen auf der einen Seite, und dem Ingenieurwesen und seinen Begriffen auf der anderen (Lévi-Strauss 1968), zwischen der generischen menschlichen Mythopoesis und dem partikularen Universum der westlichen Rationalität (Vernant 1997: 81), zwischen der paradigmatischen Transzendenz der Figur und der syntagmatischen Immanenz des Begriffs (Deleuze und Guattari 2000)?

Nun gut; was all diese mehr oder weniger direkten Ausflüsse eines gewissen infundierten Hegelianismus anbelangt, habe ich so manche Zweifel. Vor allem aber habe ich meine nicht-philosophischen oder, genauer gesagt, anthropologischen und politischen Motive dafür, von ›Begriffen‹ zu sprechen. Das erste dieser Motive folgt aus der Entscheidung, anzunehmen, dass sich die indigenen Ideen auf der gleichen Ebene befinden wie die anthropologischen Ideen.

Zu Anfang des vorliegenden Textes haben wir gesagt, dass sich die anthropologischen Theorien in strikter Kontinuität zu den intellektuellen Pragmatiken der Kollektive befinden, die sie zu ihrem Gegenstand machen. Das vorgeschlagene Experiment beginnt also mit der Affirmation der prinzipiellen Äquivalenz der Diskurse des Anthropologen und des Indigenen sowie des Umstands einer »wechselseitigen Voraussetzung« dieser Diskurse, die als solche überhaupt nur existieren, wenn sie in eine Beziehung des Wissens eintreten. Die anthropologischen Begriffe aktualisieren diese Beziehung und sind deshalb in ihrem Ausdruck wie auch ihrem Inhalt vollkommen relational.[131] Sie sind

131 An diesem Punkt ist es vielleicht unnötig, den Leser darauf hinzuweisen, dass ich die von Deleuze und Guattari in ihrem letzten Buch *Was ist Philosophie?* der Philosophie eingeräumten Exklusivrechte auf den Begriff mit voller Absicht ignoriere. Die Gegenüberstellung von »Begriff« und »Figur«, die dort im Kapitel über die »Geophilosophie« eine zentrale Rolle spielt, erscheint mir als problematischer Gegensatz zwischen dem besonderen Fall und der allgemeinen Form. Um ein Argument zusammenzufassen, das zu vertiefen ich vielleicht eines Tages in der Lage sein werde, verstehe ich den philosophischen Begriff als lokale, historische, »provinzielle« (in dem Sinne, wie Chakrabarty (2010) von der »Provinzialisierung Europas« spricht) Variation einer intrinsisch figuralen oder mythopoetischen Vorstellungskraft, einer, wie ich glaube, nicht nur panhumanen, sondern dem Lebendigen als solchem inhärenten Fähigkeit. Was die Rede von *anthropologischen* Begriffen angeht, so rechtfertige ich mich hier, indem ich mich darauf berufe, dass jedes westliche Wissen, ob wissenschaftlich, künstlerisch oder von anderer Art, sich insofern auf eine philosophische Dimension hin öffnet, als es historisch aus einem gleichen regionalen (zirkummediterranen) mythopoetischen Grund hervorgeht, den man auch unter dem Namen ›Metaphysik‹ kennt.

weder wahrhaftige Abbilder der Kultur des Indigenen (der positivistische Traum) noch illusorische Projektionen der Kultur des Anthropologen (der konstruktivistische Alptraum). Was diese Begriffe abbilden oder widerspiegeln, ist eine bestimmte Beziehung der Verständlichkeit zwischen den beiden Kulturen, und was sie projizieren oder entwerfen, sind die beiden Kulturen als ihre eigenen Voraussetzungen. Somit betreiben sie eine doppelte Entwurzelung: Sie sind wie Vektoren, die immer auf die andere Seite zeigen, transkontextuelle Schnittstellen, deren Funktion darin besteht, hier wie dort das Andere inmitten des Selben (im diplomatischen Sinne des Wortes) zu repräsentieren.

Der Ursprung und die relationale Funktion der anthropologischen Begriffe werden für gewöhnlich durch ein exotisches Wort angezeigt: *mana, totem, kula, potlatch, tabu, gumsa/gumlao*... Andere, keineswegs weniger authentische Begriffe tragen eine etymologische Signatur, die zuallererst an die Analogien zwischen der Tradition, aus der die Disziplin stammt, und den Traditionen, die ihre Gegenstände sind, erinnert: Gabe, Opfer, Verwandtschaft, Person... Und wiederum andere sind schließlich Neologismen, die versuchen, begriffliche Dispositive der untersuchten Völker – Animismus, segmentäre Opposition, eingeschränkter Tausch, Schismogenese... – zu verallgemeinern, oder die, umgekehrt und noch viel problematischer, bestimmte diffuse Vorstellungen aus unserer Tradition – Inzestverbot, Geschlecht, Symbol, Kultur... – ins Innere einer bestimmten theoretischen Ökonomie umleiten, um sie so zu universalisieren.[132]

---

[132] Zur Signatur der philosophischen und der wissenschaftlichen Ideen und zur Taufe von Begriffen siehe Deleuze und Guattari 2000: 9-10, 13, 30-32.

Läge nicht schlussendlich dort die Originalität der Anthropologie – in dieser relationalen Synergie zwischen den Vorstellungen und Praktiken aus den Welten des ›Subjekts‹ und des ›Objekts‹? Dies zu erkennen würde – unter anderem – dabei helfen, unseren Minderwertigkeitskomplex gegenüber den ›harten‹ Wissenschaften etwas zu lindern. Latour bemerkt:

> Die Beschreibung des *kula* ist auf einer Ebene mit der Beschreibung von schwarzen Löchern. Die komplexen Systeme der gesellschaftlichen Allianzen sind ebenso einfallsreich wie die für die egoistischen Gene entworfenen komplexen evolutionären Szenarien. Das Verständnis der Theologie der australischen Aborigines ist nicht weniger wichtig als die Kartierung der großen Tiefseegräben. Das Landbesitz-System der Trobriand-Inseln ist wissenschaftlich ein genauso interessanter Gegenstand wie Bohrungen in den polaren Eiskappen. Wenn wir darüber reden, was bei der Definition einer Wissenschaft wichtig ist – Innovation im Bereich der Handlungsmächte, die unsere Welt bevölkern –, mag die Anthropologie sehr wohl nah an der Spitze der disziplinären Rangordnung stehen. (1996a: 5)

Diese Passage formuliert eine Analogie zwischen indigenen Vorstellungen und Gegenständen der Naturwissenschaften. Das ist eine mögliche und sogar notwendige Perspektive: Man muss eine wissenschaftliche Beschreibung indigener Ideen und Praktiken vornehmen können, ganz so, als wären sie Objekte in der Welt, oder, besser gesagt, damit sie Objekte in der Welt sind. (Latours wissenschaftliche Objekte sind alles andere als indifferente Entitäten, die geduldig darauf warten, beschrieben zu werden.) Eine andere mögliche Strategie ist, die indigenen Vorstellungen mit den wissenschaftlichen Theorien zu vergleichen, wie es Horton anhand seiner »Ähnlichkeitsthese« tut (1993: 348-354). Noch eine andere aber ist die Strategie, die wir hier vorschlagen. Ich denke, dass die Anthropologie immer allzu besessen war von der ›Wissenschaft‹, nicht nur in Bezug auf sich selbst – ob sie eine Wissenschaft ist oder nicht, ob sie eine sein kann oder nicht, ob sie eine sein muss oder nicht –, sondern vor allem, und das ist das wirkliche Problem, in Bezug auf die Vorstellungen der Völker, die sie betrachtet – sei es, um diese als Irrtum, als Traum oder als Illusion abzutun, und daraufhin auf wissenschaftliche Weise zu erklären, wie und warum es den ›anderen‹ nicht gelingt, (sich) auf wissenschaftliche Weise zu erklären; oder sei es, um sie mehr oder weniger in einen Rang mit der Wissenschaft zu erheben, alles Früchte eines selben, der Menschheit konsubstantiellen Willens zum Wissen – das gilt für Hortons Ähnlichkeit ebenso wie für die Lévi-Strauss'sche Wissenschaft vom Konkreten (Latour 2008: 58-60). Doch ist das Bild der Wissenschaft, so eine Art Goldstandard des Denkens, nicht das einzige Gebiet, auf dem wir uns in ein Verhältnis zur intellektuellen Aktivität von Völkern setzen können, die der westlichen Tradition fremd sind.

Stellen wir uns also, ganz ohne Vorurteile, eine andere Analogie vor als die von Latour, und eine andere Ähnlichkeit als die von Horton – eine Analogie, in der wir indigene Vorstellungen, anstatt sie als Entitäten zu verstehen, die schwarzen Löchern oder tektonischen Verwerfungen ähneln, als etwas begreifen, das zur gleichen Ordnung gehört wie das *Cogito* oder die Monade. In einer Paraphrase des obigen Latour-Zitats würden wir also sagen, dass der melanesische Begriff der Person als »Dividuum« (Strathern 1988) ebenso einfallsreich ist wie Lockes Besitzindividualismus; dass das Verständnis der »Philosophie des amerikanischen Häuptlingstums« (P. Clastres 1976) nicht weniger wichtig ist als der Kommentar zu Hegels Staatslehre; dass die Kosmogonie der Maori den eleatischen Paradoxien und den kantschen Antinomien ebenbürtig ist (Schrempp 1992); dass der amazonische Perspektivismus ein genauso interessanter philosophischer Gegenstand ist wie Leibniz' Metaphysik... Und wenn wir darüber reden, was bei der Bewertung einer Philosophie wichtig ist – ihre Fähigkeit, neue Begriffe zu schaffen –, dann erweist sich die Anthropologie, ohne deshalb die Philosophie ersetzen zu wollen, als mächtiges philosophisches *Werkzeug*, das imstande ist, die noch immer übermäßig ethnozentrischen Horizonte ›unserer‹ Philosophie ein wenig zu erweitern und uns ganz nebenbei auch noch von der sogenannten ›philosophischen‹ Anthropologie zu befreien. Erinnern wir uns hier also an Tim Ingolds kraftvolle Definition: »*anthropology is philosophy with the people in*« (1992: 696). Mit »*people*« meint Ingold an dieser Stelle »*ordinary people*«, gewöhnliche Leute, Normalsterbliche (ebd.); aber er spielt auch (oder zumindest möchte ich ihn so verstehen) auf die Bedeutung von ›*the people*‹ als ›Volk‹ an, und mehr noch, als ›Völker‹. Eine Philosophie also, die auch andere Leute und andere Völker mit einschließt: die Möglichkeit einer philosophischen Aktivität, die, jenseits des eigenen, eine Beziehung zur ›Nicht-Philosophie‹ – zum Leben – anderer Völker auf dem Planeten unterhält. Die ›ungewöhnlichen‹ Völker sind dann jene, die sich außerhalb unserer *Kommunikations*sphäre befinden. Wenn es in der wirklichen Philosophie vor imaginären Wilden nur so wimmelt, betreibt die Geophilosophie, auf die die Anthropologie abzielt, eine imaginäre Philosophie mit wirklichen Wilden. Wie Marianne Moore schrieb: »*Imaginary gardens with real toads in them*« – imaginäre Gärten mit echten Kröten. Und Kröten entpuppen sich bekanntlich oft als Prinzen – aber man muss wissen, welche Kröte man küssen muss.

In der obigen Paraphrase des Abschnitts von Latour findet, das sei noch einmal betont, eine wichtige Verschiebung statt. Es ginge nun nicht mehr – oder nicht mehr allein – um die anthropologische Beschreibung des *kula* (als melanesische Form von Sozialität), sondern um *kula* als melanesische Beschreibung (von ›Sozialität‹ als anthropologischer Form); oder man müsste auch weiterhin die, wie Latour sie nannte, ›australische Theologie‹ verstehen, nun allerdings selbst als Konstitution eines Dispositivs des Verstehens; und gleichermaßen müssten auch die komplexen Systeme der Allianz oder des Landbesitzes als Entwicklungen einer indigenen soziologischen Vorstellungskraft gesehen werden. Natürlich wird es immer nötig sein, *kula* als Beschreibung zu beschreiben, die Religion der Aborigenes als Verstehen zu verstehen, und sich die indigene Vorstellungskraft vorzustellen; es gilt, Vorstellungen in Begriffe zu verwandeln, ihnen Begriffe zu entnehmen und sie ihnen dann wieder zurückzugeben. Und ein Begriff ist eine komplexe Beziehung zwischen Vorstellungen, ein singuläres Gefüge aus vorbegrifflichen Intuitionen; im Falle der Anthropologie sind die in Beziehung stehenden Vorstellungen in erster Linie die des Anthropologen und die des Indigenen – eine Beziehung von Beziehungen. Die indigenen Begriffe sind die Begriffe des Anthropologen. Durch Konstruktion, versteht sich.

♦ ♦ ♦

Über den Kannibalismus als Bild des Denkens, den Feind als Begriffsperson – ein ganzes Kapitel der deleuze-guattarischen Geophilosophie bleibt noch zu schreiben. Ein prototypischer Ausdruck des Anderen in der westlichen Tradition ist die Figur des *Freundes*. Der Freund ist ein Anderer, aber ein Anderer als ›Moment‹ des Ich. Wenn ich mich als Freund des Freundes bestimme, dann nur, weil der Freund – nach Aristoteles bekannter Definition – ein *anderes Selbst* ist. Das Ich ist dabei von Anfang an da: Der Freund ist die als Rückprojektion auf die bedingte Form des Subjekts gedachte Bedingung-des-Anderen. Diese Definition impliziert, wie Francis Wolff feststellt, eine Theorie, nach der »jede Beziehung zu Anderen, und folglich jede Form von Freundschaft, ihre Grundlage in der Beziehung des Menschen zu sich selbst findet« (ich vermute, dass Wolff das für bemerkenswert hält) (Wolff 2000: 169). Das gesellschaftliche Band setzt als Ursprung und Modell eine Selbstrelation voraus.

Aber der Freund begründet nicht nur eine ›Anthropologie‹. Unter den historisch-politischen Bedingungen der Entstehung der griechischen Philosophie erscheint der Freund als untrennbar verbunden mit einer bestimmten Beziehung zur Wahrheit: Er ist eine »innere Gegenwart im Denken, eine Möglichkeitsbedingung des Denkens selbst, eine lebendige Kategorie, ein transzendentales Erleben« (Deleuze und Guattari 2000: 7). Zusammengefasst ist der Freund also das, was die Autoren eine *Begriffsperson* nennen, der dem Begriff eigene Schematismus des Anderen. Die Philosophie erfordert den Freund, die *philia* ist das Element des Wissens.

Nun besteht bei jedem Versuch, ein amerindianisches Äquivalent zu ›unserer‹ Philosophie zu identifizieren, das anfängliche Problem darin, eine Welt zu denken, die durch den Feind als transzendentale Bestimmung konstituiert wird. Nicht der Freund-Rivale der griechischen Philosophie, sondern *die Immanenz des Feindes* der amerindianischen Kosmopraxis, in der die Feindschaft nicht bloß ein privatives Komplement der Freundschaft ist, und auch keine simple negative Faktizität, und noch weniger ein identitätsstiftendes *Apriori* des Begriffs des »Politischen« wie bei Carl Schmitt, sondern vielmehr eine rechtmäßige Struktur des Denkens, die eine andere Beziehung zum Wissen und ein anderes Regime der Wahrheit definiert: Kannibalismus, Perspektivismus, Multinaturalismus. Wenn Deleuzes Anderer der Begriff des Standpunkts selbst ist, wie sieht dann eine Welt aus, die vom *Standpunkt des Feindes* als transzendentaler Bestimmung konstituiert wird? Der *Animismus* ist – wenn er, wie allein die Índios es vermögen, bis zu seiner letzten Konsequenz getrieben wird – nicht nur ein Perspektivismus, sondern auch (so mir dieses infame Wortspiel hier erlaubt ist) ein *Inimismus*.[133]

♦♦♦

All das läuft darauf hinaus, die ›unmögliche‹ Frage zu stellen: Was geschieht, wenn man das indigene Denken ernst nimmt? Wenn die Absicht des Anthropologen nicht mehr darin besteht, dieses Denken zu erklären, zu explizieren, zu interpretieren, zu kontextualisieren, zu rationalisieren, und wenn er stattdessen dazu übergeht, es zu gebrauchen, daraus Konsequenzen zu ziehen, die Effekte zu prüfen, die es auf unser eigenes Denken haben kann? Was heißt es, das indigene Denken zu denken? Es zu denken, meine ich, ohne darüber nachzudenken, ob das, was

133 A.d.Ü.: *Inimismo*, von portugiesisch *inimigo*, der Feind – in Anlehnung an den Animismus also ein ›*Feindismus*‹.

wir denken – das andere Denken – ›augenscheinlich irrational‹ oder, schlimmer noch, ›natürlich vernünftig‹ ist, es vielmehr als etwas zu denken, das sich in dieser Alternative nicht denken lässt, als etwas, das diesem Spiel ganz und gar fremd ist.

Ernstnehmen heißt zunächst einmal, nicht zu neutralisieren. Es heißt beispielsweise, die Frage einzuklammern, ob und wie ein solches Denken kognitive Universalien der menschlichen Spezies veranschaulicht, sich durch bestimmte gesellschaftlich determinierte Übertragungsweisen des Bewusstseins erklären lässt, eine kulturell eigentümliche Weltanschauung zum Ausdruck bringt, der politischen Machtverteilung funktional Gültigkeit verleiht, und schließlich auch all die anderen Formen der Neutralisierung des fremden Denkens. Es gilt, nicht weiter solche Fragen zu stellen, oder zumindest damit aufzuhören, die Anthropologie in ihnen einzuschließen; es gilt beispielsweise, zu beschließen, das andere Denken bloß (das sagen wir hier so einfach) als eine Aktualisierung ungeahnter Virtualitäten des Denkens zu denken.[134]

Würde Ernstnehmen dann bedeuten, an das zu ›glauben‹, was die Índios sagen, ihr Denken als Ausdruck einer Wahrheit über die Welt aufzufassen? Das ist wieder einmal eins dieser typischen schlecht formulierten Probleme. Um an ein Denken glauben oder nicht glauben zu können, muss man es zunächst einmal als Glaubenssystem denken. Aber die eigentlichen

---

[134] Das kann man auch beim großen Godfrey Lienhardt lesen, und zwar mit Blick auf die von der Anthropologie zu leistende Übung der Vermittlung zwischen den ›Denkgewohnheiten‹ der Indigenen und denen unserer eigenen Gesellschaft: »Darin ist es letztlich nicht irgendeine mysteriöse ›primitive Philosophie‹ die wir erforschen, sondern die weiteren Potentialitäten unseres eigenen Denkens und unserer eigenen Sprache« (zitiert in Asad 1986: 158-59).

anthropologischen Probleme stellen sich nie psychologistisch als Fragen des Glaubens (oder der Überzeugungen) oder logizistisch als Fragen des Wahrheitswertes; denn es geht nicht darum, das fremde Denken als Meinung aufzufassen (denn nur diese ist möglicher Gegenstand des Glaubens oder Unglaubens), oder als Menge von Propositionen (die möglichen Gegenstände von Wahrheitsurteilen). Man weiß um den Schaden, den die Anthropologie anrichtet, wenn sie die Beziehung der Indigenen zu ihrem Diskurs auf dem Wege des Glaubens definiert – Kultur wird zu einer Art dogmatischer Theologie –, oder wenn sie diesen Diskurs als Meinung oder Menge von Propositionen behandelt – Kultur wird zur epistemischen Teratologie: Fehler, Irrtum, Illusion, Ideologie... Wie Latour bemerkte, ist »der Glaube kein mentaler Zustand, sondern, wie wir seit Montaigne wissen, ein Effekt der Beziehungen zwischen den Völkern« (Latour 1996b: 15). Und, um noch weiter zu zitieren, was einmal ein ebenso kluger wie subtiler Interpret des Strukturalismus sagte, ist das einzige anthropologische Problem der *Sinn*, und »[d]er Sinn ist in der Tat *weder wahr noch falsch*, *weder glaubhaft noch unglaubhaft*; der Sinn ist das, was sich anders sagen, in eine andere Sprache übersetzen läßt: das, was eine Übersetzung erlaubt« (Pouillon 1984: 71-72, unsere Hervorhebungen). Das bringt uns schon sehr nah – Pouillon sprach von der »mythischen Funktion« – an die fundamentale Frage nach der wechselseitigen Konvertierbarkeit von Anthropologie und Mythologie (siehe dazu das folgende Kapitel).

Wenn es also nicht darum geht, das amerikanische indigene Denken anhand der Kategorie des Glaubens zu beschreiben, dann darf man sich zu ihm auch nicht im Modus des Glaubens verhalten – sei es, indem man wohlwollend auf seinen allegorischen ›wahren Kern‹ verweist (eine soziale Allegorie, wie für die Durkheimianer, oder eine natürliche, wie für die amerikanischen Schulen des ›*cultural materialism*‹), sei es, schlimmer noch, indem man sich vorstellt, dass es Zugang zum innersten und letzten Wesen der Dinge gewährt, weil es über ein angeborenes esoterisches Urwissen verfügt. »Eine Anthropologie [...], die Bedeutung auf Glauben, Dogma und Gewissheit reduziert, tappt zwangsläufig in die Falle, entweder an die indigenen Bedeutungen glauben zu müssen oder an unsere eigenen« (Wagner 1981: 30). Die Ebene des *meaning* – Sinn, Bedeutung, Bedeutsamkeit – wird nicht von psychologischem Glauben oder Überzeugungen oder logischen Propositionen bevölkert, und der ›Kern‹ enthält etwas anderes als Wahrheiten. Weder eine Form der *doxa* noch eine Figur der Logik (weder Meinung noch Proposition), muss das indigene Denken – will man es *ernst* nehmen – als *Sinnpraktik* aufgefasst werden, als selbstreferentielles Dispositiv der Produktion von Begriffen, von »Symbolen, die für sich selbst stehen«.

Sich zu weigern, die Frage als eine des Glaubens zu stellen, erscheint mir als ein entscheidendes Merkmal der anthropologischen Entscheidung. Erinnern wir uns also, um das zu unterstreichen, noch einmal an den deleuzeschen Anderen (Deleuze 1993a: 364-385; außerdem Deleuze und Guattari 2000). Der Andere ist der Ausdruck einer möglichen Welt. Aber diese Welt muss innerhalb der üblichen gesellschaftlichen Interaktionen stets durch ein Ich aktualisiert werden: Die Implikation des Möglichen im Anderen wird durch mich expliziert. Das bedeutet, dass das Mögliche einen Prozess der *Verifikation* durchläuft, der seine Struktur entropisch auflöst. Wenn ich die vom Anderen ausgedrückte Welt entwickle oder entfalte, dann tue ich das, um sie für wirklich zu befinden und in sie einzutreten, oder aber um sie als unwirklich abzutun – so führt die ›Explikation‹ das Element des Glaubens ein. Indem er diesen Prozess beschreibt, zeigt Deleuze die Randbedingung der Bestimmung des Begriffs des Anderen:

> Diese Entwicklungsrelationen, die ebenso unsere Gemeinsamkeiten wie unsere Auseinandersetzungen mit dem Anderen ausmachen, lösen dessen Struktur auf und reduzieren ihn im einen Fall auf den Status eines Objekts, erheben ihn im anderen Fall in den Status eines Subjekts. Um den Anderen als solchen zu erfassen, durften wir uns also zurecht auf spezielle Erfahrungsbedingungen berufen, so künstlich sie gewesen sein mögen: der Augenblick, an dem das Ausgedrückte (für uns) noch keine Existenz außerhalb dessen besitzt, wodurch es ausgedrückt wird. – Der Andere als Ausdruck einer möglichen Welt (Deleuze 1992a: 327)·

Und er schließt, indem er an eine fundamentale Maxime seiner Reflexion erinnert:

> Die oben geltend gemachte Regel: sich nicht allzu sehr explizieren – diese Regel meinte vor allem, sich nicht allzu sehr mit dem Anderen zu explizieren, nicht allzu sehr den Anderen zu explizieren, seine implizierten Werte zu erhalten, unsere Welt zu vervielfachen, indem sie mit all dem Ausgedrückten bevölkert wird, das nicht außerhalb seines jeweiligen Ausdrucks existiert. (ebd.)

Diese Lektion kann der Anthropologie von Nutzen sein. Die implizierten Werte des anderen zu erhalten, bedeutet nicht, irgendein vermeintlich darin verborgenes transzendentes Mysterium zu feiern; es bedeutet vielmehr, sich zu weigern, das durch das indigene Denken ausgedrückte Mögliche zu aktualisieren, die Entscheidung, es auf unbestimmte Zeit als Mögliches zu erhalten – indem wir es weder als Phantasien der anderen entwirklichen noch als für uns selbst aktuell phantasieren. Die anthropologische Erfahrung hängt in diesem Fall von einer formalen Verinnerlichung der »speziellen und künstlichen Bedingungen« ab, von denen Deleuze spricht: Der Moment, in dem die Welt des anderen nicht außerhalb ihres Ausdrucks existiert, verwandelt sich in eine ewige, das heißt der anthropologischen Beziehung innerliche Bedingung, die dieses Mögliche *als Virtuelles realisiert*. Wenn es etwas gibt, das der Anthropologie von Rechts wegen zukommt, dann ist es nicht die Aufgabe, die Welt des anderen zu erklären, das heißt zu explizieren, sondern die, unsere Welt zu vervielfachen, und zwar »indem sie mit all dem Ausgedrückten bevölkert wird, das nicht außerhalb seines jeweiligen Ausdrucks existiert«. Denn wir können nicht *wie* die Índios denken; wir können höchstens *mit* ihnen denken. Und in dieser Hinsicht können wir – während wir nur einen Moment lang versuchen, ›wie sie‹ zu denken – festhalten, dass, wenn es eine klare Botschaft des indigenen Perspektivismus gibt, diese eben lautet, niemals zu versuchen, die Welt so zu aktualisieren, wie sie sich in fremden Augen ausdrückt.

13. Werden des Strukturalismus

Es ging in diesem Buch viel um den Strukturalismus, und das nicht ohne Grund. Denn man muss den Lévi-Strauss'schen Strukturalismus selbst als strukturale Transformation des amerindianischen Denkens verstehen: Er ist das Resultat einer Beugung, die dieses Denken erfahren hat, als es in einer Bewegung der kontrollierten Äquivokation durch einige charakteristische Probleme und Begriffe der westlichen mythischen Vernunft gefiltert wurde (das Selbe und das Andere, Substanz und Beziehung, Ähnlichkeit und Differenz, das Sein und das Nichts, das Kontinuierliche und das Diskrete, das Sinnliche und das Intelligible, Natur und Kultur...), in instabilem Gleichgewicht, immerzu bedroht von Verrat und Verfall. Ich greife hier also die zu Anfang dieses Essays vorgebrachte These über die der Anthropologie inhärente transformationelle Bedingung wieder auf, über die Anthropologie als Diskurs, der von den Diskursen, die er diskutiert, begrifflich mitbestimmt wird (siehe S. 20). Wenn es nun nicht angebracht ist, Lévi-Strauss' Anthropologie losgelöst von ihren konstitutiven Bedingungen im Kontakt zu Saussures Linguistik oder D'Arcy Thompsons Morphologie zu betrachten, wäre es noch weniger ratsam, sie von der prägenden Erfahrung zu trennen, die der Autor mit den amerindianischen Völkern gemacht hat, im Feld wie in Bibliotheken. Man kann, um hier noch einmal Anne-Christine Taylors Formulierung aufzugreifen, den »amerindianischen Unterbau des Strukturalismus« nicht ignorieren, ohne dadurch eine entscheidende Dimension zum Verständnis des gesamten Werkes von Lévi-Strauss zu verlieren. Das bedeutet nicht, dass sich die Gültigkeit der von diesem Anthropologen vorgeschlagenen Probleme und Begriffe auf ein ›Kulturgebiet‹ beschränkt, so groß es auch sein mag – ganz im Gegenteil. Das Werk von Lévi-Strauss ist der Moment, in dem das amerindianische Denken seine Würfel wirft: Dank der guten Dienste seines großen begrifflichen Vermittlers überschreitet dieses Denken seinen eigenen ›Kontext‹ und erweist sich als fähig, *anderen zu denken zu geben*, das heißt all denjenigen, ob persisch oder französisch, die bereit sind, zu denken – nicht mehr als das, nichts darüber hinaus.

Die große Frage, die sich heute im Prozess der Neubewertung des intellektuellen Erbes von Lévi-Strauss stellt, ist die, ob der Strukturalismus einer ist oder viele, oder ob er, um hier eine Lévi-Strauss'sche Polarität zu verwenden, innerlich kontinuierlich ist oder diskontinuierlich. Ohne auf diesem Wege denjenigen Interpreten zu widersprechen, die Lévi-Strauss zustimmen, die also in seinem Werk eine tiefe Einheit der Inspiration und der Methode erkennen, sehe ich die theoretische Persönlichkeit des Strukturalismus wie die seines Autors als gespalten, und zwar in zwei ewig ungleiche – aber keineswegs antagonistische oder gegensätzliche – Zwillinge: eine kulturelle Heldengestalt und einen *trickster*, eine Person der Vermittlung (die aber auch das Diskrete und die Ordnung schafft) und eine Gegenperson der Trennung (die aber zugleich Herr über die Chromatik und die Unordnung ist). Es gibt also zwei Strukturalismen; aber zwei sind, wie Lévi-Strauss selbst gezeigt hat, immer mehr als zwei.

Tatsächlich beginnen wir gerade erst zu erkennen, dass das Werk von Lévi-Strauss schon seit seinen Anfängen aktiv an Vielem von dem mitwirkt, was wie ein Teil seiner zukünftigen Subversion erscheint. Nehmen wir zum Beispiel die Idee, dass die strukturale Anthropologie »eher eine *Transformations-* als eine

*Fluktions*methode« gebrauche (siehe S. 181). Diese hat sich über das Werk hinweg weitgehend bewahrheitet, sofern der Schlüsselbegriff der Transformation selbst eine Transformation durchlief: Erstens erlangte er semantisch Vorrang gegenüber dem Begriff der Struktur; und zweitens hüllte er sich immer stärker in ein analogisches Gewand, wodurch er schließlich dynamischen Fluxionen näherstand als den algebraischen Permutationen, die die klassische strukturale Transformation definieren. Dieser Übergang von einem Begriff zum anderen ist selbst chromatisch, er besteht aus kleinen Verschiebungen, einigen schnellen Schritten zurück, manchmal verwirrenden Rückfällen – aber die allgemeine Richtung ist klar. Der Wendepunkt der Kurve liegt, so scheint es mir jedenfalls, zwischen dem ersten und dem zweiten Band der *Mythologica*. Vielleicht ist eine kuriose Fußnote in *Vom Honig zur Asche* der erste explizite Vermerk dieser Wandlung:

> Leach [hat] uns vorgeworfen [...], wir würden [...] uns ausschließlich auf binäre Schemata berufen. Als ob der Begriff der Transformation selbst, den wir, nachdem wir ihn D'Arcy Wentworth Thompson entlehnt haben, in so konstanter Weise verwenden, nicht gänzlich der Analogie unterworfen wäre... (Lévi-Strauss 1972b: 92-93 Fn. 6)

Zwei Jahrzehnte später wird dieser Punkt vom Autor bekräftigt: Der Begriff kam weder aus der Logik noch aus der Linguistik, sondern vom großen Naturforscher D'Arcy Thompson, und somit indirekt von Goethe und Dürer (Lévi-Strauss und Eribon 1989: 164-166). Die Transformation wird somit nun zu einer ästhetischen und dynamischen Operation und ist nicht mehr logisch und algebraisch. Damit wird der Gegensatz zwischen gewissen zentralen begrifflichen Paradigmen der klassischen Phase des Strukturalismus – etwa zwischen Totemismus, Mythos und Diskontinuität auf der einen Seite und Opfer, Ritual und Kontinuität auf der anderen – sehr viel flüssiger und instabiler, als es der Autor in einigen Passagen in seinem späteren Werk nichtsdestotrotz weiter behauptet, etwa in der berühmten Gegenüberstellung von Mythos und Ritual im »Finale« von *Der nackte Mensch*.

Die Trennlinie verläuft ganz klar zwischen der für die Inhalte der Verwandtschaft geeigneten finitären Algebra und der intensiven Form des Mythos:

> Das Problem, das sich in den *Elementaren Strukturen der Verwandtschaft* stellte, führte direkt in das Gebiet der Algebra und der Theorie der Substitutionsgruppen. Die Probleme, die die Mythologie aufwirft, scheinen untrennbar von den ästhetischen Formen zu sein, die sie objektivieren. Nun gehören diese Formen aber sowohl zum Kontinuierlichen als auch zum Diskontinuierlichen. (ebd.: 199-200)

Die allgemeine Schlussfolgerung, die sich hier ziehen lässt, ist die, dass der strukturalistische Begriff der Transformation selbst eine doppelte – historische und strukturale – Transformation erfahren hat – oder eigentlich eine einzige komplexe Transformation, die ihn im Zuge einer zugleich ›historischen‹ und ›strukturalen‹ Operation transformiert hat. Diese Wandlung geht zum Teil auf den Einfluss zurück, den neu verfügbare mathematische Interpretationen auf Lévi-Strauss hatten (René Thom, Jean Petitot); doch vor allem erklärt er sich, wie ich denke, durch die Veränderung des bevorzugten Gegenstands seiner Anthropologie. Ausgehend von einer anfänglichen, hauptsächlich algebraisch-kombinatorischen Figur, verformte und dephasierte sich die Transformation fortschreitend selbst, bis sie schließlich zu einer Figur wurde, deren Züge sehr viel stärker topologisch und dynamisch anmuteten als das bei ihrer ersten Version der Fall war. Die Grenzen zwischen syntaktischer Permutation und semantischer Innovation, zwischen logischer Verschiebung und morphogenetischer Kondensation, wurden immer krümmer, umstrittener, komplizierter. Der Gegensatz zwischen Form und Kraft (zwischen Transformationen und Fluxionen) verlor seine Konturen und wurde gewissermaßen schwächer.

Das bedeutet weder, dass Lévi-Strauss selbst einer solchen Wandlung besonders große Bedeutung beimäße, noch dass er sich, von der oben zitierten Reflexion über die verschiedenen von der strukturalen Methode behandelten Probleme einmal abgesehen, lange damit aufhielte. Im Gegenteil neigte er stets dazu, »die Kontinuität des Programms« zu betonen, »das wir seit den *Elementaren Strukturen der Verwandtschaft* methodisch verfolgen« (1971: 22). Kontinuität – es gibt wohl kaum einen ambivalenteren Begriff im strukturalistischen Vokabular …

Natürlich hat Lévi-Strauss recht; es wäre lächerlich, ihn in Bezug auf sich selbst korrigieren zu wollen. Aber das Beharren des französischen Meisters auf der Einheit der Inspiration seines Werkes entbindet uns als gute Strukturalisten nicht davon, eine diskontinuierliche Lektüre dieses Werkes vorzuschlagen – weniger um auf eindeutigen Brüchen oder Einschnitten zu bestehen, als vielmehr um eine komplexe Koexistenz oder intensive Überlagerung von ›Stadien‹ des strukturalen Diskurses vorzuschlagen.

Die Diskontinuitäten des strukturalistischen Projekts lassen sich auf die beiden klassischen Dimensionen verteilen: die Achse der Abfolge, gemäß der Idee, dass das Lévi-Strauss'sche

Werk von verschiedenen Phasen geprägt ist, und die Achse der Koexistenz, entsprechend der Idee, dass dieses Werk einen doppelten Diskurs hervorbringt, dass es eine doppelte Bewegung beschreibt. Die beiden Diskontinuitäten koexistieren, insoweit sich die *Momente* des Werks anhand der Bedeutung unterscheiden, die den beiden *Bewegungen*, die sich über das gesamte Werk hinweg kontrapunktisch gegenüberstehen, jeweils beigemessen wird.

♦♦♦

Beginnen wir also mit der Diachronie, indem wir sagen, dass der Strukturalismus wie der Totemismus ist: Er hat nie existiert. Oder genauer gesagt: Wie auch beim Totemismus ist seine Existenzweise keine der Substanz, sondern vielmehr eine der Differenz. In diesem Fall ist es die von den Kommentatoren so häufig bemerkte Differenz zwischen der ersten Phase von Lévi-Strauss' Werk, für die *Die elementaren Strukturen der Verwandtschaft* stehen, und die man als prästrukturalistisch bezeichnen könnte, und der zweiten, poststrukturalistischen Phase, zu der die *Mythologica* und die drei darauffolgenden Monographien, *Der Weg der Masken, Die eifersüchtige Töpferin* und *Die Luchsgeschichte*, gehören.

Ich nenne die zweite Phase *post*struktrualistisch, weil vor ihr jener kurze und unbestreitbar ›strukturalistische‹ Moment liegt, der in den beiden Studien über das Problem des Totemismus zum Ausdruck kommt, die der Autor auch als eine Art Pause zwischen den *Elementaren Strukturen der Verwandtschaft* und den *Mythologica* beschreibt. Tatsächlich identifiziert Lévi-Strauss in den Büchern von 1962 (in *Das wilde Denken* und *Das Ende des*

Totemismus) das wilde Denken, also die konkreten Bedingungen menschlicher Semiose, mit einem gigantischen systematischen Versuch, die Welt zu ordnen, und erhebt den Totemismus, vormals Inbegriff primitiver Irrationalität, zum Modell aller rationalen Aktivität überhaupt. Es ist wohl dieser Moment des Werkes, auf den Deleuze und Guattaris gehässiges Urteil am besten zutrifft: »Der Strukturalismus ist eine große Revolution, die ganze Welt wird viel vernünftiger« (1992: 323).

> In der Tat wäre es möglich, gegen *Das wilde Denken* einen ähnlichen Einwand vorzubringen wie den, den Deleuze gegen die kritische Philosophie erhob, dass nämlich Kants transzendentales Feld von der empirischen Form der Repräsentation abgepaust sei, sofern es durch eine Rückprojektion des Bedingten auf die Bedingung konstruiert werde. Im Fall von Lévi-Strauss könnte man sagen, dass das wilde Denken von der am stärksten rationalisierten Form des domestizierten Denkens »abgepaust« worden sei, von der Naturwissenschaft (es gibt »zwei verschiedene Arten wissenschaftlichen Denkens« (1968: 27)), während es im Gegenteil nötig gewesen wäre, den Begriff eines wirklich wilden Denkens zu konstruieren, eines Denkens, das seiner domestizierten Version (die, wir erinnern uns, »zwecks Erreichung eines Ertrages« (ebd.: 253) domestiziert wurde) *in keiner Weise ähnelt*.[135] Aber ein versöhnlicherer Geist könnte auch

---

[135] Deleuze erinnert uns daran, dass für Spinoza der Unterschied »[z]wischen einem Rennpferd und einem Zugpferd [...] vielleicht als ein größerer gedacht werden kann, als der Unterschied zwischen einem Zugpferd und einem Ochsen« (1974).

darüber nachdenken, ob die Welt mit dem Strukturalismus nur vernünftiger werden konnte, wenn die Vernunft zu etwas anderem geworden ist… *weltlicher* vielleicht, das heißt säkularer, populärer. Aber auch künstlerischer, weniger praktisch, weniger *rentabel*.

Die Vorstellung, dass *Die elementaren Strukturen der Verwandtschaft* ein ›prä-strukturalistisches‹ Buch ist, muss natürlich im Verhältnis zu Lévi-Strauss' eigenen späteren Werken verstanden werden und ist auch dann noch mit Vorsicht zu genießen. Nichtsdestotrotz denke ich, dass Anthropologen vom Kaliber eines David Schneider oder Louis Dumont Recht haben, wenn sie das Werk von 1949 auf diese Weise klassifizieren, insofern es schließlich noch immer um die beiden Grunddichotomien der Wissenschaften vom Menschen herum organisiert ist: einerseits Individuum und Gesellschaft – das Problem der gesellschaftlichen Integration und Totalisierung –, andererseits Natur und Kultur – das Problem der menschlichen Instinkte und Institutionen.[136] Lévi-Strauss' Problem in seinem ersten großen Buch ist das ›anthropologische‹ Problem schlechthin, das Problem der Menschwerdung oder Hominisation – der Emergenz der Synthese der Kultur als Transzendenz der Natur. Und »die Gruppe«, das heißt die Gesellschaft, bleibt als transzendentales Subjekt und Zweckursache aller analysierten Phänomene erhalten. Das wiederum gilt allerdings nur, bis sich, wie Maniglier (2005a)

---

136 Aufklärung und Romantik, könnte man auch sagen – Hobbes und Herder; oder Durkheim und Boas, falls wir jüngere Eponyme bevorzugen. Und zwischen diesen Polen natürlich Rousseau, dieser philosophische *trickster*, den Lévi-Strauss nicht zufällig zu seinem Schutzheiligen erklärte.

betont, im letzten Kapitel des Buches plötzlich alles in Kontingenz aufzulösen scheint:

> Die vielfältigen Regeln, die bestimmte Arten von Gattinnen verbieten oder vorschreiben, sowie das Inzestverbot, das sie alle umfaßt, werden in dem Augenblick klar, da man voraussetzt, daß die Gesellschaft existieren muß. Aber die Gesellschaft hätte auch nicht existieren können. (Lévi-Strauss 1981: 654)

Und es folgt die grandiose abschließende Entwicklung der *Elementaren Strukturen*, in der gleichzeitig festgestellt wird, dass die Gesellschaft mit dem symbolischen Denken koextensiv ist (und nicht etwa dessen vorgängige Ursache oder *raison d'être)*, dass die Verwandtschaftssoziologie ein Zweig der Semiologie ist (jeder Tausch ist ein Austausch von Zeichen, das heißt von Perspektiven), und dass jede menschliche Ordnung in sich einen permanenten Impuls gegen die Ordnung birgt. Mit diesen letzten Akkorden tritt, zunächst noch gedämpft, das hinzu, was man als *zweite Stimme* von Lévi-Strauss' anthropologischem Diskurs bezeichnen könnte, und zwar dann, wenn die Soziologie der Verwandtschaft langsam einer ›Antisoziologie‹ das Feld überlässt,[137] einer kosmopolitischen Ökonomie oder – mit anderen Worten – der Ordnung der amerindianischen Immanenzebene, die in den *Mythologica* aufgespannt werden wird.

Denn mit den *Mythologica* kommt die Umkehrung der Rangordnung der Stimmen zu ihrem Abschluss – oder besser gesagt

137 »[Man muss] die Idee aufgeben, dass *Die elementaren Strukturen* ein großes Buch der Soziologie wären und zugeben, dass es dort vielmehr darum geht, die Soziologie aufzulösen« (Maniglier 2005b: 768).

beinahe: Man hätte gar nicht mehr viel weiter gehen müssen, wie Moses auf dem Weg ins Gelobte Land... In analytischer Hinsicht tritt der Begriff der Gesellschaft zugunsten eines systematischen Fokus auf narrative Transformationen zwischen Gesellschaften in den Hintergrund; der Gegensatz zwischen Natur und Kultur ist nicht mehr universelle (objektive oder subjektive) anthropologische Bedingung, sondern wird zu einem mythischen Thema im indigenen Denken – zu einem Thema, dessen Ambivalenz innerhalb dieses Denkens im Übrigen mit jedem Band der Reihe nur noch zunehmen wird; und die quasi-algebraischen Objekte, die als ›Strukturen‹ bezeichnet werden, erhalten immer flüssigere Konturen und münden, wie bereits erwähnt, in einen analogischen Begriff der Transformation.[138] Anstatt kombinatorische Totalitäten in diskreter Verteilung, in paralleler Variation und in repräsentationaler Spannung zu den sozio-ethnographischen *realia* zu bilden, führen die Beziehungen, aus denen sich die amerindianischen Narrative konstituieren, auf beispielhafte Weise die Prinzipien »der Konnexion und der Heterogenität«, »der Mannigfaltigkeit«, »des asignifikanten Bruches« und »der Kartographie« vor, die Deleuze und Guattari den strukturalen Modellen im Namen des Begriffs des »Rhizoms« gegenüberstellen werden – jenes Begriffs, der zum Inbegriff der Antistruktur werden sollte, zum Kriegsschrei des ›Post-‹Strukturalismus.

---

138 Das Wort »Struktur« selbst wird einem Regime der kontinuierlichen Variation unterworfen, innerhalb dessen es ohne größere semantische *Unterscheidungen* mit dem »Schema«, dem »System«, dem »Gerüst« und anderen Artgenossen zusammenlebt (vergleiche beispielsweise die Bildunterschriften zu den äußerst erfinderischen Diagrammen, die die *Mythologica* verzieren).

Tatsächlich ist die Argumentationsbewegung der *Mythologica* eine Bewegung der verallgemeinerten heterogenetischen Transversalität, in der ein Mythos eines Volkes ein Ritual eines zweiten Volkes und die Technik eines dritten Volkes transformiert; in der die gesellschaftliche Organisation der einen die Körperbemalung der anderen ist (wie man von der Kosmologie zur Kosmetik gelangt, ohne dabei die Politik aus den Augen zu verlieren); in der die unterschiedlichen semiotischen ›Codes‹ aufeinander antworten, allerdings stets durch Dephasierungen, Umkehrungen und Rückschritte entlang mehrerer Achsen; und in der die geometrische Rundung der mythologischen Erde immer wieder durch ihre geologische Porosität aufgebrochen wird, aufgrund derer die Transformationen zwischen weit voneinander entfernten Punkten auf dem amerikanischen Kontinent zu springen scheinen, sodass sie wie Vulkanausbrüche aus einem unterirdischen Ozean aus Magma mal hier und mal dort emporschießen.[139]

Pierre Clastres hat einmal gesagt, dass der Strukturalismus »eine Soziologie ohne Gesellschaft« sei; wenn das stimmt – und Clastres meinte es als Kritik –, dann begegnet uns mit den *Mythologica* ein Strukturalismus ohne Struktur – und ich meine das als Kompliment. Jeder, der sich einmal dazu entschließt, den gesamten Parcours von *Das Rohe und das Gekochte* bis hin zur *Luchsgeschichte* zu durchlaufen, wird feststellen, dass die in dieser Reihe kartierte amerindianische Mythologie nicht vom Baum

139 Eine der interessantesten Paradoxien des panamerikanischen mythischen Systems ist die Kombination einer dichten metonymischen Verbundenheit des transformationellen Netzes mit der Präsenz von ›Fernwirkungen‹ wie etwa jenen, die die Erzählungen der Völker Zentralbrasiliens bei den Stämmen Oregons und Washingtons wieder auftauchen lassen.

ausgeht, sondern vom Rhizom: Sie ist ein riesiges Netz ohne Zentrum oder Ursprung, ein uraltes und kollektives Mega-Äußerungsgefüge in einem »Hyperraum« (Lévi-Strauss 1973: 106), der unablässig von »semiotische[n], materielle[n] und gesellschaftliche[n] Strömungen« durchkreuzt wird (Deleuze und Guattari 1992: 38); ein von diversen Strukturierungslinien durchzogenes rhizomatisches Netzwerk, das sich aber in seiner ›unendlichen‹ Mannigfaltigkeit und seiner radikalen historischen Kontingenz nicht auf ein vereinheitlichendes Gesetz reduzieren oder von einer Baumstruktur repräsentieren lässt. Es gibt unzählige Strukturen *in den* amerindianischen Mythen, aber es gibt keine Struktur *des* amerindianischen Mythos – es gibt keine elementaren Strukturen der Mythologie.

Die amerindianische Mythologie ist schließlich eine offene Mannigfaltigkeit, eine Mannigfaltigkeit *n*-1, oder sagen wir lieber ›M_{-1}‹, als Hommage an den Referenzmythos M_1, den Bororo-Mythos, der, wie man schon bald in *Das Rohe und das Gekochte* feststellt, nur eine *umgekehrte* und *abgeschwächte* Version der auf ihn folgenden Gé-Mythen war (M_7-M_{12}). Der »Referenz«-Mythos ist einfach irgendein Mythos, ein Mythos ›ohne Referenzen‹ – wie jeder Mythos. Denn jeder Mythos ist eine Version eines *anderen* Mythos, jeder andere Mythos öffnet sich auf einen dritten und einen vierten Mythos, und die *n*-1 Mythen des indigenen Amerika bringen weder einen Ursprung zum Ausdruck, noch weisen sie auf eine Bestimmung hin: Sie referieren auf nichts. Als Diskurs über die Ursprünge ist der Mythos genau das, was sich jedem Ursprung entzieht. Der ›Mythos‹ der *Referenz* macht Platz für den Sinn des Mythos, für den Mythos als Sinnmaschine – als Instrument, mit dem sich ein Code in einen anderen konvertieren und sich ein Problem auf ein analoges Problem projizieren lässt, mit dem man die Referenz zirkulieren lassen und den Sinn auf anagrammatische Weise gegenverwirklichen kann.

Es ging in diesem Buch auch viel um Übersetzung. Lévi-Strauss' erste Annäherung an den Begriff des Mythos betonte dessen vollständige Übersetzbarkeit: »Man könnte den Mythos als jene Art der Rede umschreiben, in der der Wert der Formulierung *traduttore traditore* praktisch gegen Null strebt.« (Lévi-Strauss 1967: 230). In *Der nackte Mensch* wird diese Definition von der semantischen Ebene auch auf die pragmatische ausgedehnt; lernen wir nun, dass der Mythos nicht nur *übersetzbar*, sondern vielmehr selbst *Übersetzung* ist:

> [J]eder Mythos ist von Natur aus eine Übersetzung [...]. [J]eder Mythos [ist] sowohl ursprünglich in bezug auf sich selbst wie abgeleitet in bezug auf andere Mythen; er steht nicht *in* einer Sprache und *in* einer Kultur oder Subkultur, sondern an dem Punkt, wo sich diese mit anderen Sprachen und anderen Kulturen verschränken. Der Mythos gehört also niemals *zu seiner Sprache*, er ist ein Ausblick auf eine *andere Sprache* [...]. (Lévi-Strauss 1975a: 755-56)

Ein bisschen Michail Bachtin bei Lévi-Strauss?... Wie es der Doppelautor von *Tausend Plateaus* auf charakteristische Weise verallgemeinern wird: »Wenn es überhaupt Sprache gibt, dann zwischen denen, die nicht die gleiche Sprache sprechen. Sprache ist für die Übersetzung da, nicht für die Kommunikation« (Deleuze und Guattari 1992: 596).

Die in dem Abschnitt aus *Der nackte Mensch* vorgeschlagene perspektivistische Definition des Mythos rückt diesen in die Nähe der Definition der Anthropologie, die Lévi-Strauss bereits

1954 vorschlug: Anthropologie als »Sozialwissenschaft des Beobachteten« (1967: 388). Und wir wissen auch, dass die *Mythologica* »der Mythos der Mythologie« sind (Lévi-Strauss 1971: 26). Diese beiden Definitionen stimmen miteinander überein; eigentlich sind sie sogar ein und dieselbe. *Der strukturale Diskurs der Mythologie bestimmt die Bedingungen jeder möglichen Anthropologie.* Jede Anthropologie ist eine Transformation der Anthropologien, die ihren Gegenstand bilden, und die sich *alle* schon immer an dem Punkt befinden, »wo sich [eine Kultur] mit anderen Kulturen verschränk[t]« (1975a: 756). Das, was es gestattet, von einem Mythos zu einem anderen überzugehen, und von einer Kultur zu einer anderen, ist von gleicher Art wie das, was es gestattet, von den Mythen zur Wissenschaft von den Mythen und von der Kultur zur Wissenschaft von der Kultur überzugehen.[140] Transversalität und Symmetrie. So tut sich eine unerwartete Verbindung zwischen dem Projekt der *Mythologica* und dem allgemeinen Symmetrieprinzip bei Bruno Latour und Isabelle Stengers auf.

Wenn der Mythos Übersetzung ist, dann vor allem deshalb, weil er *keine* Repräsentation ist – denn eine Übersetzung ist keine Repräsentation, sondern eine *Transformation*. Eine Maske ist »nicht in erster Linie das [...], was sie darstellt, sondern das, was sie transformiert, d.h. absichtlich *nicht* darstellt« (Lévi-Strauss 1977: 131).[141] Das wiederum verleiht dem Meta-Objekt, das die

---

[140] Ich verallgemeinere hier ein entscheidendes Argument von Maniglier (2000).

[141] Der letztendliche Grund für die Annäherung zwischen Mythos und Musik, die die *Mythologica* prägt, wäre dementsprechend der grundsätzlich nicht repräsentative Charakter dieser beiden semiotischen Praktiken.

Mythologica sind, einen im eigentlichen Sinne holographischen Charakter, wie bei dem mythischen Rhizom, mit dem es ein Rhizom bildet, und in dem in jedem Mythos ein verkleinertes Bild des panamerikanischen mythischen Systems enthalten ist (der »einzige Mythos«). »Weil Struktur strenger als System von Transformationen zu definieren ist, lässt sie sich nicht repräsentieren, ohne dass diese Repräsentation dabei selbst zu einem Teil der Struktur wird« (Maniglier 2000: 238). Das führt uns zu einer neuen Vorstellung von Struktur als ›transformalistisch‹ oder, besser noch, *transformationalistisch* – sie ist also weder formalistisch im Sinne Propps noch transformationell im Sinne Chomskys:

> Eine Struktur ist also immer *zwischen zweien*: zwischen zwei Varianten, zwischen zwei Sequenzen eines selben Mythos, oder sogar zwischen zwei Ebenen innerhalb eines einzigen Textes. Die Einheit ist daher nicht die einer Form, die sich selbstidentisch in der einen und der anderen Variante wiederholte, sondern die einer Matrix, die zu zeigen erlaubt, worin genau die eine Variante eine wirkliche Transformation der anderen und die Struktur streng koextensiv mit ihren Aktualisierungen ist. Deshalb beharrt Lévi-Strauss auf dem Unterschied zwischen Strukturalismus und Formalismus, einem Unterschied, der allzu oft stur vernachlässigt wird. (Ebd.: 234-35)[142]

---

142 Deswegen ist auch die Suche nach einer »Struktur des Mythos« als einem abgeschlossenen syntagmatischen Objekt ein völliger Widersinn. Wie aus dieser Beobachtung Manigliers hervorgeht, und noch nachdrücklicher aus der Darlegung Mauro Almeidas (2008), gestattet es die strukturale Transformation *par excellence*, die kanonische Formel des Mythos, nicht, die ›innere Struktur‹ eines Mythos zu bestimmen – denn so etwas gibt es gar nicht (»das Prinzip bleibt das

Ein Strukturalismus ohne Strukturen? Zumindest ein Strukturalismus, der durch einen anderen Begriff der Struktur transformiert wurde, der dem Rhizom aus *Tausend Plateaus* ähnlicher ist als jener Struktur, gegen die sich der Begriff des Rhizoms richtet: ein anderer Begriff, der in Lévi-Strauss' Werk in Wahrheit schon immer da war. Vielleicht müsste man aber auch sagen, dass es in diesem Werk zwei unterschiedliche Verwendungen des Begriffs der Struktur gibt: zum einen als transzendentales Prinzip der Einheit, als formales Gesetz der Invarianz, und zum anderen als Operator der Divergenz, als Modulator der kontinuierlichen Variation (Variation der Variation). Die Struktur als geschlossene grammatikalische Kombinatorik und als offene differentielle Mannigfaltigkeit.

Es wäre angebracht, eine eingehende Untersuchung dessen durchzuführen, was man in den *Mythologica*, um der Reihe ein allgegenwärtiges Motiv zu entlehnen, die ›Dialektik der Öffnung und analytischen Schließung‹ nennen könnte. Wenn Lévi-Strauss in der amerindianischen Mythologie eine Version der anthropologischen Problematik von Natur und Kultur wiederzuerkennen glaubt, könnte man im Gegenzug feststellen, dass auch die Dialektik der Öffnung und Schließung, die er in den Mythen erblickte, auf der meta-mythologischen Ebene der Anthropologie operiert. Denn wenn die *Mythologica* ein »Mythos der Mythologie« sind,

---

gleiche«: siehe hierzu den entscheidenden Abschnitt in Lévi-Strauss 1971: 394-395). Ein Mythos unterscheidet sich nicht von seinen Versionen, die ›innere‹ Komposition einer Erzählung ist von derselben Art wie ihre ›äußeren‹ Transformationen. Die Idee »eines selben Mythos« ist rein praktisch und provisorisch. Was innerhalb eines Mythos geschieht, ist auch das, was erlaubt, von einem Mythos zu einem anderen überzugehen. *Jeder Mythos* ist »nach Art der Kleinschen Flasche« (Lévi-Strauss 1987: 253ff.).

dann müssen sie die Themen enthalten, die in jenen Mythen entwickelt werden, deren strukturale Transformation sie sind, eine Transformation, die es erlaubt, vom Inhalt zur Form zu gelangen und umgekehrt.

Lévi-Strauss bemerkt unzählige Male, dass die Mythen, die er analysiert, eine »geschlossene Gruppe« bilden.[143] Manchmal erscheint die Idee der *clôture*, der Schließung, der strukturalen Analyse konsubstantiell: Für Lévi-Strauss kommt es stets darauf an, zu zeigen, dass ›die Gruppe sich schließt‹, dass man durch eine letzte Transformation wieder zum Ausgangszustand einer Kette von Mythen zurückgekehrt ist; dass sich die Gruppe in Wahrheit über verschiedene Achsen schließt. Dieses Beharren hängt mit dem Thema der notwendigen Redundanz der mythischen Sprache zusammen, einer Bedingung für die Ausgestaltung einer »Grammatik« der Mythologie, wie der Autor sein Unterfangen hin und wieder gerne begreift; und man weiß um die Antipathie, mit der er dem Begriff des »offenen Werkes« begegnet.

Dennoch kommt es vor, dass ausgerechnet die Vielzahl der Demonstrationen der Schließung den augenscheinlich paradoxen Eindruck einer theoretisch indefiniten und also offenen Anzahl von geschlossenen Strukturen entstehen lässt. Die Strukturen schließen sich, aber die Zahl der Strukturen und der Wege, auf denen sie geschlossen werden, ist offen – es gibt weder eine Struktur der Strukturen im Sinne einer letzten Ebene der strukturalen Totalisierung, noch gibt es eine apriorische Bestimmung der in der Struktur wirkenden semantischen Achsen

---

143 Das Thema ist in »Zur Einstimmung« in *Vom Honig zur Asche* und im Kapitel über den »einzigen Mythos« in *Der nackte Mensch* besonders präsent, erscheint aber eigentlich überall immer mal wieder.

(Codes).[144] Jede »Gruppe« von Mythen findet sich letztendlich am Schnittpunkt einer unbestimmten Zahl von anderen Gruppen wieder; und innerhalb einer jeden Gruppe ist jeder »Mythos« gleichermaßen ein Knotenpunkt; und innerhalb eines jeden Mythos... Die Gruppen müssen sich schließen [clore] können; aber der Beobachter kann sich nicht in ihnen einschließen [enfermer] lassen:

> Doch das Eigentümliche eines jeden Mythos oder einer jeden Mythengruppe besteht darin, daß er es verbietet, sich in ihm einzuschließen: stets kommt im Lauf der Analyse der Augenblick, da sich ein Problem stellt, das, wenn man es lösen will, dazu zwingt, aus dem Kreis auszubrechen, den die Analyse sich gezogen hatte. (Lévi-Strauss 1975a: 704)[145]

Außerdem und vor allem wird die dem Imperativ der Schließung zugestandene Bedeutung durch diverse Passagen im Werk drastisch relativiert, Passagen, die im umgekehrten Sinne die Unendlichkeit oder Unabschließbarkeit der Analyse unterstreichen, die Spiralbewegung der Transformationen, das dynamische Ungleichgewicht, den Mangel an Symmetrie, die laterale Kooptation der Strukturen, die Pluralität der Ebenen, die supple-

---

144 Dass es keine Metastruktur gibt, wird seit der »Einführung in das Werk von Marcel Mauss« (1950) und »Der Strukturbegriff in der Ethnologie« (1958) herausgestellt. Zur prinzipiellen Unbestimmtheit der semantischen Achsen eines mythischen Systems erinnern wir an die Maxime des *Wilden Denkens*, der zufolge »sich das Prinzip einer Klassifizierung niemals postulieren [läßt]« (Lévi-Strauss 1968: 74).

145 Man bemerke, wie Lévi-Strauss hier unterschiedslos vom »Mythos« und von der »Mythengruppe« spricht.

mentären Dimensionen, die Mannigfaltigkeit und Verschiedenheit der Achsen, die nötig sind, um die Mythen zu sortieren... Aber der Schlüsselbegriff ist das »*Ungleichgewicht*«:

> Das Ungleichgewicht ist [...] immer vorhanden. (Lévi-Strauss 1972b: 281)

> Jede Struktur, alles andere als von den anderen isoliert, offenbart ein Ungleichgewicht, das sich nicht aufheben lässt, wenn man sich nicht auf einen der angrenzenden Struktur entlehnten Terminus beruft. (Lévi-Strauss 1973: 381)

> Selbst wenn die Struktur sich ändert oder bereichert, um ein Ungleichgewicht zu überwinden, so immer nur zum Preis eines neuen Ungleichgewichts, das sich auf einer anderen Ebene zeigt [...] die Struktur verdankt ihre Macht, den Mythos zu erzeugen, einem unausweichlichen Mangel an Symmetrie, eine Macht, die nichts anderes ist als ein Bemühen, diesen konstitutiven Mangel an Symmetrie zu korrigieren und zu verschleiern. (ebd.: 525)

> Wie in Südamerika zeigt sich also innerhalb der Gruppe der Transformationen ein dynamisches Ungleichgewicht [...]. (Lévi-Strauss 1975a: 111)

Dieses Ungleichgewicht ist nicht einfach eine formale Eigenschaft der Mythologie, die mit der Transformierbarkeit und Übersetzbarkeit der Mythen einhergeht, sondern, wie wir bald sehen werden, ein fundamentales Element ihres Inhalts. Indem sich die Mythen untereinander denken, denken sie *durch* dieses Ungleichgewicht – und *was* sie denken, ist dieses Ungleichgewicht selbst, die Disparität, in der »das Sein der Welt« (ebd.: 705) besteht. Die Mythen enthalten ihre eigene Mythologie oder »immanente« Theorie (Lévi-Strauss 1971: 26), eine Theorie, die ausgeht von einer

> ersten Asymmetrie, die sich auf verschiedene Weise äußert, je nach der Perspektive, die man einnimmt, um sie wahrzunehmen: zwischen dem Oben und dem Unten, dem Himmel und der Erde, dem Festland und dem Wasser, dem Nahen und dem Fernen, dem Linken und dem Rechten, dem Männlichen und dem Weiblichen, usw. Diese dem Realen innwohnende Disparität hält die mythische Spekulation in Bewegung; jedoch nur deshalb, weil die, diesseits des Denkens selbst, die Existenz jeden Denkobjekts bedingt. (Lévi-Strauss 1975a: 705)

♦ ♦ ♦

Das ewige Ungleichgewicht durchzieht den Mythos, den Mythos der Mythologie, um schließlich auf den ganzen Strukturalismus zurückzuwirken. Wir haben schon gesehen, wie sich diese Dualität zwischen Struktur als geschlossener grammatikalischer Kombinatorik und als offener differentieller Mannigfaltigkeit gerade in der Spätphase des Werkes von Lévi-Strauss zeigt. In Wirklichkeit aber durchdringt sie das gesamte Werk; es ist nur das relative Gewicht der jeweiligen Vorstellungen, das sich verändern wird: Die erste von ihnen überwiegt in den *Elementaren Strukturen der Verwandtschaft*, die zweite in den *Mythologica*.

Aber gehen wir einen Schritt zurück, oder verbinden wir diesen diachronen Schritt vielmehr mit der synchronen Diskontinuität, von der weiter oben die Rede war. Das Werk von Lévi-Strauss enthält schon sehr früh einen wichtigen post-strukturalistischen Subtext oder Gegentext. (Wenngleich Lévi-Strauss nicht der letzte Prä-Strukturalist ist – ach, weit davon entfernt! –, so ist er womöglich doch der erste Post-Strukturalist gewesen.) Die angebliche Vorliebe des Strukturalismus für symmetrische, äquipollente, duale, diskrete und umkehrbare Gegensätze (wie etwa die des klassischen totemistischen Schemas) wird nicht nur von der auch heute noch überraschenden Kritik am Begriff der dualistischen Organisation im entsprechenden Artikel von 1956 (»Gibt es dualistische Organisationen?«) in Frage gestellt – der postuliert, dass Ternarität, Asymmetrie und Kontinuität der Binarität, Symmetrie und Diskontinuität vorausgehen –, sondern auch von der ebenso alten und noch weitaus verwirrenderen »kanonischen Formel des Mythos«, die nun alles Mögliche sein mag, aber ganz sicher nicht symmetrisch und umkehrbar. Darüber hinaus ist vielleicht zu bemerken, dass Lévi-Strauss die beiden Phasen der *Mythologica* (das »Finale« in *Der nackte Mensch* und *Die Luchsgeschichte*) mit Überlegungen abschließt, die die Grenzen des Vokabulars der extensionalen Logik in Bezug auf die Transformationen in / zwischen den Mythen aufzeigen (Lévi-Strauss 1975a: 733-738; 1993: 203-204).

Vor allem aber ist es ganz bestimmt kein Zufall, dass die beiden letzten mythologischen Bücher von Lévi-Strauss gerade als Entwicklungen genau dieser zwei eben erwähnten Figuren des instabilen Dualismus konstruiert sind: *Die eifersüchtige Töpferin* ist eine systematische Darstellung der kanonischen Formel, während sich *Die Luchsgeschichte* auf die dynamische Instabilität der amerindianischen kosmosoziologischen Dualitäten konzentriert – auf das »ewige Ungleichgewicht«, wobei dieser Ausdruck zum ersten Mal in den *Elementaren Strukturen* auftritt, wo er die avunkuläre Heirat der Tupi beschreibt.[146] Das lässt mich vermuten, dass wir es bei Lévi-Strauss hier mit ein und derselben anfänglichen Intuition zu tun haben (mit ein und derselben virtuellen Struktur, wenn man so möchte), die sich in der kanonischen Formel, die den totemistischen Analogismus vom Typus a:b::c:d prä-dekonstruiert, und dem dynamischen Dualismus, der die statische Parität der binären Gegensätze zersetzt, lediglich auf zwei privilegierte Weisen ausdrückt (oder aktualisiert). Vielleicht gäbe es noch andere. Vielleicht gibt es noch viele »tote oder trübe oder dunkle Monde« am Firmament der Strukturen, vielleicht ein anderes Firmament, weniger firm, eher in Bewegung, in Wellenform oder in Vibration, ein hypostrukturales Firmament, das einen sozusagen subquantischen Strukturalismus erfordert. Jedenfalls waren die Anthropologen schon immer Anhänger der Stringtheorie – will sagen: der Theorie der Beziehungen.

Zunächst also die kanonische Formel, dieses seltsame Monument mathematischer Perversität. Mit der kanonischen Formel befinden wir uns von vornherein nicht mehr in einem einfachen Gegensatz zwischen der Metapher des Totemismus und der Metonymie des Opfers, sondern in der Äquivalenz einer metaphorischen und einer metonymischen Beziehung, im Bereich der Drehung, die von einer Metapher zu einer Metonymie

[146] Wie durch einen weiteren Zufall, der womöglich keiner ist, stammt der Mythos, der in der Luchsgeschichte das Thema des Dualismus in ewigem Ungleichgewicht einführt, jene berühmte Erzählung, die André Thevet um 1554 in Rio de Janeiro aufschnappte (1953), wie schon bemerkt, von den Tupinambá (die avunkuläre Heirat praktizieren).

führt oder umgekehrt (ders. 1972b: 269): die »doppelte Drehung«, die »zusätzliche Drehung«, die eigentlich nichts anderes ist, als die reine und einfache (oder vielmehr hybride und komplexe) strukturale Transformation – die »ungleichgewichtige Beziehung«, die eine »den mythischen Transformationen innewohnende Eigenschaft« ist (ders. 1985: 16). Die asymmetrische Umwandlung zwischen wörtlichem und übertragenem Sinn, zwischen Term und Funktion, zwischen Behälter und Inhalt, zwischen dem Kontinuierlichen und dem Diskontinuierlichen, zwischen dem System und seinem Außen – das sind die Themen, die alle Lévi-Strauss'schen Analysen der Mythologie durchziehen und schließlich über sie hinausgehen (ders. 2001). Wir haben uns auf diesen vorherigen Seiten mit Deleuzes Begriff des Werdens beschäftigt, ohne wirklich allzu genau zu wissen, wohin er uns führen könnte, wenn wir ihn (transversal) mit dem Begriffsapparat des klassischen Strukturalismus kollidieren ließen. Nun beginnen wir zu vermuten, dass die »kanonische Formel des Mythos« eine grobe Übersetzung ist – in einer fremden Sprache, mit einem komischen Akzent oder Tonfall, fast eine suprasegmentäre Dimension des Lévi-Strauss'schen theoretischen Diskurses –, oder vielmehr eine hellsichtige Vorwegnahme der Allgemeinheit jener paradoxalen Bewegung, die Deleuze einmal Werden nennen würde. *Das Werden ist eine doppelte Drehung*.

Kommen wir nun aber zurück zum Dualismus in »dynamischem« oder »ewigem Ungleichgewicht«, der das Leitmotiv der *Luchsgeschichte* bildet. In ihm erkennen wir die begriffliche Bewegung, durch die der amerindianische Mythos das erreicht, was man als seinen im eigentlichen Sinne spekulativen Moment bezeichnen könnte. Im Grunde genommen zeigt Lévi-Strauss, wie das Ungleichgewicht zum Inhalt des mythischen Diskurses wird, oder, mit anderen Worten, wie ein Ungleichgewicht, das *Bedingung* war, zu einem Ungleichgewicht wird, das *Thema* ist, ein unbewusstes Schema, das zu einer »in der Tiefe wirkenden Inspiration« wird:

> Welches ist nun wirklich die in der Tiefe wirkende Inspiration dieser Mythen? [...] Sie stellen die allmähliche Organisation der Welt und der Gesellschaft in Gestalt einer Reihe von Zweiteilungen dar; aber ohne daß sich zwischen den nach jeder Etappe ergebenden Teilen je wirkliche Gleichheit einstellte. [...] Von diesem dynamischen Ungleichgewicht hängt das reibungslose Funktionieren des Systems ab, das ohne es zu jedem Zeitpunkt davon bedroht wäre, in einen Zustand der Trägheit zu verfallen. Was diese Mythen implizit verkünden, ist, daß die Pole, zwischen denen sich die Phänomene der Natur und das Leben-in-Gesellschaft einordnen – Himmel und Erde, Feuer und Wasser, Oben und Unten, Nähe und Ferne, Indianer und Nicht-Indianer, Mitbürger und Fremde usw. –, keine Zwillinge sein können. Der menschliche Geist müht sich ab, sie zu paaren, ohne daß es ihm gelänge, Parität zwischen ihnen herzustellen. Denn es sind ebendiese gestuft-differentiellen Abstände in der Form, wie sie das mythische Denken entwirft, die die Maschine des Universums in Schwung setzen. (1993: 82)

Insofern sich die Mythen untereinander denken, denken sie auch sich selbst als solche, und zwar in einer Bewegung, die, wenn sie richtig ›reflektiert‹ – also sich selbst transformiert –, dem Ungleichgewicht, über das sie nachdenkt, über das sie reflektiert, nicht entkommen kann. Die unvollkommene Dualität, um die sich Lévi-Strauss' letzte große mythologische Analyse dreht, die Zwillingshaftigkeit, die »der Schlüssel des ganzen Systems« ist, ist der vollendete Ausdruck dieser sich selbst antreibenden Asymmetrie. Durch das dynamische Ungleichgewicht der *Luchsgeschichte* verstehen wir schließlich, dass die wahre Dualität, für die sich der Strukturalismus interessiert, nicht der dialektische Kampf zwischen Natur und Kultur ist, sondern die intensive und unendliche Differenz zwischen ungleichen Zwillingen. Die Zwillinge der *Luchsgeschichte* sind der Schlüssel, die Chiffre und das Passwort der amerindianischen Mythologie und Soziologie. Chiffre bedeutet hier aber auch Zahl oder Ziffer: die fundamentale Disparität der Dyade, der Gegensatz als kleinster Häufungspunkt der Differenz, die Zwei als Sonderfall des Vielen.

Patrice Maniglier hat mit Blick auf den Unterschied zwischen den beiden Phasen des strukturalistischen Projekts Folgendes bemerkt:

> Scheint der erste Moment des Werkes von Lévi-Strauss gekennzeichnet durch eine intensive Beschäftigung mit dem Problem des Übergangs von der Natur zur Kultur und der Diskontinuität zwischen diesen beiden Bereichen – die allein in seinen Augen die Besonderheit der Sozialanthropologie gegenüber der physischen Anthropologie garantierte –, so erscheint der zweite Moment geprägt von einer hartnäckigen Absage an jeden Versuch einer Konstitution von Menschlichkeit als einem separaten Bereich. (2000: 230)[147]

[147] Siehe hierzu auch das wichtige Buch von Schrempp (1992).

Man denke tatsächlich noch einmal an den im vorliegenden Essay bereits zitierten (siehe S. 158) letzten Absatz der *Elementaren Strukturen*, in dem der Autor bemerkt, dass die »dem gesellschaftlichen Menschen auf ewig versagte« vollkommene Glückseligkeit im Leben »*unter sich*« bestünde. Vergleichen wir diese – letztlich sehr freudianische – Behauptung mit einem anderen häufig (und auch bereits oben) zitierten Abschnitt aus Lévi-Strauss' Werk (siehe S. 56f.), in dem der Anthropologe den Mythos als »eine Geschichte aus der Zeit« definiert, »als die Menschen und die Tiere noch nicht voneinander geschieden waren. Diese Definition scheint mir sehr tief zu sein« (Lévi-Strauss und Eribon 1989: 201). Der Autor fügt hinzu, dass es der Menschheit nie gelungen sei, sich mit dem Fehlen eines kommunikativen Zugangs zu den anderen Arten auf dem Planeten abzufinden. Nun ist die Entbehrung einer ursprünglichen Kommunikation zwischen allen Arten (die interspezifische Kontinuität) nicht genau dasselbe wie jene Sehnsucht nach dem Leben »unter sich«, die für die Phantasie des postumen Inzests verantwortlich ist (die intraspezifische Diskontinuität). Ganz im Gegenteil, würde ich sagen: Die Betonung und der Sinn dessen, was Lévi-Strauss als menschlichen *Gegendiskurs* versteht, haben sich verändert. Mit anderen Worten, nun wird die zweite Ebene des strukturalistischen anthropologischen Diskurses sichtbar.

Die Unstimmigkeit oder kreative Spannung zwischen den ›zwei Strukturalismen‹ im Werk von Lévi-Strauss findet sich in den *Mythologica* auf besonders komplexe Weise verinnerlicht. Oben haben wir gesehen, dass Lévi-Strauss die Algebra der Verwandtschaft der *Elementaren Strukturen*, die voll und ganz auf der Seite des Diskreten stand, der mythischen Dialektik zwischen dem Kontinuierlichen und dem Diskontinuierlichen gegenüberstellte. Dieser Unterschied ist nicht rein formal. Denn nicht nur die ästhetische Form der amerindianischen Mythologie erweist sich als ein Gemisch aus Kontinuierlichem und Diskontinuierlichem, sondern auch ihr philosophischer Gehalt – und wie könnte im Übrigen ein wahrer Strukturalist die Form überhaupt vom Inhalt trennen?

Man muss daraus folgern, dass die *Mythologica* doch etwas mehr sind als ein auf die Erforschung der »mythische[n] Vorstellungen hinsichtlich des Übergangs von der Natur zur Kultur« ausgerichtetes Unterfangen, wie es der Autor in *Eingelöste Versprechen* bescheiden umschreibt (Lévi-Strauss 1985: 59). Denn noch im Prozess des Schreibens beginnt ihr Autor seinerseits, wie von Maniglier beobachtet, die Sachdienlichkeit eines radikalen Gegensatzes zwischen Natur und Kultur in Frage zu stellen. Es wäre also ein wenig absurd, sich vorzustellen, dass Lévi-Strauss den Índios denselben Unsinn unterstellte, den er zuvor als den fatalen Fehler des Westens diagnostiziert hatte. Und tatsächlich zwingen die *Mythologica* – weit davon entfernt, einen klaren und eindeutigen Übergang von der Natur zur Kultur zu beschreiben – ihren Autor zur Kartierung eines Labyrinths aus gewundenen und verzweigten Wegen, Querverbindungen, Engpässen, dunklen Sackgassen, in zwei Richtungen fließenden Flüssen... Die Einbahnstraße von der Natur zur Kultur führt in gewissem Sinne nicht über die erste Hälfte des ersten Buches der Tetralogie hinaus. Von da an zeigen sich die sieben Bücher der kompletten Reihe fasziniert von den ›Ambiguitätsmythologien‹ (*Vom Honig zur Asche*), den ›Fluxionsmythologien‹ (*Der Ursprung der Tischsitten*), den Rückwegen und umgekehrten Gängen von der Kultur zur Natur, den Zonen der wechselseitigen Durchdringung dieser beiden Ordnungen, den kleinen Intervallen, den kurzen Periodizitäten, den rhapsodischen Wiederholungen, den analogischen Modellen, den kontinuierlichen Verformungen, den ewigen Ungleichgewichten, den Dualismen, die sich in Halbtriaden entfalten und unvermittelt in eine Mannigfaltigkeit transversaler Transformationsachsen zerbersten... Der Honig und die sexuelle Verführung, die Chromatik und das Gift, der Mond und die Androgynie, der Lärm und der Gestank, die Sonnen- und Mondfinsternisse und die Klein'sche Flasche, die kulinarischen Dreiecke, die sich bei näherem Hinsehen in Koch-Kurven verwandeln, also in unendlich komplexe Fraktale... Man könnte sagen, dass der Inhalt der amerindianischen Mythologie in einer Negation des schöpferischen Impulses des Mythos selbst besteht, insofern diese Mythologie ein Kontinuum zum Gegenstand ihres aktiven Denkens und ihrer nostalgischen Kontemplation macht, dessen Negation wiederum Lévi-Strauss zufolge die grundlegende Bedingung des Denkens ist. Wenn, wie Lévi-Strauss mehrmals behauptet, die amerindianische Mythologie eine Vorder- und eine Rückseite hat, einen progressiven und einen regressiven Sinn, dann auch deshalb, weil diese die beiden Sinne oder Richtungen des strukturalistischen Diskurses selbst sind (oder umgekehrt). Letzten Endes zeigt sich, dass die polemische Unterscheidung zwischen Mythos und Ritual im »Finale« von *Der nackte Mensch* rekursiv verinnerlicht wurde: Der große Tupi-Mythos in der *Luchsgeschichte* beschreibt eine Bewegung, die identisch ist mit jener, die das Wesen eines jeden Ritus ausmacht (Ritus, wohlgemerkt, nicht Mythos), die kaskadenförmige Anordnung von Gegensätzen anhand ihrer Bedeutung, die asymptotische Konvergenz im ›verzweifelten‹ Versuch, die letzte Asymmetrie des Realen zu erfassen. Als wäre der einzige Mythos, der wirklich wie ein Mythos im Sinne von Lévi-

Strauss funktionierte, der »Mythos der Mythologie«, also die *Mythologica* selbst. Oder vielleicht auch nicht; noch nicht einmal die. Das ist sicher ein Problem, das es wiederaufzunehmen gilt.

Ich möchte die Aufmerksamkeit hier nun auf einen Abschnitt am Ende von *Der nackte Mensch* lenken. In Bezug auf einen nordamerikanischen Mythos über die Eroberung des himmlischen Feuers mit Hilfe einer Leiter aus Pfeilen, die auseinandergeht und so die Kommunikation zwischen Himmel und Erde unterbricht, bemerkt der Autor – der gleiche Autor, wir erinnern uns, der *Das Rohe und das Gekochte* mit einer Eloge auf das Diskrete eröffnete, auf die logische Bereicherung, die mit der Verarmung der primordialen phänomenologischen Kontinua einhergeht – dieser Autor, ich wiederhole, bemerkt und schließt hier also Folgendes:

> Man darf also nicht vergessen, daß diese nicht reversiblen Vermittlungsakte gewichtige Gegenstücke nach sich ziehen: quantitative Verarmung der natürlichen Ordnung – in der Dauer: durch den dem menschlichen Leben zugewiesenen Terminus; im Raum: durch die Verringerung der Tierarten nach verheerenden himmlischen Abenteuern –; und auch die qualitative Verarmung, denn weil Specht das Feuer erobert hat, verliert er den größten Teil seines roten Federschmucks (M_{729}); und wenn hingegen die Amsel eine rote Brust erwirbt, so in Form einer anatomischen Beschädigung infolge ihres Scheiterns bei derselben Aufgabe. Entweder durch Zerstörung einer ursprünglichen Harmonie oder durch Einführung differentieller Abstände, die sie verändern, geht also der Aufstieg der Menschheit zur Kultur mit einer Art Abstieg auf der Ebene

> der Natur einher, der sie vom Kontinuierlichen zum Diskreten übergehen lässt. (Lévi-Strauss 1975a: 582-583)

Es handelt sich hier um einen dieser Abschnitte, die im Dschungel der *Mythologica* fast untergehen, die wir nun aber plötzlich als entscheidend wahrnehmen, weil hier die Ambiguität zwischen den beiden Diskursen des Strukturalismus – dem Diskurs der triumphalen Menschwerdung in den *Elementaren Strukturen* und dem Diskurs der Absage an die Selbstabspaltung der Menschheit – analytisch ›verinnerlicht‹ und einer dem Mythos immanenten Reflexion zugeschlagen wird. Die Mythen selbst erzählen die beiden Geschichten, und der Weg zurück ist gar nicht so negativ, zumindest nicht mehr nur negativ: Ist die Genese der Kultur degenerierend? Und ist der Weg zurück in diesem Fall regenerierend? Aber inzwischen unmöglich? Bloß eingebildet? Oder noch schlimmer? Denn es gibt Momente, in denen Lévi-Strauss die Sehnsucht nach dem Kontinuierlichen als Symptom einer, wie man sagen könnte, durch das unkontrollierte Wuchern des Diskontinuierlichen im Westen hervorgerufenen wirklichen Krankheit erscheint, und nicht als bloße Phantasie oder als Gespinst der freien Einbildungskraft. Die globale Erwärmung der Geschichte, das Ende der kalten Geschichten, ist das Ende der Natur.

Wie dem auch sei, wenn die amerindianische Mythologie also, wie Lévi-Strauss mehrmals behauptet, eine Vorder- und eine Rückseite hat, einen progressiven (totemistischen) und einen regressiven (also sakrifiziellen) Sinn – die beiden Sinne oder Richtungen des strukturalistischen Diskurses selbst –, dann gehören der amazonische Schamanismus und Perspektivismus eindeutig zur Rückseite, zur verkehrten Welt des regressiven

Sinns. Der zivilisatorische Komplex des Ursprungs des Küchenfeuers setzt, wir erinnern uns, folgende Schemata voraus: Disjunktion Himmel / Erde; Einführung jahreszeitlicher Periodizität; Differenzierung der natürlichen Arten. Aber der perspektivistische Schamanismus operiert im umgekehrten und regressiven Element: im Element der Chromatik der Dämmerung Himmel-Erde (schamanistische Reise), des allen Wesen gemeinsamen universellen menschlichen Grundes, sowie einer Technologie der Drogen, die den Unterschied zwischen Natur und Kultur radikal verwischt, indem sie eine Provinz der ›Übernatur‹, der als Kultur gedachten Natur, definiert – die Übernatur, dieser in den *Mythologica* bezeichnend seltene Begriff. Progression und Regression: Erinnern wir uns nur an die gegen Sartre gerichtete ironische Definition der strukturalen Methode als »*zweifach* progressiv-regressive Methode« (Lévi-Strauss 1968: 291) – eine übrigens von den Mythen selbst eifrig angewandte Methode.[148] Gegen den Mythos der Methode die Methode des Mythos.

♦♦♦

Schließlich ging es in diesem Buch viel um Körper. Tatsächlich ist die finale Phase des Werkes von Lévi-Strauss der Schauplatz eines erbitterten Kampfes zwischen der Einheit des menschlichen Geistes und der Mannigfaltigkeit des indigenen Körpers. Der Geist beginnt in der »Ouvertüre« zu *Das Rohe und das Ge-*

---

148 Vergleiche in *Vom Honig zur Asche*: »Anläßlich des Ofaié-Mythos vom Ursprung des Honigs [...] haben wir einen progressiv-regressiven Schritt sichtbar gemacht, von dem wir nun sehen, daß er zur Gesamtheit der bisher erörterten Mythen gehört« (Lévi-Strauss 1972b: 163).

kochte mit einem klaren Vorsprung; aber der Körper gewinnt im Kampf allmählich die Oberhand, bis er letztlich eindeutig, wenn auch nur den Punkten nach, den Sieg davonträgt – durch ein kleines *clinamen*, das in den finalen Runden, in der *Luchsgeschichte*, immer stärker zur Geltung kommt. Die Psychologie des menschlichen Geistes räumt das Feld für eine Antisoziologie der indigenen Körper.

Und so erfüllt sich am Ende des Parcours durch Lévi-Strauss' strukturale Mythologie – genau in jenem Moment, in dem man den Eindruck gewinnen konnte, er habe seine Ambitionen auf bescheidenere Dimensionen reduziert[149] – etwas, das man als die höchste Bestimmung dieser theoretischen Unternehmung bezeichnen könnte: die Wiedergabe des Denkens der anderen in deren eigenen Worten, die Praktizierung jener ›Öffnung zum Anderen‹, die die Anthropologie in einer bemerkenswerten Wende gerade als die Haltung jener anderen erkennt, die sie so viel ausgiebiger erforscht als uns selbst, dieser anderen, die sie sich zuvor gern als in ihren jeweiligen zeitlosen ethnozentrischen Kokon eingeschlossen vorgestellt hatte. Die abschließende Botschaft der *Luchsgeschichte* lautet, dass der andere der anderen *auch ein Anderer ist*; dass es für ein ›Wir‹ keinen anderen Platz gibt als den, der bereits durch die Alterität bestimmt ist. Und so besagt der allgemeinste zu ziehende Schluss, dass der Anthropologie nichts anderes übrigbleibt, als eine prinzipielle Komplanarität mit dem wilden Denken herzustellen, eine Immanenzebene aufzuspannen, die sie mit ihrem Gegenstand teilt. Indem

[149] *Die Luchsgeschichte* läuft im letzten Kapitel auf »Die zweigeteilte Ideologie der amerikanischen Indianer« hinaus, nicht auf irgendwelche ›elementaren Strukturen der Mythologie‹, die explizit als unnütz und leer zurückgewiesen werden.

sie die *Mythologica* als Mythos der Mythologie und das anthropologische Wissen als Transformation der indigenen Praxis definiert, entwirft die Lévi-Strauss'sche Anthropologie eine »künftige Philosophie«: den *Anti-Narziss*.

♦♦♦

Im letzten Viertel des vergangenen Jahrhunderts ist die sogenannte strukturalistische Theorie der Heiratsallianz, die in den 1960er-Jahren die Szene dominiert hatte, bei den Kritikern zunehmend in Ungnade gefallen. Dabei spielte der *Anti-Ödipus* eine entscheidende Rolle im Rahmen dieser Verschiebung, insofern er die unerbittliche Ablehnung jeder »Tauschkonzeption des Sozius« auf sprachlich besonders kraft- und wirkungsvolle Weise zum Ausdruck brachte. Doch auch wenn nun kein Zweifel besteht, dass diese Haltung auch in *Tausend Plateaus* fortbesteht, erfährt die Problemstellung dort eine radikale Veränderung. Im *Anti-Ödipus* wurde der Tausch zugunsten der Produktion als allgemeines Handlungsmodell verdrängt, und die Zirkulation (der Deleuze und Guattari einseitig den Tausch im Sinne Mauss' zurechneten) der Einschreibung untergeordnet.[150] Wie wir gesehen haben, lässt die Produktion in *Tausend Plateaus* einer anderen, nicht-repräsentativen Beziehung den Vortritt, dem Werden. Wenn die Produktion inhärent filiativ ist, dann weist das Werden eine Affinität zur Allianz auf. Was aber passiert mit der Zurück-

150 Der *Anti-Ödipus* wiederholt das historisch-materialistische Klischee der 1970er- Jahre, das der Ethnologie mauss'schen und strukturalistischen Zuschnitts eine vermeintliche »Reduktion der gesellschaftlichen Reproduktion auf die Zirkulationssphäre«, zulasten legte (Deleuze und Guattari 1974: 241).

weisung der Tauschbeziehung, wenn man von der Produktion zum Werden übergeht?

Es ist bekannt, wenngleich das viele gerne vergessen, dass die Produktion des *Anti-Ödipus* dem gleichlautenden marxistischen Begriff keineswegs *genau* entspricht. Man darf Deleuze und Guattaris »Wunschproduktion« nicht mit der von den Begriffen des Mangels und des Bedürfnisses beherrschten hegelianisch-marxistischen ›notwendigen Produktion‹ verwechseln (1974: 36ff.). Der Unterschied wird mehrfach hervorgehoben: »[U]nser Problem war nie das einer Rückkehr zu Marx, unser Problem ist vielmehr das des Vergessens, auch des Vergessens von Marx. Aber kleine Fragmente bestehen im Vergessen fort.« (Deleuze 1973). Man könnte noch ergänzen, dass die fließende Wunschproduktion des *Anti-Ödipus* nur schwerlich von einem verallgemeinerten Prozesses der Zirkulation zu unterscheiden ist; wie Jean-François Lyotard etwas provozierend vorschlug, »erzwingt die beschriebene Figur des *Kapitals*, die der Zirkulation der Ströme, die Vorherrschaft des Standpunkts der Zirkulation über den der Produktion« (1978: 107).

Die finitistische (oder ›finitivische, wie wir im Gegensatz zum Infinitiv auch sagen könnten) und nezessitaristische Vorstellung der Produktion ist in anthropologischen Kreisen gang und gäbe; in der Regel werden in ihrem Namen und mit ihren Requisiten (Herrschaft, falsches Bewusstsein, Ideologie) ›tauschbezogene‹ Positionen innerhalb der Anthropologie kritisiert. Doch wenn es wünschenswert und sogar nötig ist, diese Unterscheidung zwischen der notwendigen Produktion der politischen Ökonomie und der Wunschproduktion der maschinellen Ökonomie zu machen, zwischen der Produktion-als-Arbeit und der Produktion-als-Funktionieren, kann man analog dazu argumentieren, dass es genauso interessant wäre, zwischen einer Allianz-als-Struktur und einer Allianz-als-Werden, einem Tausch-durch-Vertrag und einem Tausch-durch-Metamorphose zu unterscheiden. Diese Unterscheidung würde es uns gestatten, die kontraktualistische Vorstellung der Allianz zu isolieren und zu verwerfen, indem wir gezielt auf die äquivoke Homonymie (beispielsweise) der intensiven Allianz der amazonischen Soziokosmologien und der extensiven Allianz der klassischen Verwandtschaftstheorien (einschließlich des Strukturalismus) setzen. Natürlich ist es in beiden Fällen etwas mehr als nur eine Homonymie, insofern zwischen den Paaren sich gegenseitig implizierender Begriffe eine – wenn auch eher monströse als reproduktive – Filiation besteht. Auch wenn sie sie untergräbt, ist die Produktion des *Anti-Ödipus* der Produktion der politischen Ökonomie einiges schuldig. Ähnlich findet sich die amazonische potentielle Allianz auch im Werk von Lévi-Strauss (sozusagen virtuell) zwischen den Zeilen, man sieht sie vielleicht gegen das Licht; das antiödipale und entsprechend (auto)subversive Potential dieses Werkes ist aber noch an die Oberfläche zu bringen.

Das Problem besteht letzten Endes darin, einen nicht-kontraktualistischen und nicht-dialektischen Begriffs des Tausches zu konstruieren: weder rationales Interesse noch apriorische Synthese der Gabe; weder unbewusste Teleologie noch Arbeit des Signifikanten; weder Gesamtfitness noch Begehren nach dem Begehren des Anderen; weder Vertrag noch Konflikt – sondern ein Modus des Anders-Werden.[151] Die Allianz ist der eigentliche Modus des Anders-Werdens der Verwandtschaft.

---

151 Wenn »der Ausdruck ›Intensitätsdifferenz‹ [...] eine Tautologie« ist (Deleuze 1992a: 282), ist ›Anders-Werden‹ eine andere Tautologie, oder vielleicht sogar dieselbe.

Letztendlich steht die maschinelle und rhizomatische Lateralität der Allianz der deleuzeschen Philosophie sehr viel näher als die organische und baumartige Vertikalität der Filiation. Die Herausforderung besteht demnach darin, die Allianz der Leitung und Kontrolle der (und durch die) Filiation zu entreißen, um ihre »monströsen«, ihre schöpferischen Kräfte freizusetzen. Was nun den Zwilling der Allianz angeht, den Begriff des Tausches, denke ich, dass heute klar ist, dass er, entgegen dem gängigen Dogma, nie wirklich für das andere der Produktion gehalten wurde. Im Gegenteil hat die Anthropologie den Tausch immer als wichtigste Form der Produktion behandelt: als Produktion von Gesellschaft eben. Entsprechend geht es nicht darum, die vermeintlich unter dem scheinheiligen Schleier des Tausches und der Reziprozität verborgene nackte Wahrheit der Produktion zu enthüllen, sondern vielmehr darum, diese Begriffe von ihren äquivoken Funktionen in der Maschine der filiativen und subjektivierenden Produktion zu befreien und wieder in ihrem (wider)natürlichen Element auszusetzen, dem Element des Werdens. Der Tausch oder die unendliche Zirkulation von Perspektiven – Tausch-Tausch, Metamorphose-Metamorphose, Standpunkt-Standpunkt, all das heißt: Werden.

Eine Doppelbewegung für eine doppelte Erbschaft, die vor allem aus einer monströsen Allianz hervorgeht, einer widernatürlichen Hochzeit: Lévi-Strauss *mit* Deleuze. Diese Eigennamen sind Intensitäten, und durch sie entstand, in jenem virtuellen Reservat, (in) dem wir sie ausgesetzt haben: der *Anti-Narziss*.

AGAMBEN, Giorgio, 2003 [2002], *Das Offene: Der Mensch und das Tier*, Frankfurt am Main.

ALBERT, Bruce, 1985, *Temps du sang, temps des cendres: Représentation de la maladie, système rituel et espace politique chez les Yanomami du sud-est (Amazonie brésilienne)*, Dissertation, Université de Paris X.

ALMEIDA, Mauro William Barbosa de, 2008, »A fórmula canônica do mito«, in: Ruben Caixeta de Queiroz und Renarde Freire Nobre (Hrsg.), *Lévi-Strauss: Leituras brasileiras*. Belo Horizonte, S. 147-182.

ANDRADE, Oswald de, 2016 [1928], »Anthropophages Manifest«, in: ders., *Manifeste*, Wien, S. 35-59.

ANDRELLO, Geraldo, 2006, *Cidade do índio: Transformações e cotidiano em Iauaretê*, São Paulo.

ÅRHEM, Kaj, 1993, »Ecosofia makuna«, in: François Correa (Hg.), *La selva humanizada: Ecología alternativa en el trópico húmedo colombiano*, Bogotá, S. 109-126.

ASAD, Talal, 1986, »The Concept of Cultural Translation in British Social Anthropology«, in: James Clifford und George E. Marcus (Hg.), *Writing Culture: The Poetics and Politics of Ethnography*, Berkeley (CA).

BAER, Gerhard, 1994, *Cosmología y shamanismo de los Matsiguenga*, Quito.

BATESON, Gregory, 1958 [1936], *Naven: A Survey of the Problems Suggested by a Composite Picture of the Culture of a New Guinea Tribe Drawn from Three Points of View*, Stanford (CA).

CARNEIRO DA CUNHA, Manuela, 1978, *Os mortos e os outros: Uma análise do sistema funerário e da noção de pessoa entre os índios Krahó*, São Paulo.

– 2009 [1998], »Pontos de vista sobre a floresta amazônica: Xamanismo e tradução«, in: *Cultura com aspas*. São Paulo.

CARTRY, Michel und Alfred ADLER, 1971, »La Transgression et sa dérision«, in: *L'Homme* 11.3, S. 5-63.

CHAKRABARTY, Dipesh, 2010 [2000], *Europa als Provinz: Perspektiven postkolonialer Geschichtsschreibung*, Frankfurt am Main.

CHAUMEIL, Jean-Pierre, 1985, »Échange d'énergie: Guerre, identité et reproduction sociale chez les Yagua de l'Amazonie péruvienne«, in: *Journal de la Société des Américanistes* 71, S. 143-157.

CLASTRES, Hélène, 1968, »Rites funéraires Guayaki«, in: *Journal de la Société des Américanistes* 57, S. 63-72.

– 1972. »Les Beaux-frères ennemis. À propos du cannibalisme Tupinamba«, in: *Nouvelle Revue de Psychanalyse* 6, S. 71-82.

CLASTRES, Pierre, 1976 [1962], »Tausch und Macht: Theorie des indianischen Häuptlingstums«, in: ders., *Staatsfeinde. Studien zur politischen Anthropologie*, Frankfurt am Main, S. 28-47.

– 2008 [1977], »Archäologie der Gewalt: Der Krieg in primitiven Gesellschaften«, in: ders., Archäologie der Gewalt, Zürich, S. 33-81.

– und Lucien SEBAG, 1963, »Cannibalisme et mort chez les Guayakis (Achén)«, in: *Revista do Museu Paulista* 14, S. 174-181.

CONKLIN, Beth A., 2001, *Consuming Grief: Compassionate Canibalism in an Amazonian Society*, Austin (TX).

CUSSET, François, 2005, *French theory: Foucault, Derrida, Deleuze & Cie et les mutations de la vie intellectuelle aux États-Unis* (mit einem unveröffentlichtem Nachwort des Autors), Paris.

DE LANDA, Manuel, 2002, *Intensive Science and Virtual Philosophy*, London.

– 2003, »1000 Years of War: CTheory Interview with Manuel De Landa«, Interview mit Don Ihde, Casper Bruun Jensen, Jari Friis Jorgensen, Srikanth Mallavarapu, Eduardo Mendieta, John Mix, John Protevi, und Evan Selinger, *CTheory, a127* [www.ctheory.net].

– 2006, *A New Philosophy of Society*, London/New York.

DELEUZE, Gilles, 1973, »Anti-Œdipe et Mille plateaux«, Seminar in Vincennes, 28. Mai 1973 [www.webdeleuze.com].

– 1974, »Anti-Œdipe et Mille plateaux«, Seminar in Vincennes, 14. Januar 1974 [www.webdeleuze.com].

– 1983, »Image mouvement image temps«, Seminar in Vincennes-Saint-Denis, 12. April 1983 [www.webdeleuze.com].

– 1989 [1966], *Henri Bergson*, Hamburg.

– 1991 [1962], *Nietzsche und die Philosophie*, Hamburg.

– 1992a [1968], *Differenz und Wiederholung*, München.

– 1992b [1972], *Woran erkennt man den Strukturalismus?*, Berlin.

– 1993a [1969], »Michel Tournier und die Welt ohne anderen«, in: ders., *Logik des Sinns*, Frankfurt am Main, S. 364-385.

– 1993b [1969], »Platon und das Trugbild«, in: ders., *Logik des Sinns*, Frankfurt am Main, S. 311-324.

– 1993c [1969], »Klossowski oder die Körper-Sprache«, in: ders., *Logik des Sinns*, Frankfurt am Main, S. 341-364.

– 1993d [1969], *Logik des Sinns*, Frankfurt am Main.

– 2000a [1988], *Die Falte: Leibniz und der Barock*, Frankfurt am Main.

– 2000b [1993], »Bartleby oder die Formel«, in: *Kritik und Klinik*, Frankfurt am Main.

– und Claire PARNET, 2019 [1977], *Dialoge*, Berlin.

DELEUZE, Gilles und Félix GUATTARI, 1974 [1972], *Anti-Ödipus*, Frankfurt am Main.

– 1976 [1975], *Kafka. Für eine kleine Literatur*, Frankfurt am Main.

– 1992 [1980], *Tausend Plateaus. Kapitalismus und Schizophrenie 2*, Berlin.

– 2000 [1992], *Was ist Philosophie?*, Frankfurt am Main.

– 2005a [1984], »Der Mai 68 hat nicht stattgefunden«, in: David Lapoujade (Hg.), Gilles Deleuze, *Schizophrenie und Gesellschaft: Texte und Gespräche 1975-1995*, Frankfurt am Main, S. 220-222.

– 2005b [1987]. »Vorwort zur italienischen Ausgabe von *Tausend Plateaus*«, in: David Lapoujade (Hg.), Gilles Deleuze, *Schizophrenie und Gesellschaft: Texte und Gespräche 1975-1995*, Frankfurt am Main, S. 294-297.

DENNETT, Daniel C., 1978, *Brainstorms: Philosophical Essays on Mind and Psychology*, Montgomery (AL).

DERRIDA, Jacques, 2016 [2006], *Das Tier, das ich also bin*, Wien.

DESCOLA, Philippe, 1992, »Societies of Nature and the Nature of Society«, in: Adam Kuper (Hg.), *Conceptualizing Society*, London, S. 107-126.

– 1996, »Constructing Natures: Symbolic Ecology and Social Practice«, in: ders. und Gisli Pálsson (Hg.), *Nature and Society: Anthropological Perspectives*, London, S. 82-102.

– 2011 [2005], *Jenseits von Natur und Kultur*, Frankfurt am Main.

DETIENNE, Marcel, 1981 [1967], *Les Maîtres de vérité en Grèce archaïque*, Paris.

DONZELOT, Jacques, 1972, »Une Anti-sociologie«, in: *Esprit* 419, S. 835-855.

DUFFY, Simon (Hg.), 2006, *Virtual Mathematics: The Logic of Difference*, Bolton.

DUMONT, Louis, 1971, *Introduction à deux théories d'anthropologie sociale. Groupes de filiation et alliance de mariage*, Paris.

DURIE, Robin, 2006, »Problems in the Relation Between Maths and Philosophy«, in: Simon Duffy (Hg.), *Virtual Mathematics: The Logic of Difference*, Bolton, S. 169-186.

ENGLUND, Harri & James LEACH, 2000, »Ethnography and the Meta-Narratives of Modernity«, *Current Anthropology* 41.2, S. 225-248.

ERIKSON, Philippe, 1986. »Altérité, tatouage et anthropophagie chez les Pano: La belliqueuse quête de soi«, in: *Journal de la Société des Américanistes* 72, S. 185-210.

FABIAN, Johannes, 2002 [1983], *Time and the Other: How Anthropology Makes Its Object*, New York (NY).

FAVRET-SAADA, Jeanne, 2000, »La-pensée-Lévi-Strauss«, in: *Journal des Anthropologues* 82-83, S. 53-70.

FERNANDES, Florestan, 1970 [1952], *A função social da guerra na sociedade Tupinambá*, São Paulo.

FORTES, Meyer, 1969, *Kinship and the Social Order: The Legacy of Lewis Henry Morgan*, London.

– 1983. *Rules and the Emergence of Society*, London.

FOUCAULT, Michel, 1971 [1966], *Die Ordnung der Dinge: Eine Archäologie der Humanwissenschaften*, Frankfurt am Main.

FREUD, Sigmund, 1974 [1913], *Totem und Tabu (Einige Übereinstimmungen im Seelenleben der Wilden und der Neurotiker)*, in: ders., *Studienausgabe*, Bd. 9, Frankfurt am Main, S. 287-444.

GELL, Alfred, 1998, *Art and Agency: An Anthropological Theory*, Oxford.

– 1999, »Strathernograms, or, the Semiotics of Mixed Metaphors«, in: Eric Hirsch (Hg.), *The Art of Anthropology: Essays and Diagrams*, London, S. 29-75.

GOLDMAN, Marcio, 2005, »Formas do saber e modos do ser: Observações sobre multiplicidade e ontologia no candomblé«, in: *Religião e Sociedade* 25.2, S. 102-120.

GOLDMAN, Irving, 1963, *The Cubeo: Indians of the Northwest Amazon*, Urbana (Il).

GREGORY, Chris, 1982, *Gifts and Commodities*, London.

GRIAULE, Marcel und Germaine DIETERLEN, 1965, *Le Renard pâle*, Paris.

HALLOWELL, Alfred Irving, 1960, »Ojibwa Ontology, Behavior, and World View«, in: Stanley Diamond (Hg.), *Culture in History: Essays in Honor of Paul Radin*, New York (NY), S. 19-52.

HAMBERGER, Klaus, 2004, »La Pensée objectivée«, in: Michel Izard (Hg.), *Lévi-Strauss*, Paris, S. 339-346.

HERITIER, Françoise, 1981, *L'Exercice de la parenté*, Paris.

HERZFELD, Michael, 2001, »Orientations: Anthropology as a Practice of Theory«, in: ders. (Hg.), *Anthropology: Theoretical Practice in Culture and Society*, London, S. 1-20.

– 2003, »The Unspeakable in Pursuit of the Ineffable: Representations of Untranslability in Ethnographic Discourse«, in: Paula G. Rubel und Abraham Rosman (Hg.), *Translating Cultures. Perspectives on Translation and Anthropology*, Oxford/New York, S. 109-134.

HOLBRAAD, Martin, 2003, »Estimando a necessidade: Os oráculos de Ifá e a verdade em Havana«, in: *Mana* 9.2, S. 39-77.

HOLBRAAD, Martin und Rane WILLERSLEV, 2007, »(Afterword) Transcendental Perspectivism: Anonymous Viewpoints from Inner Asia«, in: *Inner Asia* 9.2, S. 311-328.

HORTON, Robin, 1993, *Patterns of Thought in Africa and the West: Essays on Magic, Religion and Science*, Cambridge.

HUGH-JONES, Stephen, 1979, *The Palm and the Pleiades: Initiation and Cosmology in North-West Amazonia*, Cambridge.

– 1996, »Shamans, Prophets, Priests and Pastors«, in: Nicholas Thomas und Caroline Humphrey (Hg.), *Shamanism, History, and the State*, Ann Arbor, S. 32-75.

INGOLD, Tim, 1991, »Becoming Persons: Consciousness and Sociality in Human Evolution«, in: *Cultural Dynamics* 4.3, S. 355-378.

– 1992, »Editorial«, in: *man* 27.4, S. 693-696.

– 2000, *The Perception of the Environment: Essays on Livelihood, Dwelling and Skill*, London.

JAMESON, Frederic, 1997, »Marxism and Dualism in Deleuze«, in: *The South Atlantic Quarterly* 96.3, S. 393-416.

JENSEN, Casper Bruun, 2003, »Latour and Pickering: Post-human Perspectives on Science, Becoming, and Normativity«, in: Don Ihde und

Evan Selinger (Hg.), *Chasing Technoscience: Matrix for Materiality*, Bloomington (IN), S. 225-240.

– 2004, »A Nonhumanist Disposition: On Performativity, Practical Ontology, and Intervention«, in: *Configurations* 12, S. 229-261.

JULLIEN, François, 2009 [2008], *Das Universelle, das Einförmige, das Gemeinsame und der Dialog zwischen den Kulturen*, Berlin.

– und Thierry MARCHAISSE, 2000, *Penser d'un dehors (La Chine): Entretiens d'Extrême-Occident*, Paris.

KOHN, Eduardo, 2002, *Natural Engagements and Ecological Æsthetics among the Ávila Runa of Amazonian Ecuador*, Dissertation, University of Wisconsin-Madison.

– 2005, »Runa Realism: Upper Amazonian Attitudes to Nature Knowing«, in: *Ethnos* 70.2, S. 171-196.

KUPER, Adam, 2003, »The Return of the Native«, in: *Current Anthropology* 44.3, S. 389-402.

KWA, Chunglin, 2002, »Romantic and Baroque Conceptions of Complex Wholes in the Sciences«, in: John Law und Annemarie Mol (Hg.), *Complexities: Social Studies of Knowledge Practices*, Durham/London, S. 23-52.

LAMBEK, Michael, 1998, »Body and Mind in Mind, Body and Mind in Body: Some Anthropological Interventions in a Long Conversation«, in: Andrew Strathern und Michael Lambek (Hg.), *Bodies and Persons: Comparative Perspectives from Africa and Melanesia*, Cambridge, S. 103-122.

LAPOUJADE, David, 2006, »Le Structuralisme dissident de Deleuze«, in: Ali Akay (Hrsg.), *Gilles Deleuze için / Pour Gilles Deleuze*, Istanbul, S. 27-36.

LATOUR, Bruno, 1993, »An Interview with Bruno Latour«, Interview mit T. H. Crawford, in: *Configurations* 1.2, S. 247-268.

– 1996a, »Not the Question«, in: *Anthropology Newsletter* 37.3, S. 1-5.

– 1996b, *Petite réflexion sur le culte moderne des dieux faitiches*, Paris.

– 2001 [1999], *Das Parlament der Dinge. Für eine politische Ökologie*, Frankfurt am Main.

– 2004 [2002], *Krieg der Welten – Wie wäre es mit Frieden?*, Berlin.

– 2007 [2005], *Eine neue Soziologie für eine neue Gesellschaft. Einführung in die Akteur-Netzwek-Theorie*, Frankfurt am Main.

– 2008 [1991], *Wir sind nie modern gewesen. Versuch einer symmetrischen Anthropologie*, Frankfurt am Main.

LAUTMAN, Albert, 2006 [1938], »Essai sur les notions de structure et d'existence en mathématiques«, in: ders., *Les mathématiques, les idées et le réel physique*, Paris, S. 125-234.

LAWLOR, Leonard, 2003, »The Beginnings of Thought: The Fundamental Experience in Derrida and Deleuze«, in: Paul Patton und John Protevi (Hg.), *Between Deleuze and Derrida*, London/New York, S. 67-83.

LEACH, Edmund, 1961 [1951], »Rethinking Anthropology«, in: ders., *Rethinking Anthropology*, London, S. 1-27.

LÉVI-STRAUSS, Claude, 1943, »The Social Use of Kinship Terms Among Brazilian Indians«, in: *American Anthropologist* 45.3, S. 398-409.

– 1965 [1962], *Das Ende des Totemismus*, Frankfurt am Main.

– 1967 [1958], *Strukturale Anthropologie I*, Frankfurt am Main.

– 1968 [1962], *Das wilde Denken*, Frankfurt am Main.

– 1971 [1964], *Mythologica I. Das Rohe und das Gekochte*, Frankfurt am Main.

– 1972a [1952], *Rasse und Geschichte*, Frankfurt am Main.

– 1972b [1966], *Mythologica II. Vom Honig zur Asche*, Frankfurt am Main.

– 1973 [1966], *Mythologica III. Der Ursprung der Tischsitten*, Frankfurt am Main.

– 1974 [1950], »Einleitung in das Werk von Marcel Mauss«, in: Wolf Lepenies und Henning Ritter (Hg.), *Marcel Mauss: Soziologie und Anthropologie. Bd. I*, München.

– 1975a [1971], *Mythologica IV. Der nackte Mensch*, Frankfurt am Main.

– 1975b [1973], *Strukturale Anthropologie II*, Frankfurt am Main.

– 1977 [1975], *Der Weg der Masken*, Frankfurt am Main.

– 1978 [1955], *Traurige Tropen*, Frankfurt am Main.

– 1981 [1949], *Die elementaren Strukturen der Verwandtschaft*, Frankfurt am Main.

– 1985 [1984], *Eingelöste Versprechen. Wortmeldungen aus 30 Jahren*, München.

– 1987 [1985], *Die eifersüchtige Töpferin*, München.

– 1993 [1991], *Die Luchsgeschichte. Zwillingsmythologie in der Neuen Welt*, Frankfurt am Main.

– 2000, »Postface«, in: *L'Homme* 154-55, S. 713-720.

– 2001, »Hourglass configurations«, in: Pierre Maranda (Hg.), *The Double Twist. From Ethnography to Morphodynamics*, Toronto, S. 15-32.

– 2008 [2004], »Mythisches Denken und wissenschaftliches Denken«, in: Michael Kauppert und Dorett Funcke (Hg.), *Wirkungen des wilden Denkens. Zur strukturalen Anthropologie von Claude Lévi-Strauss*, Frankfurt am Main, S. 34-40.

– 2008, *Œuvres*, Paris.

– und Georges CHARBONNIER, 1961, *Entretiens avec Claude Lévi-Strauss*, Paris.

– und Didier ERIBON, 1989 [1988], *Das Nahe und das Ferne. Eine Autobiographie in Gesprächen*, Frankfurt.

LIENHARDT, Godfrey, 1961, *Divinity and Experience: The Religion of the Dinka*, Oxford.

LIMA, Tânia Stolze, 1996, »O dois e seu múltiplo: reflexões sobre o perspectivismo em uma cosmologia Tupi«, in: *Mana* 2,.2, S. 21-47.

– 2005, *Um peixe olhou para mim: O povo Yudjá e a perspectiva*, São Paulo.

LYOTARD, Jean-François, 1978 [1972], »Energieteufel Kapitalismus«, in: ders., *Intensitäten*, Berlin, S. 91-149.

MANIGLIER, Patrice, 2000, »L'Humanisme interminable de Lévi-Strauss«, in: *Les Temps Modernes* 609, S. 216-241.

– 2005a, »Des us et des signes. Lévi-Strauss: philosophie pratique«, in: *Revue de Métaphysique et de Morale* 45, S. 89-108.

– 2005b, »La Parenté des autres (à propos de Maurice Godelier: *Métamorphoses de la parenté*)«, in: *Critique* 701, S. 758-774.

– 2006, *La Vie énigmatique des signes. Saussure et la naissance du structuralisme*, Paris.

– 2009, »The Structuralist Legacy«, in: Rosi Braidotti (Hg.), *After Poststructuralism: Transitions and Transformations, History of Continental Philosophy*, Bd. 7, Chicago (Il), 2010, S. 55-82.

MAUSS, Marcel, 1990 [1925], *Die Gabe. Form und Funktion des Austauschs in archaischen Gesellschaften*, Frankfurt am Main.

– 2012a [1899], »Essay über die Natur und die Funktion des Opfers«, gemeinsam mit Henri Hubert, in: Stephan Moebius, Frithjof Nungesser und Christian Papilloud (Hg.), *Marcel Mauss: Schriften zur Religionssoziologie*, Berlin, S. 97-236.

– 2012b [1904], »Entwurf einer allgemeinen Theorie der Magie«, gemeinsam mit Henri Hubert, in: Stephan Moebius, Frithjof Nungesser und Christian Papilloud (Hg.), *Marcel Mauss: Schriften zur Religionssoziologie*, Berlin, S. 243-402.

MENGET, Patrick, 1985a, »Guerres, sociétés et vision du monde dans les basses terres de l'Amérique du sud«, in: *Journal de la Société des Américanistes* 71, S. 129-130.

– 1985b, »Jalons pour une étude comparative«, in: *Journal de la Société des Américanistes* 71, S. 131-141.

– 1988, »Note sur l'adoption chez les Txicão du Brésil central«, in: *Anthropologie et Sociétés* 12.2, S. 63-72.

MERLEAU-PONTY, Maurice, 2000 [1995], *Die Natur: Aufzeichnungen von Vorlesungen am College de France 1956-1960*, München.

MONTESQUIEU, 1991 [1721], *Persische Briefe*, Stuttgart.

MUNN, Nancy, 1992 [1986], *The Fame of Gawa: A Symbolic Study of Value Transformation in a Massim (Papua New Guinea) Society*, Durham (NC).

NADAUD, Stéphane, 2004, »Les Amours d'une guêpe et d'une orchidée«, in: Félix Guattari, *Écrits pour l'Anti-Œdipe (textes agencés par Stéphane Nadaud)*, Paris, S. 7-27.

NAGEL, Thomas, 2007 [1974], »Wie ist es, keine Fledermaus zu sein?«, in: Peter Bieri (Hg.), *Analytische Philosophie des Geistes*, Weinheim und Basel, S. 261-275.

NIETZSCHE, Friedrich, 1988 [1887], *Zur Genealogie der Moral: Eine Streitschrift*, in: ders., *Kritische Studienausgabe*, hg. von Giorgio Colli und Mazzino Montinari, Bd. 5, Berlin, S. 245-412.

OBEYESEKERE, Gananath, 1997 [1992], *The Apotheosis of Captain Cook: European Mythmaking in the Pacific*, Princeton (NJ).

OVERING, Joanna, 1983, »Elementary Structures of Reciprocity: A Comparative Note on Guianese, Central Brazilian, and North-West Amazon Sociopolitical Thought«, in: *Antropológica* 59-62, S. 331-348.

– 1984, »Dualism as an Expression of Differences and Danger: Marriage Exchange and Reciprocity Among the Piaroa of Venezuela«, in: Kenneth M. Kensinger (Hg.), *Marriage Practices in Lowland South America*, Urbana/Chicago (Il), S. 127-155.

PAGDEN, Anthony, 1982, *The Fall of Natural Man: The American Indian and the Origins of Comparative Ethnology*, Cambridge.

PEDERSEN, Morten A., 2001, »Totemism, Animism and North Asian Indigenous Ontologies«, in: *Journal of the Royal Anthropological Institute* 7.3, S. 411-427.

PETITOT, Jean, 1999, »La Généalogie morphologique du structuralisme«, in: *Critique* 55, Nr. 620-21, S. 97-122.

PIGNARRE, Philippe und Isabelle STENGERS, 2005, *La Sorcellerie capitaliste: Pratiques de désenvoûtement*, Paris.

PLOTNITSKY, Arkady, 2006, »Manifolds: On the Concept of Space in Riemann and Deleuze«, in: Simon Duffy (Hg.), *Virtual Mathematics: The Logic of Difference*, Bolton, S. 187-208.

POUILLON, Jean, 1984, »Die mythische Funktion«, in: Claude Lévi-Strauss und Jean-Pierre Vernant (Hg.), *Mythos ohne Illusion*, Frankfurt am Main, S. 68-83.

RICHIR, Marc, 1994, »Qu'est-ce qu'un dieu? Mythologie et question de la pensée«, in: Friedrich-Wilhelm Schelling, *Philosophie de la mythologie*, Paris, S. 7-85.

RIVIÈRE, Peter, 1984, *Individual and Society in Guiana: A Comparative Study of Amerindian Social Organization*, Cambridge.

RODGERS, David, 2002, »A soma anômala: A questão do suplemento no xamanismo e menstruação ikpeng«, in: *Mana* 8.2, S. 91-125.

– 2004, *Foil: Indifference, Incompossibility and the Complexion of Ikpeng Shamanism*, unveröffentlichtes Manuskript.

SAHLINS, Marshall, 1992 [1985], *Inseln der Geschichte*, Hamburg.

– 1995, *How ›Natives‹ Think: About Captain Cook, for Example*, Chicago (Il).

– 2000, »What Is Anthropological Enlightenment? Some Lessons from the Twentieth Century«, in: ders., *Culture in Practice. Selected Essays*, New York, S. 501-526.

SCHREMPP, Gregory, 1992, *Magical Arrows: The Maori, the Greeks, and the Folklore of the Universe*, Madison (WI).

SEEGER, Anthony; Roberto DAMATTA und Eduardo VIVEIROS DE CASTRO, 1979, »A construção da pessoa nas sociedades indígenas brasileiras«, in: *Boletim do Museu Nacional* 32, S. 2-19.

SLOTERDIJK, Peter, 2001 [2000], »Domestikation des Seins. Die Verdeutlichung der Lichtung«, in: ders., *Nicht gerettet. Versuche nach Heidegger*, Frankfurt am Main, S. 142-234.

SMITH, Daniel W., 2006, »Axiomatics and Problematics as Two Modes of Formalisation: Deleuze's Epistemology of Mathematics«, in: Simon Duffy (Hg.), *Virtual Mathematics: The Logic of Difference*, Bolton, S. 145-168.

SOARES DE SOUZA, Gabriel, 1971 [1587], *Tratado descritivo do Brasil em 1587*, São Paulo.

STASCH, Rupert, 2009, *Society of Others: Kinship and Mourning in a West Papuan Place*, Berkeley (CA).

STENGERS, Isabelle, 1997, *Cosmopolitiques*, 7 Bde., Paris.

– 2002, *Penser avec Whitehead*, Paris.

– 2005, »Der kosmopolitische Vorschlag«, in: Avanessian (Hg.), *Spekulativer Konstruktivismus*, Berlin, S. 153-185.

STRATHERN, Marilyn, 1987, »The Limits of Auto-Anthropology«, in: Anthony Jackson (Hg.), *Anthropology at Home*. London, S. 59-67.

– 1988, *The Gender of the Gift: Problems with Women and Problems with Society in Melanesia*, Berkeley (CA).

– 1991, *Partial Connections*, Savage (MD).

– 1992a, *After Nature: English Kinship in the Late Twentieth Century*, Cambridge.

– 1992b, »Parts and Wholes: Refiguring Relationships in a Post-Plural World«, in: dies., *Reproducing the Future: Anthropology, Kinship, and the New Reproductive Technologies*, New York, S. 90-116.

– 1992c., »Future Kinship and the Study of Culture«, in: dies., *Reproducing the Future: Anthropology, Kinship, and the New Reproductive Technology*, New York, S. 43-63.

– 1995, »The Nice Thing About Culture is That Everyone Has It«, in: dies., *Shifting Contexts: Transformations in Anthropological Knowledge*, London/New York, S. 153-176.

– 1996, »Cutting the Network«, *Journal of the Royal Anthropological Institute* 2.3, S. 517-535.

– 1999, *Property, Substance and Effect: Anthropological Essays on Persons and Things*, London.

– 2001, »Same-Sex and Cross-Sex Relations: Some Internal Comparisons«, in: Thomas Gregor und Donald Tuzin (Hg.), *Gender in Amazonia and Melanesia: An Exploration of the Comparative Method*, Berkeley, S. 221-244.

– 2005, *Kinship, Law and the Unexpected. Relatives Are Always a Surprise*, Cambridge.

– mit James D. Y. PEEL, Cristina TOREN und Jonathan SPENCER, 1996 [1989], »The Concept of Society is Theoretically Obsolete«, in: Tim Ingold (Hg.), *Key Debates in Anthropology*, London, S. 55-98.

SZTUTMAN, Renato, 2012, *O profeta e o principal: A ação política ameríndia e seus personagens*, São Paulo.

TARDE, Gabriel, 2009 [1895], *Monadologie und Soziologie*, Frankfurt am Main.

TAYLOR, Anne-Christine, 1985, »L'Art de la reduction: La guerre et les mécanismes de la différenciation tribale dans la culture Jivaro«, *Journal de la Société des Américanistes* 71, S. 159-173.

– 1993, »Les Bons ennemis et les mauvais parents: Le traitement symbolique de l'alliance dans les rituels de chasse aux têtes des Jivaros de l'Equateur«, in: Elisabeth Copet-Rougier und Françoise Héritier-Augé (Hg.), *Les Complexités de l'alliance: Économie, politique et fondements symboliques de l'alliance* 4, Paris, S. 73-105.

– 2000, »Le Sexe de la proie: Représentations jivaro du lien de parenté«, in: *L'Homme* 154-55, S. 309-334.

– 2004, »Don Quichotte en Amérique: Claude Lévi-Strauss«, in: Michel Izard (Hg.), *Lévi-Strauss*, Paris, S. 92-98.

– 2008, »Corps, sexe et parenté: Une perspective amazonienne«, in: Pascale Bonnemère und Irène Théry (Hg.), *Ce que le genre fait aux personnes*, Paris, S. 91-107.

TAYLOR, Anne-Christine und Eduardo VIVEIROS DE CASTRO, 2006, »Un corps fait de regards«, in: Stéphane Breton, Jean-Marie Schaeffer, Michael Houseman, Anne-Christine Taylor und Eduardo Viveiros de Castro (Hg.), *Qu'est-ce qu'un corps? (Afrique de l'Ouest/Europe occidentale/Nouvelle-Guinée/Amazonie)*, Paris, S. 148-199.

THEVET, André, 1953 [1575], *Les Français en Amérique pendant la deuxième moitié du XVIe siècle: 1, Le Brésil et les Brésiliens*, hg. von Suzanne Lussagnet, Paris.

VERNANT, Jean-Pierre, 1997 [1966], »Vernunft gestern und heute«, in: ders., *Zwischen Mythos und Politik*, Berlin, S. 81-88.

VIVEIROS DE CASTRO, Eduardo, 1986, *Araweté: Os deuses canibais*, Rio de Janeiro.

– 1990. »Princípios e parâmetros: Um comentário a *L'Exercice de la parenté*«, in: *Comunicação do PPGAS* 17, S. 1-106.

– 1997 [1996], »Die kosmologischen Pronomina und der indianische Perspektivismus«, in: *Bulletin de la Societé Suisse des Americanistes* 61, S. 99-114.

– 2001, »A propriedade do conceito: sobre o plano de imanência ameríndio«, xxv. Jahrestreffen von Anpocs, 16. bis 20. Oktober, Caxambu, Mato Grosso, Brasilien.

– 2001b, »GUT Feelings about Amazonia: Potential Affinity and the Construction of Sociality«, in: Laura M. Rival und Neil L. Whitehead (Hg.), *Beyond the Visible and the Material: The Amerindianization of Society in the Work of Peter Rivière*, Oxford, S. 19-43.

– 2003, »And«, in: *Manchester Papers in Social Anthropology* 7, S. 1-20.

– 2004, »Perspectival Anthropology and the Method of Controlled Equivocation«, in: *Tipití: Journal of the Society for Anthropology of Lowland South America* 2.1, S. 3-22.

– 2007, »Filiação intensiva e aliança demoníaca«, in: *Novos Estudos – Cebrap* 77, S. 91-126.

– 2008a, »The Gift and the Given: Three Nano-Essays on kinship and magic«, in: Sandra Bamford und James Leach (Hg.), *Kinship and Beyond: The Genealogical Model Reconsidered*, Oxford S. 237-268.

– 2008b, »Immanence and Fear, or, the Enemy First«, *Keynote Address* im Rahmen der Konferenz »Indigeneities and Cosmopolitanisms« der Canadian Anthropological Society und American Ethnological Society, 9.-12. Mai, Toronto, Kanada.

– 2008c, »Xamanismo transversal: Lévi-Strauss e a cosmopolítica amazônica«, in: Ruben Caixeta de Queiroz und Renarde Freire Nobre (Hg.), *Lévi-Strauss: leituras brasileiras*, Belo Horizonte, S. 79-124.

– 2012 [1998], *Cosmological Perspectivism in Amazonia and Elsewhere. Four Lectures Given in the Department of Social Anthropology, Cambridge University, February-March 1998*, Manchester.

– 2015 [2004], »Perspektiventausch. Die Verwandlung von Objekten zu Subjekten in indianischen Ontologien«, in: Irene Albers und Anselm Franke (Hg.), *Animismus: Revisionen der Moderne*, Zürich, S. 73-93.

– 2016a [2002], »Das Problem der Affinität in Amazonien«, in: ders., *Die Unbeständigkeit der wilden Seele*, Wien, S. 76-160.

– 2016b [2002], »Perspektivismus und Multinaturalismus im indigenen Amerika«, in: ders., *Die Unbeständigkeit der wilden Seele*, Wien, S. 258-305.

– 2017 [2006], »Hinter einer menschlichen Gestalt kann sich der Affekt eines Jaguars verbergen. Antwort auf eine Frage von Didier Muguet«, in: Irene Albers und Anselm Franke (Hg.), *Nach dem Animismus*, Berlin, S. 203-215.

WAGNER, Roy, 1972, »Incest and Identity: A Critique and Theory on the Subject of Exogamy and Incest Prohibition«, in: *MAN* 7.4, S. 601-613.

– 1977, »Analogic Kinship: A Daribi Example«, in: *American Ethnologist* 4.4, S. 623-642.

– 1978, *Lethal Speech: Daribi Myth as Symbolic Obviation*, Ithaca (NY).

– 1981 [1975], *The Invention of Culture*, Chicago (Il).

– 1986, *Symbols that Stand for Themselves*, Chicago.

– 1991, »The Fractal Person«, in: Mauricie Godelier und Marilyn Strathern (Hrsg.), *Big Men and Great Men: Personification of Power in Melanesia*, Cambridge, S. 159-173.

WEISS, Gerald, 1972, »Campa Cosmology«, *Ethnology* 11.2, S. 157-172.

WILLERSLEV, Rane, 2004, »Not Animal, Not *Not*-animal: Hunting, Imitation and Empathetic Knowledge among the Siberian Yukaghirs«, *Journal of the Royal Anthropological Institute* 10.3, S. 629-652.

WOLFF, Francis, 2000. *L'Être, l'homme, le disciple*. Paris.

ZOURABICHVILI, François, 1996 [1994], *Deleuze. Une philosophie de l'événement*, Paris.

– 2003. *Le Vocabulaire de Deleuze*, Paris.